本书为

中国特色高水平高职学校项目建设系列成果

浙江省重点高职院校项目建设系列成果

浙江省级特色专业（农村金融）项目建设系列成果

I nternet and Rural
Inclusive Finance

互联网与农村
普惠金融研究

俞 滨 / 主 编
郭延安 / 副主编

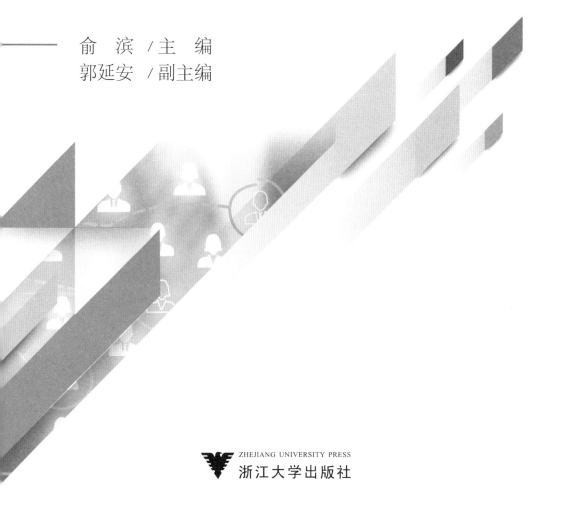

ZHEJIANG UNIVERSITY PRESS
浙江大学出版社

图书在版编目(CIP)数据

互联网与农村普惠金融研究/俞滨主编. — 杭州：
浙江大学出版社，2020.8
（普惠金融系列丛书）
ISBN 978-7-308-20180-3

Ⅰ.①互… Ⅱ.①俞… Ⅲ.①互联网络—应用—
农村金融—研究—中国 Ⅳ.①F832.35

中国版本图书馆 CIP 数据核字(2020)第 071377 号

互联网与农村普惠金融研究

俞　滨　主编
郭延安　副主编

责任编辑	蔡圆圆	
责任校对	张振华	
封面设计	春天书装	
出版发行	浙江大学出版社	
	（杭州市天目山路 148 号　邮政编码 310007）	
	（网址：http://www.zjupress.com）	
排　　版	杭州林智广告有限公司	
印　　刷	杭州高腾印务有限公司	
开　　本	710mm×1000mm　1/16	
印　　张	15.75	
字　　数	256 千	
版 印 次	2020 年 8 月第 1 版　2020 年 8 月第 1 次印刷	
书　　号	ISBN　978-7-308-20180-3	
定　　价	58.00 元	

前　言

　　普惠金融是新概念,互联网金融是新事物,在农村地区通过互联网媒介实现普惠金融具有划时代意义。互联网金融作为一种更民生、更普惠的金融制度,可以实现金融行业专业水平进一步提升,有效扩展农村金融交易边界,为农村地区提供更为便利的服务。目前,我国农村的普惠金融正在如火如荼地进行着,在互联网平台的大力支持下积极进行农村普惠金融创新,这样做不但可以有效地解决农村金融的普惠问题,还有助于开拓农民新的收入来源,积极推动农村互联网金融的发展。随着微型金融的发展,农村信贷市场越来越得到重视,互联网金融依托自身网上服务平台和移动支付手段,解决农村金融市场在时间与空间上的问题,有利于降低金融服务成本,解决信息不对称以及资金运行效率低的问题。互联网金融依靠自身独有的优势,与传统农村金融开展竞争合作,为农村信贷新格局的形成提供支持。一方面,互联网金融在农村市场的竞争主体越来越多。阿里巴巴、京东等大型电商企业纷纷进驻农村领域,众筹融资、网络信贷以及第三方支付企业迅速崛起,传统金融机构也在加快互联网服务平台的建设。另一方面,互联网金融在农村市场的互利合作也越来越多。因此,我们更有必要探究互联网金融视角下农村普惠金融逻辑与实践路径,以期促进农村普惠金融的进一步发展。

　　基于以上背景以及国内外相关研究成果,本书就互联网金融视角下农村普惠金融逻辑与实践路径进行研究与探讨,分十章依次进行论述。第一章就互联网金融内涵及现有模式等情况进行具体论述,为后文奠定理论基础;第二章从农村普惠金融发展理论入手,就中国农村普惠金融历史演进、需求和供给主体以及基础设施建设提出思考;第三章分析了互联网金融视角下农村普惠金融发展现状,并以"'互联网＋'背景下的农村传统金融机构普惠化转型"等为重点,就农村互联网金融的发展情况做更为清晰的说明;第四章在互联网金融视角下,就中国农村普惠金融发展面临问题、形成机理、问题归因及相关对策等内容进行阐释;第五章就农村普惠金融发展的国际经验及借鉴进行思考,以期对我国当下农村普惠金融有所帮助;第六章针对互联网金融对农村金融普惠性的影响机理进行详细介绍;第七章就互联网视角下的农村普惠金融贷款技术进行分析;第八章、第九章分别以"宜农贷""蚂蚁金服"平台为例,就互联网金融视角下中国农村普惠金融发展逻辑进行思考;第十章基于以上各章的分析,对互联网金融视角下中国农村普惠金融实践路径进行宏观审视以及再思考,以求探讨互联网金融背景下农村普惠金融发展的现实意义。

本书的编写目的即本着实用性与可行性的原则,来最大限度满足互联网金融研究人员、中国农村金融发展等相关研究人员开展相关实践的需求,与此同时,更希望能够供研究"互联网+"视域下农村普惠金融发展等相关专业的学习者阅读参考,帮助其进一步促进自我专业知识的完善。本书在编写过程中得到了浙江金融职业学院相关领导和同事的大力支持,也得到了浙江大学出版社相关人员的鼎力相助,在此一并表示感谢。由于笔者水平有限,本书难免会有疏漏之处,恳请广大读者批评指正。

因阐述需要,部分内容来源于网络,如牵涉版权问题,请及时与编者联系(E-mail:379898726@qq.com)。

编者

2019 年 9 月于杭州学源街 118 号

目　录

第一章　互联网金融概述

第一节　互联网金融的内涵及特点

现阶段,互联网金融呈现出的发展速度一直表现得令人惊叹,并且受到内外因素不断推动,互联网金融正逐步走上健康、科学、发展之路,我国也早已将互联网金融发展正式提升到国家战略。2014 年 3 月 5 日,李克强总理在《政府工作报告》中提出:"促进互联网金融健康发展。"2016 年是互联网金融发展的关键年,互联网金融既面临着无限的发展机遇,也要应对相应的困难和风险。一方面,我国互联网金融平台在数量上和整体上的增长速度都是呈现逐步放缓的趋势,可是依然在数量上再次创造了历史上的新高;另一方面,互联网金融在监管、制度、环境等方面一步步走向健全。

据腾讯研究院发布的《中国"互联网＋"指数报告(2018)》估算,2017 年我国数字经济全年创造市场价值高达 26.70 万亿元,同比增长 17.24％,占我国 GDP 总量的近三分之一。即,在"互联网＋"的推动下,我国数字经济实现了长足发展。互联网作为推动"互联网＋"发展的基础和前提,现已遍布各个领域与行业,而处于产业互联网时代条件下,几乎所有的传统行业都被互联网进行重新整合或改造,农村金融也不例外。在互联网连接下,信息不对称和围墙设置逐渐消失,这使得金融业呈现去中心化、用户需求个性化与柔性化目标的发展趋势,在此背景下,"互联网＋"和金融业相结合产生了互联网金融模式。中国互联网协会曾指出:"从本质上讲,互联网金融是利用大数据、云计算、社交网络和搜索引擎等互联网技术实现资金融通的一种新型金融服务模式。"[1]

一、互联网金融的内涵

互联网的核心作用就是传播信息,用最短的时间将信息传递给全世界。互联网的存在大大降低了信息获取的成本,因而降低了不同个体之间的信息不对称。在互联网出现之前,人们获取信息受制于身份和区域的限制,没有办法及时获得更多信息。在互联网出现后,信息实现了近乎零成本的传播。人们在互联网上能够获得最及时的信息,并且这样的信息是来自多方的,因此不容易被单一的声音所掩盖。当互联网与金融结合起来后,社会交易成本大大降低,金融市场的竞争更加充分、公平,资金流量的监控更为全面、可控。互联网赋予了金融民主、平等、协作、开放、普惠等新的属性。从现有的文献来看,对于互联网金融这一新生事物的定义,国内学者有以下几种观点。

谢平、邹传伟(2013)认为,互联网金融是一个谱系概念,受互联网技术与互联网精神所影响,涵盖了从传统银行、证券、保险、交易所等金融中介和市场,到瓦尔拉斯一般均衡对应的无金融中介或市场情形之间的所有金融交易和组织形式,是既不同于商业银行间接融资也不同于资本市场直接融资的第三种金融融资模式。吴晓灵(2014)认为,互联网金融是利用互联网技术和移动通信技术为客户提供服务的新型金融业务模式。张晓朴(2014)认为,互联网本身具有平等、开放、民主、协作和普惠等特点,而互联网金融则是一种更加民主化的金融模式,其提供的金融服务是平等民主的,而非被少数的高收入群体所利用和掌握。邓建鹏(2014)认为,互联网金融是基于互联网技术和平等、开放、分享、协作的互联网思维提供的金融相关的产品和服务。

综合上述观点,我们可以这样理解互联网金融:互联网金融是通过利用互联网和移动通信技术实现信息中介、资金融通、资源配置和支付清算等职能的具有平等、开放、民主、分享、协作、普惠等互联网思维的新型金融模式。

---

① 石杭玉,陈工.基于"互联网+"角度浅析农村普惠金融发展中的问题及对策研究[J].纳税,2018,12(36):158-159.

二、互联网金融的特点

互联网金融具有以下特点:成本低,覆盖范围广,支付便捷,交易成本低,降低市场信息不对称,金融逐渐"脱媒"。此外,互联网金融促使金融市场效率不断提高,金融普惠性不断增强,使得"长尾市场"得到重视。①

(一)成本低

互联网平台和网上银行可以让人们足不出户进行投资理财和消费结算,这节省了人们的时间成本,也会节省大量对人工和设备的投资。资金的出借方和资金的需求方可以通过互联网平台,对信息加以甄别核实,在互联网平台上进行定价与交易。交易完成后交易双方的信用信息会自动记录到数据库之中,互联网平台会对客户的信用等级进行客观评估。在互联网金融平台上交易透明,信用评价有效,定价公平,这样就降低了大量的时间成本和资金成本。

与传统银行相比,互联网金融的资金成本和时间成本相对较低。从资金成本角度来看,根据 Inter-Banking 网站的统计,在美国,网络银行平均单笔交易成本仅为 0.01 美元,与之相类似的 PC 银行的成本为 0.016 美元,而传统网点的成本为每笔 1.07 美元。从时间成本角度来看,以小额贷款为例,传统银行办理一笔贷款的时间,短则数周,长则数月,商业银行中民生银行专门对小额贷款开展了"商贷通"业务,一笔小额贷款平均 5 天通过审批。然而以阿里小贷为代表的线上互联网金融平台从申请到审批仅仅需要数分钟,这与传统商业银行形成了巨大的反差,表 1-1 详细地介绍了阿里小贷与民生银行"商贷通"办理小额信贷所需的申请资料和办理时间。

从信息获取的成本角度来看,互联网金融具有天然的信息优势,下面我们以个人贷款为例,对比传统商业银行与阿里小贷的信用评估方式以及评级信息获取途径,见表 1-2。

---

① 卢彤,李宏畅.互联网金融下普惠金融发展研究[J].合作经济与科技,2018(18):63-65.

表1-1　阿里小贷与民生银行"商贷通"的对比

	阿里小贷	民生银行"商贷通"
申请资料	1.企业资金银行流水 2.企业法定代表人经实名认证的个人支付宝账户 3.企业法定代表人的银行借记卡号 4.信用报告授权查询委托书	1.相关担保人身份证、户口本原件及复印件 2.拥有或控制企业的资产证明材料 3.借款用途相关资料 4.担保材料 5.规定的其他相关要求材料
办理时间	不受工作日影响,数分钟	平均5天

资料来源:中国民生银行、阿里小贷。

表1-2　传统银行与阿里小贷的对比

	传统银行	阿里小贷
信用评估方式	1.个人征信报告 2.信贷员与客户面对面、一对一评估	1.会员在阿里巴巴平台上的网络活跃度 2.交易量 3.网上信用评价
评级信息获取途径	申请人提供的申请材料,各银行保留的客户信用记录,信贷员走访客户获得的信息	阿里巴巴平台上的网络数据、客户信用记录

资料来源:阿里巴巴、中国工商银行、中国建设银行、中国农业银行、中国银行。

（二）金融服务覆盖范围更加广泛

首先,从财富管理的角度来看,传统银行的理财产品准入门槛很高,不同收益率的理财产品的认购起点从5万元到数百万元不等,普通居民被拒之门外。随着互联网金融的发展,余额宝、理财通等互联网理财产品不仅收益率达到银行理财产品水平,而且几乎没有门槛。银行理财产品存续期内一般不能够撤销和赎回,然而余额宝等产品可以做到资金随时赎回到账,投资者的资金既可以享受较高的收益率也可以确保足够的流动性。这非常适合普通居民进行小额投资。

其次,互联网金融还可以降低贷款者的准入门槛,小额借款者可以通过互联网金融平台寻求贷款。从担保方式来看,阿里小贷等互联网金融平台都采用了信用贷款的方式,而传统商业银行需要抵押、质押以及担保。这样很多不满足商业银行贷款条件的信用良好的客户可以在互联网金融平台上获得信用贷款。

最后,互联网金融被很多学者认定为一种连续金融。通过网络银行等渠道,金融服务突破了营业时间对传统金融的经营约束,人们可以 24 小时随时获得金融服务。互联网缩小了我们的世界,也打破了时间和地域的限制。金融业务可以在任何接入互联网的地方得到实现。传统金融机构通过大规模构建地理网点以占有市场的方式已经不再如以往般有效。互联网所延伸之处,人们都可以获得互联网金融服务。人们就此可以跨越地理和时间的障碍,方便快捷地完成很多金融业务。从覆盖区域来看,传统金融受地理空间和物理建设成本限制,其一般将服务网点铺设在经济发达和人口集中地区,以致金融服务难以覆盖经济不发达或偏远的地区。而金融服务通过与互联网技术相结合,延长了其金融服务的触角,这使得金融服务在一定程度上不受时间和空间的限制,用户只需具备上网条件,便可以随时随地享受各类金融服务。这也使得金融服务覆盖区域不断拓展,覆盖服务人群不断扩大。

(三)强调用户体验

互联网金融正在高速发展,这与用户的支持密切相关。与传统金融机构居高临下、轻视客户关系不同,互联网金融很重视用户体验,以用户为中心。P2P平台曾以申请手续简便、效率高、放款速度快吸引了很多个人贷款者和小微企业;余额宝等理财产品则通过高收益、高流动性和低门槛吸引了大量的投资者。很多互联网金融平台通过设计多样化、个性化的金融产品占领市场,赢得越来越多的用户。人们的餐饮、消费、旅游、休闲等日常生活都已经被诸多的投资理财和保险等互联网金融产品所覆盖和镶嵌,这些互联网金融产品带给我们金融服务的同时也让我们的生活更加快捷、高效。

(四)具有创新性

伴随着互联网技术革新,人们对于金融服务有了新的诉求。互联网金融是一项金融创新,将传统的金融业务与互联网技术相融合。互联网金融的出现提高了信息处理速度,深度探索了客户需求,互联网金融打破了原有的商业模式,提升了用户体验,提供了新型金融产品和服务。通过云计算、大数据、搜索引擎等信息技术支持,互联网金融实现了规模经济。同时,互联网金融不同于商业银行和资本市场,在甄别处理大量信息、服务多样诉求的客户方面也具有很大的优势。

（五）增强金融发展普惠性

在传统的金融业发展过程中，由于银行等金融机构难以获取中小微企业的信息数据，从而无法对其信用做出有效评定，最终导致交易边际成本过高，这也使得金融机构的预期收益和运作成本不能实现有效匹配。因此，银行等传统金融机构在进行金融资源配置的过程中更倾向于大型国有企业，这使得中小微企业难以获取足够的金融服务。而随着互联网技术在金融领域的不断应用，金融服务的可获得性不断增强，金融呈现普惠发展趋势。

一方面，互联网技术的发展弱化了金融的中介作用，金融"脱媒"趋势日益显著。以往银行依靠线下网点提供金融服务，但如今其很多业务都可以在线上直接办理，这极大地降低了人力投入与交易成本。另一方面，互联网金融降低了用户获取金融服务的门槛。借助于各类互联网手段与技术，互联网金融在提高金融业务处理效率的同时，弱化了金融产品的专业程度，拉近了普通民众与金融服务之间的距离。丁杰（2015）认为，"互联网金融能够为中小微企业和金融服务获得困难的人群提供金融服务，大大降低了金融的贵族属性，平民化趋势越来越明显，这充分表现了互联网金融的普惠性"。如基金和保险依托于支付宝的平台，创新出流程化、标准化的产品，降低了消费者购买金融产品的门槛。

（六）提升金融风控能力

纪敏（2016）认为，传统的征信模式因各方面的原因无法为低收入者和缺少信用信息者提供征信报告，金融机构无法准确对其进行信用评估，这使得其获得信贷的可能性降低。信息技术的发展极大地改变了社会征信模式，一方面，信息技术的普遍应用突破了征信时间和空间的限制，用户只要产生信息数据，其信用情况就能被随时记录，并且随着移动终端的使用和普及，征信覆盖的群体将越来越大；另一方面，大数据等技术收集用户的信息数据，通过大数定律计算和分析用户的行为，可确定其风险偏好与信用等级。信息技术的发展为金融风险管控提供了新方案，通过互联网技术的应用，可实现对金融运行的各环节进行科学鉴定。如在金融产品销售前期对不同风险等级的金融产品进行分析与界定，之后再通过用户数据分析将其匹配给不同风险承受度的客户，这在降低金融机构风险的同时提高了机构收益。此外，大数据、云计算等技术也可以增强金融行业对系统性风险的预测与把控，从而降低金融行业的系统性风险。

第二节　互联网金融发展现状及理论基础探究

自 2013 年开始,以 P2P 网络信贷、第三方支付、众筹等金融业务模式为代表的互联网金融在国内发展一路高歌猛进,也涌现出了诸多互联网金融企业,如蚂蚁金服、"人人贷"等,依托移动信息技术平台,开展新的金融业务。近几年,依托良好的基础环境,我国互联网金融进入跨越式发展,其速度与规模一度赶超欧美等发达经济体。

一、互联网金融发展现状分析

第一,互联网金融的发展越来越规范。

近年来,各类新兴金融产品不断涌现,如第三方支付、P2P 网络贷款、众筹融资、数字货币等一经出现就成为市场热点。与此同时,互联网金融"野蛮式"的发展也产生了诸多问题。党中央与国务院高度重视互联网金融的健康与可持续发展,提出"规范发展互联网金融"的任务。[①] 从 2016 年 4 月开始,国务院部署开展互联网金融风险专项整治工作,引导互联网金融朝着健康、可持续的方向发展,有效化解了互联网金融运行的风险。再如,2018 年 P2P 行业的频繁爆雷现象使得行业景气度大幅下降,此时监管层出台相应政策打击互联网欺诈行为,各平台为实现成功备案也不断加强自身合规检查,这使得行业合规程度大幅提高。据网贷之家的数据显示,截至 2018 年 12 月,我国 P2P 网贷行业正常运行平台数量仅有 1021 家,同期减少 1219 家,且呈现继续下降趋势。

第二,互联网金融业务模式呈现多样性。

传统金融行业在互联网技术的支持下得到快速发展,且不同业态的发展逐步分化,互联网支付业务得到快速发展,银行支付和非银行支付在发展中得到分化。付楠(2019)指出,移动支付成为商业银行电子支付的主要增长动力,较之于银行支付,非银行支付数额相对较小,发展迅速,并呈现出单笔金额小且笔数多的特征。互联网保险、互联网基金的创新能力不断增强,两个行业的业务

---

① 史林艳. 互联网金融助推普惠金融发展的问题研究[D].长沙:湖南大学,2017.

规模不断增大,行业的竞争性日趋激烈,业务的渗透率不断提高。

第三,互联网金融使金融服务呈现差异化、个性化发展趋势。

在去中心化、去平台化的产业互联网时代,用户的需求不断多元化,因此产品供给方只有提供个性化、差异化的服务才能在互联网时代赢得发展机遇。当前我国消费市场已从卖方市场转向买方市场,这预示着标准化产品生产的日趋式微。同样的,随着金融市场的不断壮大以及金融服务种类的不断增多,用户需求的多元化、个性化将促使金融服务朝差异化方向发展。金融机构需要根据不同的用户需求及风险偏好为其提供与之相匹配的金融服务。与此同时,互联网技术的不断深化也为金融机构提供差异化、个性化的金融服务创造了技术支撑。而差异化、个性化的金融服务将会充分发挥"长尾效应",提高金融服务的可获得性和资金的使用效率。

第四,互联网金融发展的各种技术日益完善。

信息技术的进步推动了互联网金融的发展。作为以经营风险为主要风险的行业,金融业在不同市场主体间存在着较为严重的信息不对称,而信息不对称的存在为各类金融风险的爆发埋下隐患。互联网技术具有公开、透明、分享的特征,可在一定程度上弱化金融业中由于信息不对称造成的风险。互联网金融可以通过大数据、云计算、人工智能等技术的应用,提高行业控制风险的能力,降低由于信息不对称造成的各项交易成本。此外,互联网技术的不断成熟也促进了金融业务流程的优化与再造。

二、互联网金融现有模式探究

(一)网络借贷

1. P2P 借贷

P2P 网络平台在充分利用互联网自由、平等、大众化特点的基础上,改变了民间借贷的常态,打破地域、时间的限制,将借款双方联系起来,缓解了民间借贷的投资难和融资难问题,是金融领域的一大创新,是普惠金融的重要手段。简单来说,P2P 平台就是个体与个体之间通过网络实现直接借贷,这些平台通过为借贷双方提供信息、资信评估、办理手续等服务收取中介费。

2018 年第二季度,中国 P2P 网络借贷市场交易额达到 5286.03 亿元人民币。"陆金服"以交易额340亿元的压倒性优势位居第一,"爱钱进"则以207.67亿元的成交额排在第二位,"红岭创投"以190.28亿元的成交额紧随其后,位列第三。不同于第三方交易平台三家独大的情况,网贷平台头部包括"陆金服""爱钱进""红岭创投""拍拍贷""微贷网""鑫合汇""宜人贷""你我贷""人人贷""有利网"在内的十家代表公司总共仅占有30%的市场份额,剩余70%则由数量众多的小型网贷公司占据,总量十分惊人。① 这也从侧面反映出彼时网贷平台满足了很多缺少投资渠道的个人的投资需求,也帮助了很多中小企业暂时解决了融资难的问题。

2. 电商小额贷款

电商小额贷款主要是专门面向电商、网商提供小额贷款,以鼓励大众创业。互联网经济下,众多小微电商提供了城乡就业岗位,增加了低收入人群收入,提高了国内生产总值,创造了财政税收,其普惠能力不可小觑。然而,这些小微电商没有实体店,由于信用评级匮乏,信用记录难以核实,甚至没有经营执照,很难从传统金融机构得到贷款资金。随着电子商务的发展,电商逐渐受到重视,一些互联网电商公司开始推出电商小额贷款以鼓励其发展。电商小额贷款的发展没有任何参照,其发展和监管还有待研究和思考。电商虽已进行实名认证,但是由于身份证识别技术还不普及,而且75%的电商店主都是兼职,对其信用的核实、财务状况的获得更是难上加难,甚至很多电商连账本都没有,在这些基础上的电商小额贷款还是存在一定风险的。同时,电商小额贷款发展不到10年的时间,其相关配套的法律法规还不够完善,一旦出现违约状况,没有针对性的法律保障小额贷款公司的合法权益,甚至容易造成放款方资金链的断裂,影响实体经济的发展。

3. 众筹融资

"众筹"是指面向社会为某个项目、某个人或公司以积少成多的方式,对其提供资金资助。互联网金融背景下,集资者可以通过互联网发布项目进行众筹,投资者可以是来自世界各地的人,从而拓宽了筹资项目的融资渠道。互联网众筹将产业和金融连接起来。不过我国法律规定,企业只能通过上市发行股票的方式向公众公开筹集资金,不允许以任何其他形式面向社会大众公开募集

---

① 武明成."宜农贷"类平台农村普惠金融发展案例分析[D].蚌埠:安徽财经大学,2018.

资金,否则为非法集资行为,是触犯法律的行为。因此,我国并不存在真正意义上的众筹融资,众筹融资不存在发展的法律环境。目前我国的众筹网站有点名时间、大家投、天使汇等,这些网站都通过限制投资者资格、人数或投资金额这样的方式尽力避免被视为非法集资。实质上,我国的"众筹融资"是一种私募或者说半公开的融资行为。要充分发挥"众筹"融资的普惠作用,还需要从法律、政策层面给予空间和界定。

中国政法大学互联网金融法律研究院与中关村众筹联盟联合发布的《2018互联网众筹行业现状与发展趋势报告》显示,2017 年全国众筹行业融资金额为215.78 亿元。我国众筹平台有两个主要方向:第一个方向是综合类众筹平台即平台内涵盖多个领域,比如京东众筹、淘宝众筹等;第二个方向是以某一项细分领域为核心的专业垂直众筹平台,例如汽车众筹、公益众筹、影视文化众筹、新能源众筹等。

（二）金融业务在线化

1. 互联网支付

互联网支付既包含传统金融机构利用互联网进行支付业务,也包括利用第三方支付平台进行网上支付。这里着重讲解第三方支付。所谓第三方支付,就是通过与各大银行签约,由具备一定实力和信誉的第三方独立机构提供交易平台,如支付宝、财付通等平台。买方在购买商品后,将钱打入第三方支付平台的账户里,第三方平台提醒卖家发货,买方确认收货后,第三方支付平台将货款打入卖方账户,完成交易。第三方支付平台利用其自身的信誉保障,为信息不对称的买卖双方进行担保,促进了电子商务的发展,保障了买卖双方的资金安全。互联网支付突破了传统金融业务的时间和地理限制,用户足不出户就可以进行资金转账,尤其是小额资金的收付,既免去了到银行排队办理的麻烦,也避免了由于数额小而受到工作人员冷漠对待的尴尬。另一方面,对于农户甚至是低收入人群来说,网络购物为他们节省了大量开支,从这一方面来讲,方便的网络支付推动了网络购物发展,具有一定的普惠作用。

就第三方支付平台而言,截至 2018 年 4 月,中国人民银行共签发了 272 张第三方支付牌照给相关公司,其中 29 家被注销和合并,湖北蓝天清则主动注销了牌照,剩余 242 家公司持有有效第三方支付牌照,包括支付宝（中国）网络技术有限公司、银联商务股份有限公司、财付通支付有限公司、快钱支付清算信息有限公司等。根据易观数据显示,在 2018 年第一季度中国第三方支付机构综合支付市场交易份额占比统计中,以绝对优势占据前三位的分别为支付宝(45.48％)、腾讯金融(29.47％)和银联商务(11.82％),仅此三家公司市场份额合计就达到了 86.88％,占据了 4/5 强第三方支付市场。其他具有代表性的公司包括快钱、通联支付、易宝支付分别占比 6.71％、1.66％和 1.27％。①

2. 互联网保险

互联网保险有两种形式,一种是指客户在互联网上办理传统保险业务,如保险信息的咨询、投保、交费、核保、保单信息更改、保险合同续约以及保险索赔和理赔等业务;另一种是指保险中介机构基于互联网实现内外部的网络化管理。总体来说,互联网保险就是保险业务以互联网和电子商务技术为工具支持进行业务开展。相比传统保险,互联网保险让顾客自主选择产品,可以在线对多家保险公司和保险产品进行比较,保费公开透明,保障权益清晰,在线产品的咨询、下单均可以通过邮件形式轻点鼠标来完成,同时理赔也可以通过在线完成。互联网保险实现了远程投保,让偏远地区、贫困地区、低收入人群这些普惠群体可以及时获取保险产品的发布和介绍,实现在线投保,不需要建立业务网点,弥补了很多保险空白地区的保险业务,成为普惠金融中保险业务的重要组成。同时,通过互联网保险,保险公司的计划设计、销售、信息收集等业务成本大大降低,提高了保险公司的收益。我国首家互联网保险——众安保险的许多保险产品仅为几元、几十元,例如 39 元的航班险可以为全年的出行提供保险,相较保险公司百元一次的保险,互联网保险着实是物美价廉,为普通百姓提供了更多的保险服务。

3. 互联网基金

互联网基金有传统理财产品在线化和互联网企业涉足投资基金两种模式。随着社会的进步、人民生活水平的不断提高,居民手中有了闲置资金,投资理财意识不断增强,强有力地推动了互联网基金的发展。自证监会新规允许电商平台开展互联网基金业务后,人们得知和购买互联网基金的渠道越来越广泛,越来越便捷,互联网基金的发展出现了井喷的趋势和劲头,我国互联网基金这块

---

① 易观. 中国第三方支付移动支付市场季度监测报告 2018 年第 1 季度[R].2018-07-07.

蛋糕越做越大。我国互联网基金现状主要有三点：①发展速度快。②产品种类繁多，具有一定规模。③功能化很强，回报率较高。通过观察我国互联网基金发展的相关数据，可知我国互联网基金的规模还在不断发展之中。与传统基金不同的是，互联网基金投资门槛可低至一元，投资数额可以角分计算，极大地满足了低收入人群的投资需求，成为普惠金融最重要、最受欢迎的业务。

4. 互联网信托

互联网信托就是通过网络平台进行信托业务，由委托人根据条款将资金通过互联网平台转给中小微企业作为资金周转。互联网信托主要有两种模式，一种是 P2B 模式与 O2O 线下线上电子商务模式相结合，一种是传统信托利用互联网开展业务。P2B 即 person-to-business，是一种个人对小微企业的贷款模式，投资人出于对平台的信任，把资金投入平台，获取固定收益，平台根据借款项目的质量、风险程度对融资人提出抵押或担保要求，把资金借给融资人。互联网信托通过互联网实现了个人和中小微企业间的投融资，为互联网金融安全性增加了保障。有别于其他互联网投融资业务，互联网信托是基于专业的金融服务公司和高标准的风控体系，对借款企业进行了线下信息核实，提供资产抵押、信用评级等服务，对借款企业的基本资料完全公开，每一个项目过程完全透明，更加确保了出资人的资金安全。正是由于其安全性，互联网信托致力于投资中小微企业，为有资金需求的中小微企业和有投资需求的个人搭建了安全、高效的线上线下合作平台，是中小微企业融资的好帮手，是真正意义上的普惠金融。

（三）信息搜索平台

互联网金融信息搜索平台是一种在线信息搜索中介，登录网站后，通过大数据系统根据身份认证、还款意愿和还款能力，给贷款者进行评分，根据评分以及用户输入的贷款用途、金额、期限，即可以查到哪些金融机构提供这种贷款以及贷款条件，可以在线货比多家，最终选择跟哪家金融机构联系。这种信息中介平台最大的好处就是综合了多种信贷产品，可以通过大数据筛选出自己需要和合适的产品，为老百姓提供更全面的理财信息。互联网金融信息搜索平台是专门做信息收集和比较的平台。现在国内发展较好的信息搜索平台主要有融360、金融易等。融360平台还上线了手机 App，理财产品 8 万多个，贷款产品 7

万多个,金融产品按时间、金额、申请人信息进行了标准化分类,用户可以方便快捷地进行搜索比价。App还新增了个人信用查询功能,后续将实现信用查询一站式服务,扩大信息搜索业务范围。这些平台可以根据用户信息定制化服务,将产品信息推荐给有需要的用户,极大地减少了用户和金融机构的信息不对称问题。[①] 信息搜索平台减少了顾客一家一家比较理财信息的麻烦,充分利用互联网大数据分析,选择最适合自己的投资理财产品。

三、互联网金融优势分析

(一)成本低

互联网金融实现了把部分业务从线下转移到线上的转变,只要具备手机等移动客户端和网络这两样东西即可组成虚拟网点,它并不需要像银行等金融机构开设更多的实体网点和分支机构,从而也不需要雇佣更多的营业人员,由此产生的营业费用、管理费用、人力成本等都在一定程度上得到了降低,从而节约了投资成本。此外不用排队等待并且随时随地进行交易更大地满足了消费者的需求,也降低了时间成本。

(二)技术创新意识强

激烈的竞争使互联网金融行业更加清楚地认识到优胜劣汰、适者生存的行业法则,它不像传统金融机构那样缺乏变革的动力,而是拥有较强的创新意识,时刻绷紧创新这根弦,在利用现有的技术环境的基础上不断开发出便捷、新颖的金融产品来满足客户的需求,抢占市场份额。

(三)效率高

计算机处理、标准化的操作流程是当前互联网金融业务的主要特点,在业务处理速度方面也得到了不小的提升。例如阿里小贷运用电商积累的信用数据库,经过数据挖掘和分析,构建资信调查和风险分析模型,商户从申请贷款到发放贷款仅需几分钟便可完成,每日平均完成的贷款成交量达到近万笔,在效率方面得到了整体性的提高。

---

① 李志翔.互联网金融对我国普惠金融发展的影响研究[D].长沙:湖南大学,2017.

（四）传统的金融业务与互联网相结合

利用移动支付、社交网络，依托大数据和云计算，互联网企业不需要设立过多的分支机构就可以提供全方位的、24小时的金融服务，既降低了运营成本，又优化了资源配置。传统的金融机构也在逐步探索创新的金融模式，如手机App等，将传统金融业务与互联网对接，提供丰富的金融资源。互联网金融的业务从网上购物、借贷、理财等逐步向医疗、教育等领域渗透，不断地发展壮大。

（五）便捷性

传统银行的客户群体较为固定，范围单一，市场开发和业务推广较为缓慢，尤其是跨行业务需要几天才能完成，而互联网金融可以通过互联网便捷、快速的运行方式，有效地突破时间、地域的限制，客户可以快速获取金融产品或服务，产品信息通过互联网来到潜在客户身边。互联网金融主要由计算机、手机等便携终端处理，避免了在物理网点排队等候和人工处理业务缓慢等问题，增强了用户体验。互联网金融带来了全新的渠道，为客户提供方便、快捷、高效的金融服务，极大地提高了现有金融体系的运营效率，使获得金融服务变得简单易得，可以随时随地享用互联网提供的金融服务。通过互联网系统处理，支付、转账等功能的实现越来越及时，只需在手机等终端按下按键即可。同时，当下的互联网大多具有推送功能，更能够让客户在最短的时间获得最想要的信息。

（六）竞争性

互联网金融作为一种金融创新，其新的业务不断冲击着传统银行，也对配套设施、政府监管提出了更高的要求。

1. 倒逼银行改革

传统银行更多地关注少数高端客户，小客户由于资金少、交易频繁，利润却相对高端客户较低，因此传统银行并不愿意服务小客户。传统银行理财产品基本上都要上万元，最低门槛也要千元左右。但是在互联网金融中，没有窗口歧视，顾客和金融机构互不接触，顾客被一视同仁，无论钱多钱少，所有的交易都是通过互联网随时交易，例如在互联网基金中可按分角计算，就可以进行投资理财，这对于手中闲置资金较少、又有投资欲望的群体来说，无疑是最好的普惠金融产品，从前被传统金融拒之门外的小额的闲散资金，现在凭借互联网金融迅速聚拢，成为大额资金。

在互联网金融产生之前,传统银行掌握放贷渠道,靠吃利差自肥,还有许多说不清道不明的手续费,靠国家政策保护生存。如今,互联网金融开辟了借贷新渠道,网民绕开银行就可以获取小额贷款,还不用办烦琐的担保手续。互联网金融使银行供需脱节的矛盾更加突出。而在互联网金融,单笔金额微小,客户不怕上当受骗,众多小散户组成浩浩荡荡的队伍,力量巨大,冲击着传统银行的垄断地位,各大银行的利润都在下滑,倒逼着银行业进行改革,传统银行争相创办网络平台、创新互联网产品,不再因为垄断而骄纵,把重心转移到顾客和服务上来,并争夺市场。

2. 倒逼监管体系跟进

互联网金融在发展初期处在无门槛、无标准、无监管的"三无状态",金融风险敞口越来越明显,在一定小范围内,也出现了网贷平台卷资跑路等现象。互联网发展速度快、变化快,在此基础上发展的互联网金融风险特征也难以识别,同时中国的分类监管模式,对互联网金融的监管处于混合、模糊的监管形式,客观上增加了对互联网金融的监管难度。同时,为了尽力发挥互联网金融的巨大优势和作用,鼓励互联网金融发展,在互联网金融监管上,既需要维持金融稳定和金融秩序,又要适应金融产业新的环境和新的创新更新,对互联网金融的监管是一个新的课题,因此互联网金融的发展倒逼了监管体系的改革。

(七)双重虚拟性

金融本身存在就是虚拟的,金融是以记账的形式说明借贷双方的借贷关系,是不存在实物交易的。例如银行卡上的记录只是虚拟的数字;期权期货交易是通过订立合约,约定买卖货品,具有虚拟性。而互联网金融在互联网中发展起来,借贷双方通过互联网进行交易,没有物理网点,借贷双方也不熟知,甚至借贷合同都是通过网络形式发送,既有金融本身的虚拟性,又因为互联网本身的虚拟特性,使得互联网金融拥有了双重虚拟性。

四、互联网金融发展的理论基础

(一)互联网金融与网络经济理论

网络经济理论可以刻画互联网金融的互联网属性,其理论包括网络外部性理论、长尾理论与互联网经济学理论。网络外部性理论的背后是梅特卡夫定律,该定律认为网络价值等于网络节点数的平方,并与联网的用户数的平方成正比,即网络的有用性价值随着用户数量的增加而增加。对原来的使用者而言,使用者愈多带来的效用不像一般经济财产一样愈来愈少,而是愈来愈大,网络外部性的乘数效果连接信息化企业,于是造就了充满无数商机、成长潜力惊人的互联网金融业态。互联网金融中的网络外部性突出体现在互联网平台的网络外部性上,在互联网平台上开展的金融业务(如网络借贷等)因为网络外部性带来的"正反馈"效应而存在规模经济与范围经济的效应,可以降低交易成本,这也是发展互联网金融的优势所在。

长尾理论认为当商品储存、流通、展示足够便捷,成本极低时,需求极低的产品形成的众多小市场汇聚可产生与主流相匹敌的市场能量。这是对长时间贯穿整个商业社会的"二八定律"的彻底反叛,在全新的商业模式下,公司的利润不再依赖传统的 20% 的优质客户,而是原先被忽视却数量庞大的客户。长尾理论描述的互联网平台构筑的金融长尾,通过成本几乎可以忽略不计的工具来创造资源,互联网金融的成本优势是其延伸长尾的基础,互联网金融对长尾的开拓打破了短缺经济学的假设,互联网金融居于金融产业的长尾之上,催生出一系列充分满足普惠金融需求的产品与服务,提升了金融的便捷性、平等性和开放性。

互联网经济学概念起源于 McKnic 和 Baley 在 1995 年出版的专著《互联网经济学》,该专著明确阐述了互联网经济学是一门研究互联网服务市场的经济学,主要研究互联网的作用机制和关键经济特征。互联网经济具有边际成本递减、边际效用递增的特点,这使其易于吸收冷门商品分散用户,以较低成本占领大量市场。利用边际效益递增的互联网经济活动规律,摧毁与重构现有金融现状,进一步改进金融服务供需模式,使资金融通的时间、空间和数量边界得以扩展。

(二)互联网金融与信息经济理论

信息经济理论可以刻画互联网金融的信息科技属性,其理论包括信息不对称理论、搜寻理论与 KMRW 声誉理论。互联网金融能够快速发展的重要原因是降低了交易成本,从而扩展交易边界。但在"减少交易费用"这个有"万金油"之称的原因背后,是信息科技的进一步发展改变了信息的生产、搜寻与积累的过程,极大地方便了交易的进行。信息的生产减少了信息不对称程度。信息成为互联网金融行业最重要的资源。凭借信息处理优势,互联网金融试图寻找解决信息不对称问题的全新路径。信息的搜寻提高了交易的匹配度。互联网信息搜寻中,搜寻方式取代搜寻成本,成为互联网信息搜寻的关键内容。信息技术的极大进步,带来搜索方式的转变,金融信息传统被动获取方式转为主动搜索方式。信息数据极大丰富,增加了信息噪音,而大数据技术支撑的信息过滤技术,为互联网金融消费者提供了刻画需求和推荐喜好等新型信息搜寻手段,有效满足个体的个性化、定制化需求,降低信息搜寻成本,从而解决生产规模过小带来的成本问题,这为未来互联网金融产品的私人定制提供了便利。信息的积累提高了市场参与者的声誉。[①] 在互联网融资市场上,借款人的借还记录是其声誉的主要构成因素。关于声誉的信息积累与分析十分重要。现实中存在借款人凭借小额借款建立好声誉后再行诈骗,一旦留下失信记录后就伪造身份信息重新入场的现象,因此针对借款人的声誉机制要想真正生效,必须满足两个基本条件:一是信息高效率低成本地传播,确保借款人不良声誉被及时披露和识别,促成集体惩罚;二是信息真实完整,通过建立信用信息共享系统接入我国正式的征信系统,使来自各个平台的借款人信息互相补充和校验,构建网上网下统一联防机制,从而最大限度地提高信息造假的成本,降低信息甄别的难度,切实保障贷款人的合法权益。

（三）互联网金融与金融功能理论

金融功能理论可以刻画互联网金融的金融属性。金融活动产生于社会主体优化资源配置的需求,金融功能是相对稳定的观察金融本质的视角。金融功能是金融集成服务系统在时间转换的基础上提供的经济资源转换的路径。金融机构提供多元化金融商品和金融服务、减少信息不对称、融通资金、降低交易成本、管理和控制金融风险以及提供支付清算服务,促进经济资源的优化配置。互联网金融优化了金融市场的资金融通、风险分散和价格发现等功能。互联网金融通过互联网技术和交易模式的创新,将支付结算交易、债权交易、股权交易和资产证券化等交易高度融合。同时,互联网金融通过互联网信息技术、平台和非金融中介机构巨大的技术优势、监控优势和交易撮合优势,使金融交易脱

---

① 王曙光.互联网金融与普惠金融发展[N].重庆日报,2019-04-17(8).

媒,增加了金融商品的创新能力,也增加了平台的创新能力及其自律规范金融风险的能力。

第三节 互联网金融对普惠金融作用分析

一、互联网金融助力普惠金融发展的可行性分析

在 2006 年 3 月,中国人民银行研究局焦瑾璞副局长在北京召开的亚洲小额信贷论坛中,第一次提出了普惠金融的理念。它是我国促进改革及建立健全市场金融机制的一个主要任务。在 2016 年 9 月我国杭州举办的 G20 峰会中,数字普惠金融被当作十分重要的一项议题,审核通过了有关文件。至今,国家已经多次正式出台相关文件,加快推进普惠金融的发展,提高金融体系的普惠程度。[1]

焦瑾璞等(2015)认为中国普惠金融实践历程迄今大致可以划分为公益性小额信贷、发展性微型金融、综合性普惠金融和创新性互联网金融四个阶段,如表 1-3 所示。

表 1-3 中国普惠金融实践历程

发展阶段	标志性事件	主要特征
公益性小额信贷(20 世纪 90 年代)	1993 年,中国社科院农村发展研究所在河北易县建立了中小额信贷机构——扶贫经济合作社,以改善贫困农户的经济状况和社会地位	小额信贷主要资金来源是个人或国际机构的捐助及软贷款,目的是改善农村地区的贫困状况
发展性微型金融(21 世纪初)	中国人民银行采取"一次核定、随用随贷、余额控制、周转使用"的管理办法,开展基于农户信誉,无须抵押或担保的贷款,建立农户贷款档案	客户小额信贷得以全面展开,形成了较有规模的微型金融体系

---

① 邵彤.互联网金融视角下我国的普惠金融发展研究[D].长春:吉林财经大学,2016.

续表

发展阶段	标志性事件	主要特征
综合性普惠金融（2005—2010）	2005年中央1号文件明确指出"有条件的地方，可以探索建立更加贴近农民和农村需要、由自然人或企业发起的小额信贷组织"	小额信贷组织和村镇银行迅速兴起；银行金融服务体系逐步将小微企业纳入服务范围；普惠金融服务体系包括支付、汇款、借贷、典当等综合性金融服务，并有网络化移动化发展趋势
创新性互联网金融（2011年至今）	余额宝等新兴互联网金融产品为广大群众提供了互联网支付、互联网借贷以及互联网理财等金融服务	互联网金融等迅速发展，形成了所谓"以第三方支付、移动支付替代传统支付，以P2P借贷代替传统存贷款业务，以众筹融资代替传统证券业务"的三大趋势

目前，各金融机构对普惠金融的支持力度不断增加，以银行业金融机构为例，2018年一季度银行业金融机构用于小微企业的贷款余额为317645亿元，较2017年同期增加了39640亿元，增长了14.3%，扶持力度明显上升。无论从普惠金融对经济金融发展的促进作用，还是普惠金融作为解决社会公平，促进资源合理分配的重要手段来看，发展普惠金融极具意义，也大有裨益，但发展普惠金融过程中不能忽视内部风险。普惠金融风险主要源于两部分，首先，服务对象为小微企业及低收入人群等弱势群体，这类群体本身具有较高的违约可能。其次，与互联网结合带来了技术风险。互联网给予了普惠金融发展的潜力，但也给普惠金融带来了新风险。在风险尚未积聚形成金融乱象前，宜"未雨绸缪"，做好预防工作，防止风险蔓延与扩散，也可避免后期高昂的治理成本，甚至提前化解对经济平稳运行的影响。因此，有必要研究普惠金融的风险特征，以此为基础提出普惠金融风险防范和化解的对策，对普惠金融进行有效管理。

二、互联网金融助力普惠金融发展的理论分析

（一）凸显了长尾理论

1. 长尾理论的内涵

长尾理论是基于信息技术广泛运用的背景而衍生出的经济理论，是对传统"二八定律"的颠覆。长尾理论由克里斯·安德森于2004年首次提出，用来描述美国本土多家销售网站的商业和经济模式，其核心思想是传统需求曲线的头

部所代表的"畅销产品"竞争过于激烈,市场已趋于饱和,而代表"冷门产品"、经常被企业遗忘的长尾市场是企业的未来所在,如图 1-1 所示。

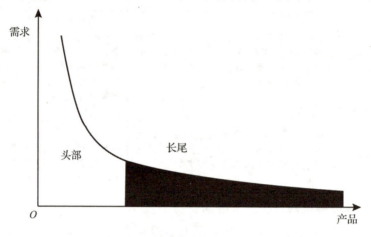

图 1-1　安德森长尾曲线

安德森在"长尾理论"中提出商业与文化的未来并非那个传统需求曲线中代表着"畅销产品"的头部,而是那个代表"冷门产品"、经常被人们所忽略的长尾。对任何一个企业而言,不能直接放弃"冷门产品"的研发,它们或许才是企业未来的发展根据。当数量众多的"冷门产品"集聚之后,就能够获得一个非常庞大的利基市场。谢平和等(2012)提出,互联网金融增加了金融单位交易可能性范围,可以为传统金融机构所忽略的群体给予相应的金融需求,并且在主流市场体现出"长尾"的特性。王金龙、乔成云(2014)认为,因为凸显数量"长尾理论",互联网金融成为实现普惠金融的重要平台。

长期以来,传统的金融机构更加注重为他们带来 80％效益的高价值的客户群体,虽然这部分群体只占社会全员的 20％。而互联网金融能够为其他的 80％的客户服务,也就是"长尾"的那个部分(小微客户)。虽然这些处在尾部的客户并不能像高价值的 20％客户一样为金融机构带来高收益,但由于"长尾"客户群体的规模庞大,所带来的价值也不容小觑。

2. 互联网金融与长尾理论的契合

(1)互联网金融客户构成资金需求"长尾"

我国小微企业数量占到全国总企业数量的 90％以上,可以被看作"长尾"部分的主力军。由于受到各种限制,小微企业常常无法从传统金融机构获得贷款等金融服务,企业的发展受到极大程度的制约。互联网金融服务的主要客户群体为急需资金的小微客户,而这些小微客户的市场可以被看作"冷门市场",以银行为主的传统金融机构在高价值客户的竞争中日趋激烈,逐步丧失了资源丰富、前景光明的长尾市场。互联网金融成本低、效率高的特征恰巧与"长尾"市场的资金需求特点相契合,有助于促进金融资源流向小微客户群体。

(2)长尾理论打破"二八定律"

长尾理论的出现是互联网金融发展变化的结果,是对"二八定律"的颠覆,也是对"二八定律"的补充与完善。随着经济的发展,人们更加注重对"上层建筑"的满足,金融需求也渐渐地呈现个性化、多样化趋势,间接地提高了"长尾市场"的价值与潜能。互联网金融的发展也迫使银行等传统金融机构将资源慢慢转向小微客户。

(二)放大了鲶鱼效应

互联网金融作为金融模式的一种创新方式,在经济发展中扮演着"鲶鱼"的角色,正如沙丁鱼群中,那条突然出现的饥饿鲶鱼搅动并促进着鱼群的发展。这将改变传统金融机构创造和实现价值的方式,并迫使他们对营利模式、业务结构、产品服务重新进行审视,形成新的经济发展格局。

2013年,余额宝的出现,拉开了互联网金融发展的序幕,各种理财产品横空出世,极大地冲击了传统金融模式。存款的快速流失,传统理财产品收益的日渐弱化,使银行的利润不断压缩,引起了一定的恐慌。面对互联网金融带来的挑战,商业银行也开始考虑如何转型。招商银行原行长马蔚华提出,互联网金融所具有的特性,会给传统商业银行的竞争带来十分巨大的冲击,在银行业不断发展壮大的同时,需要不断地调节业务构造、增加客户规模、完善服务质量、构建完善的管理机制等。

1. 构建新的价值体系

互联网金融作为一种新兴的经济业态模式,其价值主张更加注重方便、快捷和客户体验,目标客户是处于弱势地位的小微企业及低收入人群,通过移动信息技术、大数据、云计算实现资金的融通,与客户之间的关系无缝对接。因此,商业银行在已有的价值主张(安全稳定、低成本和低风险)、客户结构(高价值群体)、业务流程(冗长、复杂)基础之上,难以有效抵御互联网金融的全方位优势冲击,必须构建新的价值体系,全方位覆盖各个阶层,惠及全民。

2.对传统金融业务的替代

互联网金融加速了金融脱媒,使商业银行充当支付中介桥梁的功能边缘化,尤其是第三方支付的发展,使其中间业务被替代。例如,支付宝、微信支付、银联支付等能够为客户提供收付款、转账汇款、机票与火车票代购、水电费等结算和支付服务,对传统金融业务有着明显的替代作用。在互联网金融模式下,解决了信息不对称这一缺陷并降低了交易成本,资金供求双方依托于移动数据平台进行沟通,并可以实现多方对多方同时交易,资金中介将不复存在,取而代之的是资金信息中介,改变了现有的融资格局。

(三)弱化了马太效应

互联网金融与传统金融一样,在垄断的同时又存在着竞争,随着互联网金融的迅速崛起,产生了并购热潮,大型互联网企业之间强强联合,如阿里巴巴收购优酷、土豆,美团与大众点评合并,58同城与赶集网的联合等,在一定程度上使得互联网金融的发展形成了垄断与寡头。从互联网企业的内部竞争来看,互联网金融的马太效应逐步显现。但是从整个经济业态来看,正是因为互联网金融企业通过兼并或重组,不断进行创新,整体竞争力的提升也迫使传统金融做出改变,重视小微企业以及低收入群体,扩大金融服务覆盖范围,降低其获取服务的标准,金融服务惠及全民,从而弱化了马太效应,推进了普惠金融的发展。

三、互联网金融助力普惠金融发展的先天优势

传统的金融模式在推进我国普惠金融的发展方面有着先天的不足,而互联网金融模式的一些特质弥补了这一方面的缺陷。一方面,通过移动客户端、第三方支付、信息通讯服务等提升金融的服务效率和扩大覆盖广度;另一方面,大数据、云计算又能够对现有的金融信息中介和征信体系进行提升和补充,最终提高普惠金融服务的精准性和实效性,切实实现普惠。相较于传统金融模式,互联网金融在推进普惠金融发展中具有以下几个先天优势。[①]

① 史林艳.互联网金融助推普惠金融发展的问题研究[D].长沙:湖南大学,2017.

（一）扩大了服务覆盖范围

芮晓武、刘烈宏(2013)指出,互联网金融能够提供普惠金融服务或"草根金融"服务。互联网技术的发展与普遍应用,打破了时间、空间的约束,将整个社会成员联结在一起,平等地获得金融服务,广泛地参与到经济活动中来,弱化了金融排斥。虽然我国的金融体系不断改进,但金融资源配置不均衡的情况依旧十分明显,中小型企业、低收入人群以及经济发展滞后地区的金融需求一直未被充分满足。互联网长期以来所具有的"开放、平等、协作、分享"的精神特质使其自身具有了普惠金融的资源覆盖这一独特优势。一方面,互联网金融业务日趋多样。通过第三方支付、众筹等方式,互联网金融为广大小微客户提供基本的融资、投资理财等业务,同时还涵盖了保险、医疗、代理收付费等方面,业务多元化。另一方面,互联网金融参与人群广。我国网民规模的庞大,为推进普惠金融的发展提供了良好的群众基础。不仅限于弱势群体,城市中高收入人群与大中型企业也逐步参与到互联网金融中。互联网金融使金融服务覆盖千家万户。普惠金融其意义精髓在于让人人都能够平等地获得金融服务,让金融服务惠及世界上每一个人,金融不再受时间、地域、资本量的限制,人人都可以参与金融活动,金融排斥现象不再存在。在现实社会中一部分人可能因为没有足够的资本,不具有充足的学识,或是不具备投资的基本经验而被挡在了金融市场之外。互联网金融的出现使人们的目光从金融机构营业网点转移到手机和电脑,近年来,人们渐渐倾向于在互联网平台上实现金融交易,个人网银用户和手机银行用户数量大幅增长,支付宝和财付通的新增用户数量更是迅猛增长,便是其显著表现。

（二）降低了信息不对称

金融是信息不对称的产物。同样是为了解决信息的不对称,传统金融和互联网金融从一开始就走上了两条截然不同的道路。以商业银行为主体的金融机构需要的是经过筛选和剔除后的有效信息,是一个不断筛选有效信息和做减法的过程,简而言之就是"去其糟粕取其精华"。而互联网金融则是一个将有效信息传递出去的中介平台,并在传递的过程中逐步形成大数据,不断增加冗余。马云曾说过,"互联网、移动互联网,最主要的特性就是突破了之前的信息壁垒,尽可能地避免了信息不对称情况"。在互联网特别是移动互联网还没有得到广泛发展的情况下,商业数据的获取成本一直非常高,并且还需要耗费较大的时间精力,因此在那个阶段大部分的商家都是利用信息不对称情况去获得相应的收益,拥有垄断特征的中介企业在那一时期赚取了不少利润。而随着信息技术的飞速提高以及互联网的普及,有着金融服务需求的双方可以通过互联网平台直接进行交易,信息逐渐透明,有效地降低了双方的信息不对称。

（三）降低了交易成本,提高了效率

互联网金融能够有效地减少交易成本,进而避免普惠金融中的不足。成本和收益的不匹配阻碍了普惠金融的发展,造成传统金融资源分配上的不均衡,将小微客户排除在主流金融市场之外。互联网金融则只需金融交易双方通过互联网平台,快速、高效地进行信息匹配,完成交易过程。这中间,既省去了传统的物理网点与柜台,免了客户的来回奔波、排队等候,降低了客户所耗费的时间成本,又简化了商业银行的业务流程,提高了商业银行的服务效率。互联网平台交易成本和运营成本的降低,打破了传统金融的局限,能够通过整合零散、小额的资金需求形成规模效应,提高融资效率,与普惠金融的发展不谋而合。

以商业银行为主的传统金融机构在处理业务时需要的资料繁多,过程烦琐,消耗的人力物力成本相对较高,从而降低了效率。再者,传统金融机构更多地注重高价值客户,这些客户可以以相对较低的成本获得金融服务;反之,被排斥的小微企业、低收入人群获得金融服务的成本却相对高昂,甚至金融需求无法满足。互联网金融很大程度上弥补了传统金融的不足,为社会各个阶层提供低成本、高效率的金融服务。

传统金融模式下,根据测算,对于普通储蓄业务,营业网点完成一笔业务流程所需要时间约为 3 分钟,而如果客户使用网络银行客户端操作同笔业务仅仅需要 0.5 分钟。关于授信业务,传统银行办理一笔贷款的时间短则数周,长则数月,即便如民生银行专门对小额贷款开展了"商贷通"业务,一笔小额贷款也需要平均 5 天才能得到审批。然而以阿里小贷为例的线上互联网金融平台从申请到审批仅仅需要数分钟就可以完成,这与传统商业银行形成了巨大的反差。方便快捷高效的金融服务提高了普惠金融推行的效率。

（四）扩大了金融服务边界

以个人理财为例,传统商业银行有着相对较高的理财门槛,而未达到门槛要求的客户则被拒之门外,无法获得相应的金融服务。信息技术的创新实现了金融产品的创新,如阿里巴巴公司推出的"余额宝",将民众手中"碎片化的零散资金"聚集起来,转化成可以投入生产的大笔资金,即使只有1分钱,也可以进行投资理财;同时,理财期限也更加灵活,不仅有定期,还可以随支随取,保证了资金的流动。互联网金融的创新发展,有效地降低了理财投资的准入门槛,使广大的老百姓能充分享受金融创新带来的成果。继余额宝之后,微信"理财通"、玖富"悟空理财"、京东"小金库"等融资平台层出不穷,丰富了普通大众投资理财的渠道。借助互联网这一平台载体,金融服务得以不断扩展其覆盖面,金融产品也实现多样化,每个人都能平等地获得金融服务的机会,有助于实现社会的共同富裕,加快了普惠金融的实现步伐。

（五）加快了普惠金融的实现步伐

作为方兴未艾的金融创新,互联网金融加快了普惠金融的实现步伐。从历史经验来看,普惠金融的实现与金融创新有很大的关系,金融创新是有效降低金融服务准入门槛和服务成本的工具。举例来说,计算机技术使得股票交易所从人工喊价报价直接变为全程计算机系统的自动撮合,这不但节约了人工成本,也消除了中间商偏向大额交易者、歧视小额交易者的现象,使每一位股票交易所的参与者享受到了更平等的地位。再举另一个例子——股票,一个企业可以分成成百上千份资产,一份股票的金额可以变得很小,不具备管理经营公司能力的普通百姓购买者也可以享受到高利润公司不断发展带来的价值回报,获得投资收益。

（六）实现了风险缓冲

互联网金融产品往往操作简单、不需要教程、实用性强,这些特点对于服务"草根"民众非常有帮助,因而互联网金融产品的购买者往往人数众多。众多的参加人数可以"天然"地分散风险,特别是分散流动性风险。比如,余额宝的购买者已超过6亿,投资者会根据自己的资金需求选择是否赎回资金,而这些投资者的所在地域及从事的行业均不相同,因而很难发生大规模的同时赎回,即发生流动性挤兑的可能较小,这就为互联网金融提供连续性（即高流动性,如"T+0"）的产品创造了条件。同时,互联网金融有很强的数据优势,如阿里巴巴的淘宝网可以完整地记录电商交易行为和客户评价,因而互联网公司有条件通过交易行为和客户评价等数据对电商和购买者进行信用评级。这种信用评级应该说是对中国人民银行征信系统的有力补充,同时它更具体、翔实,也更科学。因此,互联网金融有能力为中国老百姓提供一套"网上"征信系统,以解决贷款难的问题。

（七）增加了理财机会

传统的财富管理服务机构包括商业银行和投资银行机构将复杂的金融产品和理财建议提供给那些拥有较多财富的高净值客户,普通收入阶层无法进入财富管理的行列。在互联网金融出现之前,低收入人群无法享受到金融带来的实惠。另外,中国实施利率管制,活期存款利率长期被压制在一个较低的水平,同业市场利率是银行活期存款利率的十余倍。长期以来,同业市场利率由拥有大额资金的机构投资者独享。互联网金融的出现降低了理财规划成本,投资门槛随之降低。在线理财规划及资讯平台既是对传统理财规划及咨询行业的革新与突破,同时又将市场扩展至传统理财规划、咨询行业无法覆盖的人群。余额宝等互联网理财产品利用互联网的销售渠道把众多小投资者的钱集合起来组成大的财团,进而降低单位投资的成本,同时提高议价能力,不仅使用户的收益率达到同业存款水平,而且几乎没有投资门槛,流动性又高,非常受中低收入人群的青睐。

四、互联网金融在促进普惠金融发展中的局限性及风险点

（一）互联网金融在促进普惠金融发展中的局限性

互联网金融的快速发展,有效地弥补了传统金融中的服务空白,促进了普惠金融的发展。但互联网金融的发展也是一把双刃剑,在推动普惠金融的发展上也存在着局限性。

1. 互联网金融的风险较高

互联网金融属于金融领域的新业态,目前的监管机制和法律法规对这方面的规定还不够健全,互联网企业发展良莠不齐,在一定程度上不利于经济的稳定发展。2016年度的政府工作报告将"规范发展互联网金融"列入本年度重点工作部分。与传统金融模式相比,互联网金融主要有以下几个方面的风险。

①监管风险。关于互联网金融市场的准入标准、运行模式的合法性、交易者的身份认证等方面,还没有确切的法律规定。互联网金融企业很容易利用这

些法律中的灰色地带大做文章,实施非法经营,乃至出现了非法集资等极为恶劣的情况,产生了许多风险隐患。对于 P2P 中的"跑路"情况,风险控制已经是目前的主要工作。网民在享有互联网金融服务优惠的同时,也会出现法律方面的风险,最终陷入法律纠纷中,不但提高了交易成本,还对互联网金融市场的发展带来了不利的影响。

②技术风险。互联网技术本身存在着一定的技术风险,如果互联网金融软件没有足够的防御体系,容易被病毒或者被黑客攻击而产生技术性风险,从而发生用户个人信息泄露、密码泄露、账户资金被盗等。互联网金融中,交易的双方通过互联网平台进行实务操作,其身份的真实性辨别难度大,容易导致不法分子进行金融欺诈或恶意攻击。同时,技术人员操作不当也会导致严重损失,如 2013 年的光大"乌龙指"事件。在互联网金融服务中,技术风险可能会使得金融系统产生较大的风险隐患,最终致使体系崩溃。

③信用风险。互联网金融发展起步时间短,没有严格的准入门槛,很多企业的风险管理人员没有足够的专业知识和丰富的处理经验,在风险防范方面水平不高,并且因为网络贷款中往往是没有任何抵押的,更是增加了这类信用风险。客户能够通过金融单位和自身掌握的信息不对称的优势去实施信息伪造,以此来骗取贷款。同样,互联网金融平台也能够利用虚假提高信用以及发布一些不存在的债权等方式去骗取资金,不公示资金流向,最终形成一个庞大的骗局,使投资人权益受到损害。

2. 互联网金融机构的目标偏移

以小额信贷为研究案例,国内外最近几年的研究显示,小额信贷机构的服务群体已经不单单是低收入群体和中小企业,它们还越来越愿意为大型企业和高价值客户服务,甚至与政府项目对接,出现了目标上的偏移。如雪山贷在 2015 年发布了"优安贷"产品,针对铁路交通、水电发展、新能源、生物工程等诸多领域的几百家大型企业发出邀约,希望能够给予其优质的融资服务。通过 P2P 平台逐渐发展出来的网络借贷平台投促金融使用的是 P2G 方式,也就是个人与政府项目对接的一种形式,它对准入企业的标准要求比较高。之前许多民间资本设立网络贷款公司,根本目标在于借助网络贷款公司实现获取金融业务牌照的目的,它们把网络贷款公司看作我国金融准入门槛较高情况下获取金融牌照的特殊路径。

3.互联网金融覆盖盲区依旧存在

近几年来,我国网民的规模呈不断增长的态势,且增幅一直保持着较高的水平,庞大的用户规模为互联网金融的快速发展提供了良好的基础。但也应理性地看到,在网民群体中,最为活跃的是中青年和有着较好教育背景的群体,而一些低收入人群、中老年人以及教育背景相对较差的群体因为观念、理解力、经济能力等各方面的限制,并未主动、充分地享受互联网金融带来的便利和成果,阻碍了普惠金融的"普惠"性。互联网金融覆盖的盲区依旧存在,且短时间内难以完全消除,在一定程度上制约了普惠金融的实现。

(二)互联网金融在促进普惠金融发展中的风险点

风险主要来自两方面,一方面是普惠金融服务对象本身带来的风险,另一方面是互联网技术在普惠金融中广泛运用带来的技术风险。

1.普惠金融服务对象本身带来的风险

普惠金融的服务对象主要包括中小微企业和弱势群体,弱势群体主要包含低收入家庭、农民、农民工、下岗人员、老弱病残人员等,这些群体没有固定收入来源,还款能力差,本来就是高风险群体。

2.互联网技术在普惠金融中广泛运用带来的技术风险

随着互联网技术优势在普惠金融发展中得到体现,互联网技术在普惠金融中的运用将更加广泛。在此过程中带来的技术风险主要包括三方面:一是技术不成熟,设备、设施不完善。这方面因素导致创新技术的不适用、不完整、不可靠。二是创新技术对市场的预测不充分。实践是检验真理的唯一标准,任何创新技术都得接受市场的考验,如果没能对创新技术投入市场后的反映做出准确的判断,则易产生金融风险。三是创新技术大多是以计算机为基础,结合互联网技术产生的,金融机构在运用创新技术时需要专业的团队对网络安全、数据维护、系统升级进行定期维护,而受限于公司的成本,金融机构往往无法达到技术要求,而形成技术风险。

第二章　农村普惠金融发展理论概述

第一节　中外农村普惠金融历史演进

中国农村普惠金融的历史还比较短,但中国农村金融的发展历史则相对较长且脉络清晰。随着国外普惠金融的快速发展,当把国际普惠与中国农村金融结合以后,中国农村普惠金融就进入了发展快车道。

一、中国农村金融的历史演进

新中国成立70多年来,中国农村金融体系经历了不断的变革和发展。回顾新中国成立以来农村金融改革的历史脉络,总结我国农村金融改革过程中的经验和教训,有助于认清和把握我国未来农村金融体系演进的方向,以进一步深化农村普惠金融改革。

(一)改革开放之前中国农村金融的历史演进(1949—1978)

1. 中国农村金融体系初步形成阶段(1949—1957)

新中国成立后,农业生产得到初步发展,农业扩大再生产的资金需求也不断增加。为了适应这一要求,农村金融组织体系开始初步建立。1951年5月,中国人民银行总行召开第一次全国农村金融工作会议,提出了筹建农业合作银行(中国农业银行的前身)的提案。1951年8月,农业合作银行正式成立。但由于农业合作银行和各级农村金融部门没有直接隶属关系,基层农村金融工作仍由各级人民银行管理,农业合作银行未能发挥其应有作用,1952年被撤销。

从 1954 年开始,信用合作社迅速发展。到 1954 年年底,全国信用社发展到 12.6 万个,70％左右的乡建立了信用社。1955 年 3 月,我国建立中国农业银行,重组后的农业银行扩大了各项农村金融业务,在全面办理农村存贷款等方面发挥了重要作用,壮大了农村资金力量。

但由于中国农业银行与人民银行在县以下的金融工作中出现了工作难以划分的问题,再加上需要增加机构干部、基本建设和费用开支等原因,1957 年 4 月,国务院发出了《关于撤销中国农业银行的通知》,各级农业银行并入人民银行,农村信贷工作由人民银行统一负责办理。

2. 中国农村金融体系曲折发展阶段(1958—1978)

1958 年,信用社的业务经营与管理基本上都下放到公社和生产大队。这导致信用社账务混乱,业务陷于停顿,完全丧失了合作金融的性质。1963 年 11 月,中国农业银行再次成立,在安排支农资金、促进农业生产的发展方面起了积极作用。但由于其和人民银行在业务分工和协作中的矛盾,1965 年 12 月,中国农业银行再次与人民银行合并。1966 年开始的"文革"使农村金融事业遭到了巨大的损失,冲击了银行对信用社的领导,使不少信用社制度荒废,业务停顿,农村高利贷又逐渐抬头。1977 年,国家又把信用社纳入国家银行高度集中统一的管理体制之中,合作金融的发展又表现出了更为明显的"银行化"倾向。

(二)改革开放之后中国农村金融的历史演进(1979 年至今)

改革开放以来农村金融体制演进的历史基本上可分为以下四个阶段。[①]

1. 中国农村金融体系恢复和发展阶段(1979—1993)

这一阶段的主要改革措施是恢复和建立新的金融机构,形成农村金融市场的多元化和竞争状态。1979 年 2 月,中国农业银行再次恢复,并且自上而下地建立了分支机构,提出要重点对农村地区和农村经济发展提供资金支持。

1979 年 10 月,农业银行对信用合作社"官办"体制的弊端作了认真的剖析。1982 年年底,农村信用合作社也重新定位了合作金融的性质,业务得到了快速的发展。

除中国农业银行、农村信用合作社之外,这时民间非正规金融也得到了一定的发展。国家放开了对民间信用的管制,农村合作基金会、各种合会、私人钱

---

① 赵孝宇.农村地区普惠金融服务策略研究[D].昆明:云南师范大学,2016.

庄以及多种形式的社会集资、商业信用、消费信用也在此时得到迅速发展。民间非正规金融组织对于缓解农村资金供求不平衡起到了积极作用。这一时期，初步形成了在中国人民银行领导下，以中国农业银行为主导，农村信用社为基础，其他金融机构和融资方式为补充的农村金融组织体系。

2. 中国农村金融体系框架的构筑阶段（1994—1997）

按照国务院部署，这一阶段农村金融改革的目标就是"要建立一个能够为农业和农村经济发展提供及时、有效服务的金融体系"。1994年，国有政策性银行——中国农业发展银行成立。该行主要任务是以国家信用为基础，承担国家规定的农业政策性金融业务，为农业和农村经济发展服务。中国农业银行在将政策性业务划出之后，加快了商业化的步伐，按照现代商业银行经营机制运行。

农村信用社也在这一阶段进行了商业化改革。1996年，农村信用社与中国农业银行脱离行政隶属关系，向合作制方向发展。农业银行不再领导和管理农村信用社，其业务管理改由县联社负责，对农村信用社的金融监督管理职责由中国人民银行直接承担。至此，农村金融组织体系开始形成了以合作金融为基础，商业性金融、政策性金融分工协作的格局。

3. 中国农村金融体制改革深化阶段（1997—2006）

1997年之后，农村金融改革进入了深化和发展的阶段。这一阶段首先是国有商业银行在农村地区的金融机构的缩减。1997年中央金融工作会议确定了"各国有商业银行收缩县（及以下）机构，发展中小金融机构，支持地方经济发展"的基本策略，包括中国农业银行在内的国有商业银行开始收缩县及县以下机构，其业务重点转向了城市。但农村邮政储蓄在这一段时间得到了快速发展，在缓解农户与农村中小企业的融资需求上面发挥了一定作用。

2000年以来，农村金融体制改革的重点主要是农村信用社体制改革。农村信用社积极推进组建市（地）级联社和省级联社的试点工作。2003年6月27日，国务院下发了《深化农村信用社改革试点方案的通知》，确立了以产权制度改革为核心的农村信用社新一轮改革目标，即充分发挥农村信用社农村金融主力军和联系农民的金融纽带作用，更好地支持农村经济和协调城乡发展。2004年，农村信用社改革在全国范围内展开，试点推广到全国29个省（区、市）。改革使全国农村信用社经营状况大为改观，资产质量和经营状况进一步改善。

2004 年前 9 个月,全国农村信用社实现盈利 21.2 亿元。农村信用社农村贷款占全国农村贷款的比重从 2000 年的 74.49％逐年增加到 2004 年的 80.64％,农村信用社在我国农村金融体系中占据了主导地位。

4. 中国农村金融市场的增量改革阶段(2006 年至今)

从此前的改革措施看,基本上都是着眼于存量改革,即在原有农村金融组织体系的框架基础上,通过对现有农村金融机构的业务调整或扩张来达到"构建"的目的。2006 年,农村金融体系进入了增量改革阶段。在新一轮改革中意图吸引新的金融组织元素和新的金融组织成分进入农村金融市场,丰富和优化农村金融体系结构,扩充农村金融组织队伍。

2006 年 12 月,中国银监会发布《关于调整放宽农村地区银行业金融机构准入政策 更好支持社会主义新农村建设的若干意见》,决定在四川等 6 省(区)进行新型农村金融机构试点工作,并鼓励各类资本到农村地区新设为当地农户提供金融服务的机构和营业网点。意见提出要在农村增设村镇银行、贷款公司和农村资金互助社三类金融机构,以扩大农村金融服务供给。在此政策引导下,2007 年 3 月 1 日,我国首家村镇银行四川仪陇惠民村镇银行和首家贷款公司四川仪陇惠民贷款公司分别成立。2007 年 3 月 9 日,我国首家农村资金互助社百信农村资金互助社挂牌成立。同时,外资商业银行开始进入农村金融市场。2007 年 12 月 13 日,我国首家外资村镇银行——随州曾都汇丰村镇银行有限责任公司在湖北省随州市开业。截至 2014 年 12 月,全国共成立村镇银行1233 家(已开业 1153 家、筹建 80 家),营业网点达到 3088 个,成立贷款公司 14个,营业网点 14 个,农村资金互助社 49 个,营业网点 49 个。这些新型的农村金融机构在将城市资金引入农村,丰富农村金融体系,激活农村金融市场方面起到了积极的作用。[①]

二、国外普惠金融的历史演进

普惠金融的理念不是近几年才出现的,而是有着悠久的历史。早在 15 世纪初,意大利的慈善人士就开始开展信贷业务,为低收入家庭提供信贷支持。直到18 世纪初,出现了正式的储蓄信贷机构,其中成立最早、历史最悠久的是由作家、

[①] 赵孝宇. 农村地区普惠金融服务策略研究[D].昆明:云南师范大学,2016.

民族主义者乔纳森·斯威夫特所创建的爱尔兰"贷款基金",这是一家主要向农村穷人提供无抵押零息贷款的小额信贷机构。从 19 世纪起,许多规模较大、形式正式的储蓄信贷机构出现在欧洲。到 19 世纪中期,信用社在德国开始兴起,并迅速流行到欧洲其他国家以及北美各个地区。这段时期的普惠金融理论还处于不全面且无序的发展状态,没有形成体系。直到 20 世纪 70 年代,普惠金融理论才真正地开始发展,主要经历了小额信贷、微型金融、普惠金融三个阶段。

1. 小额信贷(20 世纪 70 年代至 90 年代)

小额信贷是指向低收入群体和微型企业提供的额度较小的持续性信贷服务。小额信贷最早起源于孟加拉国,20 世纪 70 年代格莱珉小额信贷模式随着孟加拉农业银行格莱珉试验分行的成立开始逐步形成,且被迅速推广到亚洲、非洲、拉丁美洲的许多发展中国家,该模式最初实行小组贷款模式,小组成员之间负有连带担保责任,其资金主要用于农业生产,资金来源是政府的补贴或各种公共基金,发放的贷款一般是低息或无息。1983 年,孟加拉国议会通过了《1983 年特别格莱珉银行法令》,格莱珉银行正式成立。到了 20 世纪 80 年代末和 90 年代初,这一阶段主要是强调小额信贷机构各个方面的制度建设以及可持续发展,从而保证小额信贷机构在生存的基础上发展壮大,为更多的贫困人群提供服务。这个阶段也被称为可持续发展小额信贷阶段。

2. 微型金融(20 世纪 90 年代至 21 世纪初)

微型金融是针对贫困人群、低收入阶层以及微型企业而建立的金融服务体系,包括小额信贷、储蓄、汇款和小额保险等,其推广体现了普惠金融的包容性。微型金融产生于 20 世纪 90 年代,随着小额信贷的不断发展,人们逐渐意识到金融机构应该向贫困人群和低收入阶层提供多层次的金融服务,而不是仅局限于贷款服务,在这样的背景下小额信贷开始向微型金融过渡,微型金融较小额信贷从服务范围、服务对象以及服务提供机构方面进行了扩展。微型金融的服务对象不仅包括贫困人群,还包括一些经济上脆弱的非穷人群体,各金融机构不仅提供贷款服务,还提供储蓄、保险、转账等多元化的金融服务。

20 世纪 90 年代中期,微型金融在很多发展中国家逐渐兴起并开始发展,1997 年到 2005 年间,全球微型金融服务机构飞速发展,由 618 个增长到 3133 个,获得金融服务的人口从 1350 万上升到 1 亿多。微型金融大大提高了发展中国家金融服务的覆盖率。

3.普惠金融(21世纪初以后)

　　微型金融的发展取得了巨大的成功,但是也逐渐显露出一些弊端,主要面临的问题有:一是如何向大众提供更为优质的金融产品和金融服务;二是如何向更贫困地区的客户提供金融服务;三是如何降低金融服务需求方和供给方的成本。为了解决上述问题,自2005年起人们逐渐用普惠金融代替微型金融。普惠金融不仅涵盖了微型金融,而且提供的金融服务更加优质,服务对象更加全面,服务成本更为低廉。

第二节　中国农村普惠金融需求分析

　　我国农村金融市场规模十分巨大。随着农村经济的快速发展,农村地区的金融需求也日益增加。发展农村普惠金融,满足农村金融市场的普惠金融需求,是新形势下我国农村普惠金融改革的核心问题。对农村普惠金融服务需求进行实证分析,有助于认清我国农村普惠金融发展的现状和问题,为下一步的普惠金融改革指明方向。对农村普惠金融需求的实证分析可分为农村普惠金融需求主体、需求特征和需求现状三方面。

一、中国农村普惠金融需求主体

　　改革开放以来,我国农村经济体制经历了三次变革。第一次变革是20世纪80年代初期推行的家庭联产承包责任制,这次改革重塑了农村经济组织的微观基础,确立了农户家庭的主体地位,极大地解放了农村生产力。第二次变革是20世纪80年代以来乡镇企业的迅速发展。这些绝大部分为中小微型的乡镇企业实现了农村剩余劳动力向第二、第三产业的转移,进一步解放了农村生产力。第三次变革使许多新型农村经济组织不断壮大,如农民专业合作社(包括各类协会)、家庭农场、种养大户和农业产业化龙头企业。因此,在现阶段,各种类型的农户、农村企业就构成了当前主要的农村普惠金融需求主体。

　　我国农村经济主体的普惠金融需求主要分为两个方面。一是农民生活需求,指农民日常消费、临时性消费和大项消费(婚丧嫁娶、建房、子女教育、医疗等)对资金的需求。二是农业生产需求,指农民在农业生产经营过程中对资金的需求。在普惠金融服务需求的类型上,信贷需求占据主要地位,其他如汇兑、票据承兑、支付结算、农业保险等需求快速增加。下面通过最主要的信贷需求对我国农村普惠金融需求进行分析。

二、中国农村普惠金融需求特征

(一)中国农村普惠金融需求用途及来源

中国的农村普惠金融需求主体大致分为农户、农村企业两类,每一类根据其经济实力又可以有具体的划分。不同的农村经济主体对信贷需求具有不同的用途,其获得信贷供给的来源也存在差异性(见表2-1)。这其中,农户中的贫困户、温饱型农户和农村企业中的中小微企业又是农村普惠金融服务重点需求主体。

表 2-1 中国农村信贷需求用途及来源

信贷需求主体		信贷用途	信贷供给来源
农户	贫困户	生活开支、小规模种养	亲友借贷、民间小额贷款、小额商业信贷、政策性扶贫贷款、政策金融
	温饱型农户	种养生产	民间信贷、小额商业信贷
	市场型农户	专业化规模化生产	商业信贷、民间信贷
农村企业	资源型小微企业	启动市场、扩大规模	民间信贷、风险投资、商业信贷、政策金融
	中等规模企业	生产贷款	商业信贷
	龙头企业(发育初期)	扩大规模	商业信贷、风险投资、政策金融、政府资金
	龙头企业(成熟期)	规模化生产	商业信贷
农村基层组织		基本建设	财政预算、政策金融

资料来源:祝健.中国农村金融体系重构研究[M].北京:社会科学文献出版社,2008.

1. 农 户

按照其经济实力和生产生活方式,农户可分为贫困户、温饱型农户和市场型农户三类。贫困户以私人借贷及救济金为主要融资方式。农村贫困户生产和生活资金缺乏,有普遍的贷款需求,但他们无法满足金融机构的贷款条件,因而很难从金融机构获得贷款。贫困户的资金需求主要靠亲友借贷及救助性资金来满足。王定祥等(2011)对全国15个省1156户暂时性贫困型农户的信贷需求和借贷行为进行了调查,发现大部分贫困型农户都有信贷需求(见表2-2)。

表 2-2 贫困型农户的信贷需求状况与借贷行为

信贷需求状况			借贷行为		
项目	户数	比例(%)	项目	户数	比例(%)
有资金需求	866	74.91	有借贷行为	389	44.92
			无借贷行为	477	55.08
无资金需求	290	25.09	—		

资料来源:王定祥,田庆刚,李伶俐,等.贫困型农户信贷需求与信贷行为实证研究[J].金融研究,2011(5):124-138.

温饱型农户以小额信用贷款为主要融资方式。多数农民非农产业收入少,经营土地仍然是主要收入来源,可以实现自给自足的温饱生活。这部分农户可以从农村信用社得到小额贷款支持。另外,民间信贷也是温饱型农户获得资金的重要来源。

市场型农户以市场为导向从事生产经营活动,但由于缺乏商业贷款所要求的抵押财产(未确权颁证的农户耕地、宅基地和房屋以及未经市场估值的农机具抵押难度较大),主要以担保方式获得银行贷款,贷款额度难以满足较大的融资需求。另外,市场型农户还主要从小额农贷和民间借贷渠道满足融资需求。

2.农村企业

农村企业按照其经济实力和规模,可以分为资源型小微企业、中等规模企业、发育初期的龙头企业和成熟期的龙头企业。这其中农村中小微企业是农村普惠金融服务的重点对象。农村中小微企业往往自有资金的积累有限,对外源融资有较大的需求。然而这类企业规模较小,管理水平有限,缺少可用于抵押担保的资产,整体信用水平不高,企业财务相对大企业来说又不够规范。上述问题的存在使得银行往往难以了解农村中小微企业的财务信息和非财务信息,难以真实把握这些企业的信用状况和履约状况,使得农村中小微企业在融资过程中被正规金融机构拒绝的比例较高。为此,许多农村中小微企业不得不通过民间借贷市场进行融资,但往往又面临比较高的融资成本,使得这些企业既背负沉重的债务负担与压力,又聚集着一定的融资风险。

(二)中国农村普惠金融需求特征

中国农村普惠金融需求由于农业生产和农业经济的特点而呈现出独有的特征。总体来说,中国农村普惠金融需求特征包含以下四个方面。

1. 差异性和层次性

我国经济发展的一个重要特征是区域不平衡,东、中、西部三大经济板块存在落差。与之相对应的是农村自然和生产条件区域性同样差异明显,与这种区域不平衡相对应,农村金融发展也呈现出区域差异性。东部地区农村经济市场化程度高,农村金融的需求主要来自非农部门,主要表现为对农村城镇化和工业化的需要。中部地区经济结构正在向多样化发展,金融需求主要来自种植、养殖业。而西部地区农村经济相对落后,金融需求主要以满足生活资金需要为主。即使在同一地区,不同的农村企业与农户之间对金融服务的需求也存在差异性。

2. 季节性和复杂性

自然环境对农业生产的影响非常突出。尽管当前农业技术的发展使得农业生产对自然环境的依赖性大为降低,但农业生产仍呈现出明显的季节性。与此相对应的是,农户的金融需求也往往呈现出季节性的特点。另外,农村企业主要以中小微企业为主,这些企业在管理体制、信用水平、抵押担保条件等方面差距较大。它们的金融需求往往规模小、频率高、随意性大、时间紧,呈现出"短、小、频、急"的典型特点,这增加了农村金融需求的复杂性。

3. 低收益和高风险

农户和农村企业从事的多是简单的重复再生产,这种生产呈现出低附加值、低利润率的特点,使得这些农村经济主体难以承担较高的利率,因而其适合的金融服务也呈现出低收益性。另外,农业生产受自然环境的影响仍非常突出,导致农户还贷能力也面临较大的自然风险。再加上目前农业保险体系和物流体系均不完善,农户和农村企业在融资时又难以提供有效的担保,最终的结果就是导致农业借贷的高风险。

4. 缺乏有效的担保

目前银行仍大多要求贷款人提供必要的抵押或担保,但农村普惠金融市场的需求主体,无论是农户还是农村中小微企业,都难以满足金融机构所要求的抵押担保条件。以农户为例,农民最大的资产是土地,农民有土地经营权,但没有土地所有权,耕地等土地承包经营权可抵押问题仍存在一定的法律障碍;农户房屋没有房产证,同样不能抵押;金融机构一般也不愿意接受农机具等其他生活和生产用品作为抵押。

三、中国农村普惠金融需求现状

农户、农村企业是当前主要农村普惠金融需求最旺盛的主体。由于当前信贷需求仍为中国农村普惠金融需求的主要内容,以下分析按信贷需求来进行。

(一)农户普惠金融需求基础

我国是一个农业大国,目前我国农户达到 2.5 亿户左右,数量比较庞大。农户是农村生产和生活的基本单位,在相当长的一段时期内,农户仍然是我国经济的重要基础主体单位之一。随着新农村的建设和农村经济的不断发展,农户对普惠金融服务的需求也在提升。

1. 农户借贷需求情况

随着我国农村经济的发展,农户收入结构得到改善,生产性、经营性、打工等形式的收入提升,使得农户家庭收入不断增加。农户收入结构的变化和收入水平的提高使得农户对农村普惠金融服务产生了更多的需求。首先,农户对普惠金融服务的需求更加多样化,除了传统的储蓄和借贷需求外,对于汇兑、支付结算、保险等其他类型的普惠金融服务需求不断增加。其次,农户随着收入和支出水平的提高,会产生较多的借贷需求。2013—2017 年,农村居民人均可支配收入从 9430 元增加到 13432 元。随着农民收入的增加,农户居民消费和固定资产投资等支出也在快速增加。同期,农村居民消费支出从 7485 元增加到 10955 元。这说明农户收入和支出水平相差不大,农户收入结余较少。我国农户在农村教育、医疗、养老保障仍不是特别完善的情况下,便会经常性地产生借贷需求。

2. 农户借贷用途

农户对资金的需求主要集中在生产和生活需求两个方面。赵羽、左停(2014)曾以内蒙古农户为样本,对农户的借贷资金需求进行了调查(见表 2-3)。从表 2-3 可以看出,不同收入层次农户的借贷用途存在明显的差异。低收入农户借贷用途的前三位分别是子女教育、建修房屋和生产资料,主要以满足基本的生产和生活需求为目的。中等收入农户借贷用途的前三位分别是做小生意、修建房屋和生产资料,其借贷用途已向经营和发展型用途转变。高收入农户借贷用途的前三位分别是办加工厂、特种种养和建修房屋,其借贷已主要是经营和发展型用途。因此,随着农户收入水平的提高,其借款用途逐步从生活消费向经营和发展型借贷转变。

表 2-3 不同收入层次农户借贷用途

单位:%

借款用途	农户类别		
	低收入	中等收入	高收入
看病	9.4	7.6	2.4
子女教育	21.6	10.1	4.8
婚丧嫁娶	12.2	9.4	3.5
生产资料	16.2	21.2	6.0
基本生活	4.0	0.3	0
建修房屋	20.3	22.0	16.7
做小生意	8.1	23.3	15.5
办加工厂	2.7	3.1	22.6
特种种养	2.7	3.1	22.6
其他	2.8	0.7	1.1

资料来源:赵羽,左停.农村金融需求、金融供给与城镇化[J].郑州大学学报(哲学社会科学版),2014(6):95-98.

3. 农户借贷来源

中国农村金融市场包括正规金融市场和非正规金融市场两部分,农户的信贷资金也来源于这两部分。许多研究关注了农户资金来源在这两部分的构成比例状况。

如张三峰等(2013)利用基于全国 10 省的农户借贷数据研究了分别从正规金融市场和非正规金融市场借贷的农户比例和借贷数量比例(见表 2-4)。

从表 2-4 可以看出,在有借贷经历的农户中,22.76% 的农户从正规金融市场进行借贷,77.24%的农户从非正规金融市场进行借贷。在借贷笔数的构成比例上,24.97%的借贷来源于正规金融市场,75.03%的借贷来源于非正规金融市场。这些数据表明,农户从非正规金融市场获得信贷的比例远大于从正规金融市场获得信贷的比例。

表 2-4　农户借贷来源状况

农户借贷状况		样本数	所占比例/%
有借贷经历的农户		6168 户	
其中	正规金融借贷的农户	2092 户	22.76
	非正规金融借贷的农户	4764 户	77.24
农户总借贷笔数		9339 笔	
其中	正规金融借贷总笔数	2332 笔	24.97
	需要额外花费的笔数	202 笔	8.66
	非正规金融借贷总笔数	7007 笔	75.03
	其中:需要额外花费的笔数	144 笔	2.05

注:由于有的农户借贷笔数可能超过 1 次,所以有借贷经历的农户不等于总借贷笔数。
资料来源:张三峰,卜茂亮,杨德才.信用评级能缓解农户正规金融信贷配给吗?——基于全国 10 省农户借贷数据的经验研究[J].经济科学,2013(2):81-93.

(二)农村企业普惠金融需求情况

1.农村企业借贷需求情况

农村企业绝大多数为中小企业,是农村经济的重要支柱和国民经济的重要组成部分。然而,农村中小企业的发展却一直面临着诸多的困难,其中资金来源短缺、融资困难成为束缚大多数农村中小企业发展的主要因素。根据 2014年对包括农村企业在内的 416 家中小企业的网络调查报告(见表 2-5),在中小企业未来发展面临的风险这个问题上,有 54.33%的中小企业选择了资金方面的问题,可见包括农村企业在内的中小企业有着强烈的融资需求。①

---

① 武明成."宜农贷"类平台农村普惠金融发展案例分析[D].蚌埠:安徽财经大学,2018.

表 2-5　中小企业未来发展面临风险的调查

未来风险	市场竞争能力弱	资金方面问题	关键技术与管理人才流失	发展定位不清晰	管理薄弱	其他
企业个数	294	226	210	167	108	21
比例/%	70.67	54.33	50.48	40.14	25.96	5.05

注:在此项调查中,每个企业可以选择其中的 4 项,故企业个数之和大于实际总数,企业比例之和大于100%。

2. 农村企业借贷用途

按照表 2-1 的分类,农村企业可以分为资源型小微企业、中等规模企业和龙头企业。不同规模和发展阶段的企业其借贷需求的用途也有所区别。

农村资源型小微企业大多数为新成立的或正处于成长期的小微企业,这类企业一般依靠当地的资源,由较富裕农户的自有资金或政府的政策性资金支持创立。这些处于创业期的农村企业有强烈的资金融入需求,主要表现在启动市场的前期资金投入和扩大经营规模的长期投资需求。对于中等规模企业来说,其贷款需求可分为流动性贷款和固定资产贷款,流动性贷款一般用于购买原材料或半成品,固定资产贷款则用于购置设备、新建生产线或厂房。龙头企业可分为发育初期的龙头企业和成熟期的龙头企业。对于那些正在形成中的龙头企业,其资金需求主要是大量流动性资金和扩张规模的长期投资资金。而对于那些处在成熟期的龙头企业,对资金的需求主要是用于企业转型升级。

3. 农村企业借贷来源

相对于农户来说,农村企业的融资渠道更为多样化,但主要的融资渠道仍为正规金融市场中的银行贷款和非正规金融市场中的民间借贷。

从表 2-6 的数据可以看出,34.29%的中小企业主要通过银行借贷,而33.97%的中小企业主要通过民间借贷融资。企业获得融资的其他渠道包括私募股权与风险投资、典当融资和政府产业扶持资金,而通过这些渠道融资的比例相对来说比较低。因此,总体来说,农村企业从正规金融市场获得信贷支持的比例仍偏低,很多农村企业不得不依赖非正规的民间借贷和其他渠道获得资金支持。

表 2-6　中小企业融资渠道调查

融资渠道	银行贷款	民间借贷	私募股权与风险投资	典当融资	政府产业扶持资金	其他
比例/%	34.29	33.97	6.86	6.38	5.26	13.24

资料来源:2014年中小企业生存状况网络调查报告。

第三节　中国农村普惠金融供给分析

一、我国农村金融机构的构成

经过多年的改革与发展,我国农村基本形成了比较完备的农村普惠金融体系。这个体系主要分为两个部分,一部分是由正规金融机构所构成,另一部分由非正规金融机构构成。在我国农村金融市场,正规金融机构和非正规金融机构并存,既相互竞争,又一起发展,共同为中国农村普惠金融服务供给发挥着重要作用。

正规金融机构是指经过正规主管部门批准设立的,受一般法律约束并接受专门的银行监管机构监管的金融机构。目前,我国初步形成了由政策性金融机构、商业性金融机构和合作性金融机构构成的正规金融体系。政策性金融机构是指那些由政府或政府机构发起、出资创立的,不以利润最大化为目的,在特定的业务领域内从事政策性融资活动的金融机构。我国农村的政策性金融机构主要是指中国农业发展银行。商业性金融机构是按照现代企业制度改造和组建起来的,以营利为目的的银行和非银行金融机构。在我国农村地区,商业性金融机构主要有农业银行和邮政储蓄银行。农村合作性金融机构是由辖内农民、农村工商户、企业法人和其他经济组织入股组成的股份合作制社区性地方金融机构。在我国农村,农村信用合作社被定位为主要为农户服务的合作性金融机构。2006 年,银监会发文鼓励相关机构和企业在农村地区设立村镇银行、贷款公司和农村资金互助社等新型农村金融机构。此后,这些新型农村金融机构数量不断增加,壮大了我国正规农村金融机构的力量。

而非正规金融机构是指未经注册并且不接受政府相关部门正规监管的金

融机构。非正规金融机构在我国有着悠久的历史和强大的生命力。在我国农村地区,非正规金融机构的发展在满足农户及农村中小微企业的融资需求上贡献卓著。我国农村地区的非正规金融机构主要包括以标会、抬会等形式表现出来的合会,存在于闽浙一带的钱庄和数量众多的典当行及其他一些机构。

二、正规农村金融机构普惠金融服务供给情况

(一)中国农业发展银行

中国农业发展银行是我国唯一的一家农业政策性银行,主要职责是按照国家的法律和政策,以国家信用为基础,筹集资金,承担国家规定的农业政策性金融业务,为农业和农村经济发展服务。中国农业发展银行共有31个省级分行、300多个二级分行和1800多个营业机构,服务网络遍布中国大陆农村地区。

中国农业发展银行的信贷业务主要包括粮棉油类贷款、基础设施建设贷款和其他贷款。作为国家农业政策性银行,中国农业发展银行在发放农业贷款、支持农村经济和农业发展方面发挥了重要作用。以2013年为例,中国农业发展银行全年粮油贷款余额10374.54亿元。其中全年粮食收购贷款累计4044.1亿元,同比多放1045.63亿元,增幅为34.87%,发放油料收购贷款累计319.8亿元,同比多放24.66亿元,增幅为8.36%。另外,农业发展银行支持农村和农业发展的项目包括棉花信贷业务、农业生产资料贷款业务、专项储备贷款业务、农村流通体系建设贷款业务、新农村建设贷款业务等。[①]

(二)中国农业银行

1979年,国务院决定恢复中国农业银行,为农村经济和农业发展提供信贷支持和综合金融服务。此后一直到20世纪90年代初,中国农业银行将绝大部分贷款投入了农村领域,有力地促进了农村经济建设。90年代中期,中国农业银行开始向现代化商业银行转轨,业务经营不再局限于农村、农业,开始增加城镇业务和布局。其贷款业务开始多元化,涉农贷款余额虽然在增加,但其占全行贷款的比重有所下降。2007年以来,中国农业银行开始进行股份制改革。与此同时,面对中国农业银行支持"三农"发展弱化的局面,国务院重申了其服

---

① 曲爽.互联网金融助力农村普惠金融发展[J].时代金融,2018(30):42-45.

务"三农"的发展方向。此后,中国农业银行涉农信贷支持和其他金融服务得到加强。

近年来,中国农业银行积极开展农户贷款业务、金穗"惠农通"工程等涉农金融服务,支持新型农业经营主体成效明显。从中国农业银行获悉,截至 2017 年年末,农业银行涉农贷款余额达 3.08 万亿元,比年初增加 3586 亿元。时任行长赵欢表示,2017 年农业银行服务"三农"实现了新突破,未来将进一步服务好乡村振兴战略,绿色金融、普惠金融将是农行资产配置的重点。

据了解,目前农业银行服务乡村振兴战略的方案已设计完成。2018 年农业银行启动实施了服务农村产业融合、农村产权制度改革、国家粮食安全战略、脱贫攻坚、美丽宜居乡村、县域幸福产业、"三农"绿色金融发展等七大行动,进一步加大"三农"金融服务力度,加强政策资源保障,致力于在服务乡村振兴上拔头筹、出亮点、创佳绩。

(三)中国邮政储蓄银行

2007 年 3 月,中国邮政储蓄银行在北京成立。经过多年的发展,邮储银行拥有遍布城乡的金融网点 3.9 万个,成为全国网点覆盖面最广、客户数量最多的金融机构。在成长的过程中,中国邮政储蓄银行注重服务"三农",在增加农村资金供给、改善农村金融服务、解决农民贷款难等方面成效显著。

(四)农村合作金融机构

目前我国的农村合作金融机构由农村信用社、农村商业银行和农村合作银行共同构成。农村合作金融机构在我国广大农村网点众多,具备发展普惠金融的先决条件,具有其他商业银行不具备的地缘和人缘优势。经过多年的改革和发展,农村合作金融机构的数量不断增加,截至 2018 年年末,全国银行类金融机构有 4588 家,其中仅农商行就达到了 1460 家左右,除了村镇银行外,就属农商行的数量最多。农村合作金融机构持续强化对"三农"的支持力度,涉农贷款和农户贷款分别占全部金融机构的 1/3 和近七成,对缓解农村金融资源紧张、增加农村金融服务供给发挥了积极的作用。2019 年 1 月 14 日银保监会发布的《关于推进农村商业银行坚守定位　强化治理　提升金融服务能力的意见》中就明确提出,小微企业贷款不良率容忍度,与农商行自身各项贷款不良率相比,可高出 3 个百分点。要说明的是,支持开展普惠金融、支持小微企业并不仅仅局限于区域性定位的农商行,而是包括五家大型银行,甚至扩大到整个银行保险业。

(五)新型农村金融机构

2006 年,中国农村金融体系进入了增量改革阶段。同年 12 月,银监会发布相关文件,鼓励在农村地区组建村镇银行、贷款公司和农村资金互助社三类新型农村金融机构,以增加农村金融供给。按照文件的精神,新型农村金融机构应优先布局中西部及老少边穷地区、农业主产区和小微企业聚集区,向乡镇以下延伸服务网络。新型农村金融机构已成为服务"三农"和支持小微企业的生力军。

三、非正规农村金融机构普惠金融服务供给情况

非正规金融也常常被称为民间金融,在我国具有非常悠久的历史。新中国成立到改革开放前,我国排斥民营经济的存在,民间金融相应地失去了生存空间。改革开放后,随着中国由计划经济体制向市场经济体制转变,民间金融又重新出现和发展。农村地区的民间金融活动尤其活跃,其作为正规金融体系的补充,发挥着积极的作用,在一定程度上丰富了农村普惠金融市场体系,有助于缓解农村农户和中小企业融资难问题。

民间金融机构包括地下钱庄、民间借贷、典当担保、私募基金、网络借贷等形式。近年来,我国的农村民间金融规模呈现迅猛增长的发展趋势,但由于其活动一般都处于地下状态,相关的调查也存在样本小、总体大的问题,无法获得关于农村民间金融规模准确客观的数据。一组可参考的数据是,2014 年西南财经大学中国家庭金融调查与研究中心发布的数据显示,2013 年中国家庭民间金融市场规模为 5.28 万亿元,相比 2011 年的 4.47 万亿元,规模上升 18%。22.3% 的中国家庭有民间借贷,其中有 30% 的农村家庭有民间借贷,相对应的只有 16.5% 的城市家庭有民间借贷,农村家庭金融负债比例显著高于城市家庭。其他一些研究也表明了农村民间金融的供给对满足农村金融需求的作用。张兵(2012)对江苏省农村地区 1202 户样本农户的借贷情况进行了调查,发现样本中通过民间金融渠道借贷的农户数比例为 67.39%。在总的借款笔数当中,来自民间金融渠道的占 69.51%。易小兰(2014)以江苏、河南、甘肃三个经

济发展程度和金融市场环境差别较大的地区做样本,调查统计了农户近三年的借贷渠道。研究发现样本中通过正规金融渠道获得足额贷款笔数的比例为59.58%,而通过非正规金融渠道获得足额贷款笔数的比例为81.44%。

由上述可知,农村民间金融在满足农村普惠金融需求方面发挥了巨大的作用。民间金融的发展,一方面是由于正规金融机构的发展还无法满足农村普惠金融需求,另一方面是相对于正规金融来说,民间金融有着自己的特点和优势。一是借贷手续简单。民间借贷的手续和形式都由借贷双方自愿达成,比较灵活,省去了正规金融机构贷款时必须经历的烦琐手续,操作也很简单,可以最大程度地节省双方的时间成本。二是借贷利率和期限都比较灵活。民间借贷按照借贷双方之间的关系,借贷用途等条件的不同,其借贷的利率也有较大的差别。借贷的期限也可以由借贷双方自由地商定,给予了借方更大的灵活性。三是担保要求不高。民间借贷一般基于"人缘"和"地缘",借贷双方对彼此的信息比较了解,以相互信任为基础,对担保的要求不高,便利了借方获得资金。以上这些优势使得借款人通过民间借贷进行融资的隐性成本比通过正规金融进行借贷的隐性成本要低,导致在相当比例上实现了农村民间金融对正规金融的替代效应。

第四节　中国农村普惠金融基础设施建设分析

金融基础设施建设指金融运行的硬件设施和制度安排,是提高金融市场和金融中介的整体运行水平的基础保障。对于金融基础设施包含的内容,欧阳岚(2005)认为主要包括支付体系、法律环境、公司治理、会计准则、信用环境、反洗钱以及由金融监管、中央银行最后贷款人职能、投资者保护制度组成的金融安全网等。张承惠(2013)认为国家金融基础设施应当包括法治环境、信息系统和市场支持系统三个重要支柱。良好的法治环境可以保障金融市场正常运转,是金融基础设施的灵魂;有效的信息系统可以解决信息不对称问题,构建对借款人的长效约束激励机制;而市场支持系统则可以提高金融市场信息效率。根据相关的研究和观点,本书认为金融基础设施的内容主要包括支付结算体系、征信体系、金融法规和监管体系等。下面分别从这四个方面对中国农村普惠金融基础设施建设现状进行阐述。

一、中国农村普惠金融支付结算体系建设情况

支付结算服务是金融机构提供的一项基础性服务,这项服务是由支付结算系统完成的。支付结算系统,是一个国家或地区对交易者之间的债权债务关系进行清偿的系统。具体来讲,它是由提供支付服务的中介机构、管理货币转移的规则、实现支付指令传递及支付清算的专业技术手段共同组成的,用以完成债权债务清偿及资金转移的一系列组织和安排。农村地区支付结算服务是农村普惠金融服务的重要组成部分。完善好农村支付结算体系,有利于改善农村地区支付环境,提高农村普惠金融的整体水平,促进地区农业经济的健康发展。

相对于城市来说,农村普惠金融基础设施建设比较薄弱,在支付结算方面也同样如此。再加上商业银行在农村网点的撤并,农村传统支付意识的束缚和支付结算条件的落后,使得农村支付结算体系无法满足农村金融发展的需要。近年来,为畅通农村支付结算渠道,金融主管部门制定实施了一系列政策措施,组织涉农金融机构推广适应农村需要的非现金支付工具和终端,延伸支付系统覆盖面,开展支付结算特色服务。2009 年,中国人民银行发布《关于改善农村地区支付服务环境的指导意见》,提出了在全国范围内组织开展示范县建设的工作要求。2014 年,中国人民银行又发布了《关于全面推进深化农村支付服务环境建设的指导意见》,提出通过优化农民工银行卡特色服务、丰富支付服务主体等措施推进综合性惠农支付服务建设。

经过多年的努力,农村支付结算工作取得了很大的进步。大小额支付结算系统正逐步向广大农村延伸,网上银行、电话银行等多种现代化电子结算支付工具也开始在农村启用并推广。农民工银行卡特色服务、银行卡助农取款等服务向偏远农村地区延伸,"支付绿色通道"正加快构建。

二、中国农村普惠金融征信体系建设进展

征信是评价信用的工具,是指通过对法人、非法人等企事业单位或自然人的历史信用记录,以及构成其资质、品质的各要素、状态、行为等综合信息进行测算、分析、研究,借以判断其当前信用状态,判断其是否具有履行信用责任能力所进行的评价估算活动。征信体系是指由与征信活动有关的法律规章、组织

机构、市场管理、文化建设、宣传教育等共同构成的一个体系。推进农村征信体系建设,有利于在农村打造良好的信用信息基础,提高农村居民和企业信用意识,优化农村社会信用环境,对于解决农户贷款难,有效防范包括金融风险在内的各类交易风险,推动金融资源在农村社会的流动和优化,进而推动农村经济的持续健康发展和农村社会的文明进步等都具有重大意义。

与我国目前的二元经济结构类似,征信体系在城市与农村的发展也呈现出明显差异。农村征信体系的相对落后和由此导致的农村信用缺失成为农村普惠金融资源配置不足的一个重要原因。这导致一方面农村金融资源持续外流,使留在农村金融机构的资金大量闲置,出现了"流动性过剩";另一方面农村地区的农户和小微企业"贷款难"不能得到根本解决。因此,加强农村征信体系建设,是改善农村地区经济主体借贷困难的有效途径。

为了加强农村征信体系建设,2009 年中国人民银行发布《关于推进农村信用体系建设工作的指导意见》,提出依托农村地区金融机构为农户、农村企业等经济主体建立电子信用档案,建立健全适合农村经济主体特点的信用评价体系。2014 年 2 月,中国人民银行又印发了《关于加快小微企业和农村信用体系建设的意见》,部署加快小微企业和农村征信体系建设。人民银行选取了 32 个县(市)作为全国农村信用体系试验区,以鼓励自下而上的探索与创新,形成有特色、有成效的工作模式,并发挥典型示范作用,以点带面,加快推进农村征信体系建设。经过多年的努力,农村征信体系建设取得了很大的进步。[①]

三、中国农村普惠金融法规体系建设成就

完备的农村普惠金融法规体系可以规范农村金融机构的运作,使其在运行过程中有章可循、有法可依,保障这些机构更好地为"三农"服务。因此,中国农村普惠金融法规体系是农村金融资源有效配置的基础,是农村普惠金融发展的保障。中国农村普惠金融的改革与发展,需要逐步完善农村普惠金融法律体系,引导农村普惠金融走上法治发展道路。

改革开放后,随着我国农村金融体系的改革与发展,农村金融法规体系也

---

① 杨启.我国农村互联网金融的特征、发展障碍与对策路径[J].技术经济与管理研究,2019(3):124-128.

开始逐步建立。我国目前还没有形成促进农村普惠金融发展的专门法律,当前关于农村普惠金融的法律法规和相关政策主要是由中国人民银行和中国银保监会根据国务院的授权,基于《中华人民共和国银行业监督管理法》《中华人民共和国商业银行法》等基础的金融法律法规所颁布的针对具体的农村金融机构和信贷等金融业务的政策法规。

这其中关于信贷政策比较重要的政策法规有 1999 年 7 月中国人民银行出台的《农村信用社农户小额信用贷款管理暂行办法》、2000 年 1 月中国人民银行出台的《农村信用合作社农户联保贷款管理指导意见》、2006 年中国银监会发布的《农村合作金融机构社团贷款指引》、2007 年中国银监会《关于银行业金融机构大力发展农村小额贷款业务的指导意见》、2012 年中国银监会《关于农村中小金融机构实施阳光信贷工程的指导意见》等关于信贷的政策法规。更多的农村金融政策法规的颁布是针对具体的农村金融机构的,如 1997 年中国人民银行发布的《农村信用合作社管理规定》、2003 年中国银监会印发的《农村商业银行管理暂行规定》《农村合作银行管理暂行规定》《农村信用社省(自治区、直辖市)联合社管理暂行规定》。2006 年,为了解决农村地区银行业金融机构网点覆盖率低、金融供给不足、竞争不充分等问题,中国银监会发布了《关于调整放宽农村地区银行业金融机构准入政策,更好支持社会主义新农村建设的若干意见》,特别调整放宽了农村地区金融机构准入政策。2014 年,为了支持民间资本和其他资本参与农村信用社产权改革,中国银监会发布了《关于鼓励和引导民间资本参与农村信用社产权改革工作的通知》等。这些针对农村金融机构和信贷业务的政策法规在缓解农村地区资金紧张、增加农村普惠金融服务供给、促进农村地区经济发展方面发挥了重要的作用。

四、中国农村普惠金融监管体系建设现状

金融监管是金融监督和金融管理的总称。农村普惠金融监管体系是我国金融监管体系的重要组成部分,对维护农村普惠金融市场的健康发展,最大限度地减少农村普惠金融市场和银行业的风险起着重要作用。相对于城市来说,中国农村普惠金融在监管体系建设方面的任务更为艰巨。当前农村普惠金融监管体系不仅承担维护农村金融稳定的任务,更要兼顾满足农村经济主体金融服务需求的目标。因此,加强农村普惠金融监管体系建设,对于促进农村普惠

金融的发展,推动新农村的建设和农村社会的和谐进步有着重要意义。

近年来,金融监管机构为了适应农村普惠金融发展需要,不断改进监管方法,丰富监管手段,提升监管有效性,取得了较好的效果。首先,金融监管机构加大了信贷投向监管。2010年,中国银监会发布了《关于加强农村中小金融机构信贷投向监管 保证涉农信贷资金供应的通知》,促使信贷资金更多投向农村金融的薄弱领域。2012年,银监会提出确保涉农贷款实现"两个不低于",即确保涉农贷款增量不低于上年、增速不低于各项贷款平均增速。其次,金融监管机构不断完善符合农村银行业金融机构和业务特点的差别化监管政策,对农村信用社、村镇银行等涉农金融机构实行弹性存贷比考核和差异化存款偏离度考核,在主要监管指标监测考核方面适当提高涉农贷款风险容忍度,实行适度宽松的市场准入、弹性存贷比政策。再次,金融监管机构在切实加强对农村合作金融机构涉农信贷投向监管的同时,还着力督促引导农村金融机构高度重视涉农信贷风险防控。2015年,中国银监会发布了《关于做好2015年农村金融服务工作的通知》,提出通过实施多层次的农村金融风险监测预警制度,实现强化资本约束和风险监管,切实防范涉农信贷风险,提高涉农贷款服务效率和质量,保证农村普惠金融有效支持农村实体经济发展。2018年7月16日,财政部发布题为"中央财政支持农村金融改革发展"的文章。文章指出,近年来党中央、国务院高度重视农村金融改革发展工作,进行了一系列重要部署。财政部认真贯彻落实有关要求,综合运用税收优惠、贴息、奖补、保费补贴等手段,不断完善政策扶持体系,加大支持力度,创新政策工具,推动农村金融良性发展,助力稳增长、调结构、促就业。[①] 2019年2月19日,《中共中央 国务院关于坚持农业农村优先发展做好"三农"工作的若干意见》发布,这是21世纪以来第16个指导"三农"工作的中央一号文件。文件开宗明义指出,今明两年是全面建成小康社会的决胜期,"三农"领域有不少必须完成的硬任务。强调在金融方面,打通金融服务"三农"各个环节;推动农村商业银行、农村合作银行、农村信用社回归本源,为本地"三农"服务;县域新增贷款主要用于支持乡村振兴。

---

① 王园,朱娟.农村互联网金融发展策略研究[J].宿州学院学报,2018,33(12):36-39.

第三章 互联网金融视角下农村普惠金融发展现状

第一节 农村互联网普及及大数据建设情况分析

农村普惠金融的核心是为那些被传统金融机构忽视的农村地区提供金融服务,打通农村金融服务最后一公里,从而实现金融资源的公平配置。在"互联网+"背景下,农村金融市场的参与者主要有四类(见表3-1):一是传统金融机构;二是综合电商平台;三是"三农"服务商;四是涉农P2P平台。各参与者响应国家政策号召,以互联网为渠道将触角伸到农村,采用大数据征信技术,用其特有的方式创新金融产品和金融服务,提高了农村金融服务的可获得性,使农户享受到了普惠的金融服务。根据2018年《"三农"互联网金融蓝皮书》,该年农村互联网金融规模达2.4亿元,2020年"三农"领域的互联网金融总体规模(不含互联网理财)将达到2400亿元。

表3-1 "互联网+"背景下农村金融市场的情况

参与者	运作模式	主要平台
传统金融机构	开展互联网金融业务	各农村传统金融机构
综合电商平台	全产业链农村金融	阿里、京东
"三农"服务商	农业供应链金融	村村乐、大北农、新希望
涉农P2P平台	P2P网贷助农	宜农贷、翼龙贷、开鑫贷

一、农村互联网普及情况

当前,互联网在我国得到了较为广泛的普及,人们的生活变得更加便利,互联网已经成为人们学习、工作和生活不可或缺的平台。根据中国互联网络信息中心(CNNIC)2018 年 8 月发布的第 42 次《中国互联网络发展状况统计报告》,截至 2018 年 6 月,我国网民规模达 8.02 亿,互联网普及率为 57.7%;2018 年上半年新增网民 2968 万人,较 2017 年年末增长 3.8%;我国手机网民规模达 7.88 亿,网民通过手机接入互联网的比例高达 98.3%。我国互联网基础设施建设不断优化升级,网络扶贫成为精准扶贫、精准脱贫的工作途径,提速降费政策稳步实施,推动移动互联网接入流量显著增长,网络信息服务朝着扩大网络覆盖范围、提升速度、降低费用的方向发展。出行、环保、金融、医疗、家电等行业与互联网融合程度加深,互联网服务呈现智慧化和精细化特点。①

农村金融以互联网为载体,通过广阔的互联网渠道可以打破农村地域约束和空间障碍的限制,覆盖许多传统金融机构网点覆盖不到的地区,使更多金融资源流入农村地区。此外,农村金融业务通过网络平台来办理更加便捷高效,运营成本大大低于传统物理网点,提高了农村金融服务可获得性,有助于推动农村普惠金融的发展。

二、农村大数据征信体系建设情况

我国的传统征信模式由中国人民银行主导,目前已建设了企业和个人征信系统,截至 2018 年 8 月,个人征信系统收录 9.7 亿自然人数,累计收录的信贷信息达到 33 亿多条,公共信息 65 亿多条,为 2542 万家企业和其他组织建立了信用档案。数据库收录数呈逐年上涨趋势,征信数据也不断在全面性、及时性和完整性方面得到完善。但是其仅覆盖了与银行发生过信贷关系的群体,覆盖人群有限,信用记录不全面,其中 23% 的数据都是来自城市市民,而 9 亿多农民里面,被纳入该征信系统的基本上很少,中国人民银行的征信系统远没有覆盖到农村。农村征信体系是社会信用体系的重要组成部分,其严重缺失将掣肘农村

金融市场的发展,我国农村地区频频出现"贷款难"的现象,与农村信用环境建设滞后密不可分。

大数据征信将中国人民银行征信系统中没有信用记录的一部分人群纳入其中,大大弥补了传统征信覆盖面不足的缺陷。农村互联网金融机构利用大数据技术获取农户在互联网上的信息,记录农户的行为轨迹,对其进行全方位的分析,更加准确地判断其还款能力和还款意愿,一改农村征信体系严重缺失的局面。目前我国大数据征信主体主要有三类。

一是电商平台。电商平台作为第三方机构向其他公司有偿提供自身积累的征信数据,开展市场化的商业征信业务。

二是P2P平台。各P2P平台建立自身适用的征信系统,这些系统主要利用互联网技术根据自身设计的评估模型为其开展信贷业务提供参考。

三是第三方征信同业征信平台。该类平台是对央行征信系统的补充,如央行下属的上海资信公司开发的网络金融信息共享系统(NFCS)。这类平台主要是建设一种信息的共享系统,由该系统采集P2P平台借贷双方客户信息,然后经过整合处理提供标准化的征信产品,并向加入机构提供查询服务,有助于缓解借贷双方的信息不对称,从而避免信用风险的产生。

大数据征信相对于传统征信数据来源更加广泛,并且数据的获取和加工成本也更加低廉,大大降低了贷款风险和贷款成本,让更多的农村客户获得贷款资金,促进了农村普惠金融的实现。

三、政府政策支持情况

2015年3月5日十二届全国人大三次会议上,李克强总理在《政府工作报告》中首次提出"互联网＋"行动计划。李克强总理在政府工作报告中提出,"制定'互联网＋'行动计划,推动移动互联网、云计算、大数据、物联网等与现代制造业结合,促进电子商务、工业互联网和互联网金融健康发展,引导互联网企业拓展国际市场",意味着"互联网＋"这一国家战略再次迎来新的发展机遇。2015年7月国务院发布的《关于积极推进"互联网＋"行动的指导意见》将"互联网＋"普惠金融列为11项重点行动之一。意见特别指出"互联网＋"普惠金融,而非"互联网＋"金融,并从技术、业务、受众以及征信建设等方面指出"互联网＋"普惠金融的发展路径。2016年1月,国务院发布了《推进普惠金融发展规划（2016—2020 年）》，提出要积极引导各类普惠金融服务主体借助互联网等现代信息技术手段，降低金融交易成本，延伸服务半径，拓展普惠金融服务的广度和深度，充分发挥互联网促进普惠金融发展的有益作用。

农村金融是我国金融发展中较薄弱的领域，所以"互联网＋"普惠金融发展的重点应放在"互联网＋"农村普惠金融，利用互联网技术使金融服务普及农村大众，促进农村金融发展。自 2004 年至 2017 年，中央一号文件连续 14 年聚焦"三农"，2016 年中央一号文件提出"加快构建多层次、广覆盖、可持续的农村金融服务体系，发展农村普惠金融，降低融资成本，全面激活农村金融服务链条"；并首次将"互联网金融"写入一号文件，提出"引导互联网金融、移动金融在农村规范发展"。政府良好的政策扶持推动更多的互联网金融资源向农村进军，以互联网为载体的金融下乡为农村普惠金融的发展注入新的活力。2017 年中央一号文件提出"加快农村金融创新。强化缴励约束机制，确保'三农'贷款投放持续增长"，虽然没有像 2016 年中央一号文件一样明确提出"引导互联网金融、移动金融在农村规范发展"，但对于互联网和农村金融结合方面，也强调了"鼓励金融机构积极利用互联网技术，为农业经营主体提供小额存贷款、支付结算和保险等金融服务"。政府的政策支持是"互联网＋"背景下农村普惠金融发展的强大动力。

2019 年，人民银行等五部门联合发布了《关于金融服务乡村振兴的指导意见》，旨在提升金融服务乡村振兴效率和水平，形成支持乡村振兴的现代金融体系，最终实现城乡金融资源配置合理有序和城乡金融服务均等化。2019 年中央一号文件强调，坚持把农业农村作为财政优先保障领域和金融优先服务领域，打通金融服务"三农"的各个环节，推动农村金融机构回归本源。而互联网金融作为农村金融服务体系中积极创新的一员，将大有可为。"农，天下之大本也，民所恃以生也。"未来，互联网金融将继续坚守普惠初心，积极响应国家政策的号召，服务于三农人群，助力中国农业现代化的改革和发展。

第二节　"互联网＋"背景下的农村传统金融机构普惠化转型

　　农村传统金融机构主要由政策性银行(农业发展银行)、商业银行(农业银行、邮政储蓄银行)、农村合作金融机构及新型农村金融机构构成。"互联网＋"背景下,中国农业银行通过线上线下相结合的方式,推出"金穗快农贷""银讯通""E农管家"等一系列具有农村特色的创新金融产品。中国邮政储蓄银行围绕国家"互联网＋"战略,推出服务于农村电子商务的"邮掌柜"互联网金融云平台,实现在平台贷款全程线上化操作。农村信用社及其他农村合作金融机构在搭建一体支付清算平台后,陆续在平台上开发各类共享式创新产品,如E管家、微信E服务。这些农村传统金融机构依托"互联网＋"进行普惠化升级,将各类金融创新产品及服务触角延伸到农村地区,为农村金融改革和普惠金融的发展贡献力量。

　　当前我国普惠制农村金融机构中的传统金融机构主要是那些为"三农",尤其是为低收入农户提供实质性的、可获得的金融服务的政策性银行中的农业发展银行,商业银行中的农业银行和邮政储蓄银行,农村合作金融机构以及新型农村金融机构。虽然目前主要农村金融机构数量整体上呈小幅度增长趋势,但是传统金融机构仍然不能覆盖所有的农村,甚至还有许多乡村存在金融服务空白的情况。

　　2019年4月2日,中国人民银行发布的2018年农村地区支付业务发展总体情况数据显示,截至2018年年末,农村地区拥有县级行政区2244个,乡级行政区3.20万个,村级行政区53.14万个,农村地区人口数量9.68亿人。截至2018年年末,农村地区银行网点数量12.66万个,每万人拥有的银行网点数量为1.31个,县均银行网点56.41个,乡均银行网点3.95个,村均银行网点0.24个。

　　2018年,银行机构和非银行支付机构以非现金支付方式(包括存折、银行卡)代理"城乡居民养老保险(包含新型农村养老保险和城镇居民社会养老保险)""新农合"以及各类财政涉农补贴资金发放合计21.25亿笔、金额8308.69亿元,与上年基本持平。其中,代理发放"城乡居民养老保险"14.14亿笔、金额4475.57亿元;代理发放"新农合"1.33亿笔、金额630.62亿元;代理发放各类财政涉农补贴 5.77 亿笔、金额 3202.49 亿元。[①]

随着农村市场存贷款的逐渐增加,传统金融机构难以主动去适应农村金融需求小额、分散的特点,在推进农村普惠金融发展方面暴露出很多弊端,农村金融市场仍然存在借款难、资金来源渠道单一等问题。为了响应国家的号召,推进农村普惠金融的发展,各农村传统金融机构逐渐与互联网相结合,利用互联网技术再造传统金融业务、创新互联网金融产品,线上线下一体化发展,真正做到普惠大众。

一、中国农业银行

中国农业银行积极发挥支农作用,将互联网新思维、新技术与"三农"有机结合,加快金融产品创新,积极推进农村普惠金融发展。农业银行布局农村金融市场以"金穗惠农通"工程为基础,广泛设立金融服务网点,布放各种电子机具,为广大农民办理惠农卡,提供多样的金融服务。截至 2016 年年末,全行共发放惠农卡 1.94 亿张,电子机具行政村覆盖率 75.1%,农户贷款余额达 9452 亿元,较年初增加 2354 亿元,增幅 33.2%。为顺应互联网金融的发展,满足广大农民的融资需求,农业银行全面推进"金穗惠农通"工程和互联网金融的融合升级,依托大数据技术,采取线上线下相结合的方式,推出简便、快捷的贷款产品——"金穗快农贷",为满足广大农民融资和基础金融需求发挥了重要作用,提高了农村金融服务的可获得性。

各农业银行分行也始终践行普惠金融理念,其中以四川分行、湖北分行、甘肃分行为代表。2014 年 11 月末四川分行推出"银讯通",该金融产品以"智能手机 App＋支付盒子 MPB"作为支付结算工具,逐步将农村传统的现金、银行卡支付引导到"手机对手机"的支付,提供足不出村的小额存取现、转账缴费等基础金融服务,培养了农民电子支付的习惯,为农民带来了方便。湖北分行2015 年创新推出首个"三农"电商金融平台——"E 农管家",该平台通过创新将"金穗惠农通"服务与电子商务融合,利用"金穗惠农通"的线下布局广泛连接农户、农家店、县域商家,线上线下同步发展,形成了集电商、金融、缴费、消费于

---

① 上官鸣,刘喜姣,温喜平. 互联网金融对农村普惠金融发展的对策研究[J].中国市场,2018(2):69-70.

一体的"三农"互联网金融生态圈,填补了银行"三农"电商服务空白。甘肃分行打造集"融通、融资、融智、融商"为一体的"三农"金融综合服务平台——"四融"平台,帮助农民产前融资、产中融智、产后销售,以互联网为桥梁,将金融服务覆盖到千家万户。

农业银行围绕国家"互联网＋"战略,发挥互联网金融服务成本低、数据信息全的优势,创新开展基于互联网金融的农村金融服务,通过构建涵盖农村电商、移动金融、电子机具的"三农"互联网金融服务体系,增强了农村金融服务的可达性、便利性和综合性,弥补了农村金融基础薄弱、基础金融服务供给不足的短板,而且降低了企业和农村金融机构的运营成本,有力推进了农村普惠金融发展。

二、中国邮政储蓄银行

中国邮政储蓄银行是一家资产规模近 6.8 万亿元,拥有 4 万多个营业网点、5 亿多客户、1.4 亿电子银行客户的大型零售商业银行,网点主要集中于农村,金融服务网络中县及县以下地区网点占比超过 71％,覆盖近 99％的县域地区,其客户结构决定了其服务"三农"的天然义务,为农村金融改革服务,为农村普惠金融的发展贡献力量。

邮储银行也始终坚持服务"三农",充分利用移动互联网、云计算、大数据等新技术,着力建平台、建网络、建机制,在构建普惠金融产业模式方面做出了有益探索,积极推进"互联网＋"普惠金融新模式。一是在农村构建线上线下一体化金融服务网络。邮储银行以电子银行业务为主,根据农村地区的特点将个人网银、手机银行等电子渠道整合为品种丰富的线上交易平台。线下以农村地区营销服务平台为依托,实现了线下银行与线上银行协同发展的农村金融格局,为农村客户提供了更加方便快捷的金融服务。二是积极构建开放协作的互联网金融服务平台。邮储银行积极推进互联网金融云平台建设,加强金融产品创新,采取与邮政集团合作的方式,通过中国邮政推出的"邮掌柜"电子商务平台布局农村电子商务,针对农村地区"邮掌柜"客户推出互联网信贷产品"掌柜贷",实现了贷款申请、授信和审批的全流程线上化操作,简化了金融服务流程,形成了"互联网金融＋农村电商"特色网络信贷发展模式,有力提升了对"三农"的融资服务支持,将普惠金融服务延伸至农村地区。

中国邮政储蓄银行大力推动产品创新,以在农村"建网络"和"建平台"两种方式,提升了农村地区金融服务的覆盖率,推动了资金流入农村,有效解决了农户的经营资金短缺困难。

三、农村信用社及其他农村合作金融机构

农信银支付清算系统是根据全国农村信用社、农村合作银行、农村商业银行、村镇银行支付结算业务需求,应用现代化计算机网络和信息技术开发的集资金清算和信息服务为一体的支付清算平台。该系统可以为广大城乡客户特别是农村地区企业和个人办理实时电子汇兑、农信银银行汇票和个人账户通存通兑等业务。在"互联网+"背景下,农信银资金清算中心利用大数据、云计算等互联网技术创新发展支付服务,在农信银支付清算平台基础上陆续开发出生活e管家、微信e服务、农信e支付、利农商城等共享型创新产品和服务,使农村地区客户足不出户就可以享受互联网金融所带来的支付便利,有效满足农村客户多样化金融服务需求和支付需求。该系统目前已覆盖我国30个省区市农村信用社、农村合作银行、农商银行、村镇银行近8万家营业机构网点,将支付结算等金融服务触角延伸至内地边远农村,成为中国支付体系的重要组成部分,改善了过去农村支付结算渠道不畅、手段缺乏、功能单一的落后局面。

此外,各省农村信用社及其他农村合作金融机构均推出各种互联网金融产品,以安徽省农村信用社为例,安徽省农村信用社联合社携安徽省83家农村商业银行共同推出了金融创新产品——"社区e银行",该产品是集快捷支付、便民惠民和信用增值"三位一体"的移动金融综合服务平台,人们通过手机App实现账务查询、转账汇款、手机话费充值、机票预订、水电暖缴费等基本金融服务,以及通过扫码支付、手机号支付等结算服务。截至2015年年末,安徽省农村信用社"社区e银行"累计上线商户2.86万户,交易商品或服务127.34万件(宗)、交易金额8285.2万元。①

---

① 李云娜,吴雯婷.互联网金融环境下对农村普惠金融发展推广的进一步探索[J].纳税,2018,12(32):167-168.

第三节　农村互联网金融机构普惠化发展

一、农村互联网金融机构建设过程中的问题及成因分析

(一)互联网金融背景下农村金融机构建设存在的问题

1.缺乏对发展互联网金融的重视

国内大型商业银行在电子商务出现蓬勃发展的态势时便开始了早期的互联网金融业务开发。早在 2000 年左右,多数大型商业银行就开始了网上银行的建设,网上银行可以看作是我国互联网金融的一个开端。2000 年至 2005 年间,国内大型商业银行将一些传统功能搬到互联网平台,简化操作,开发具有针对性的产品,打造多层次的产品线,建立起与电子商务的线上线下资金畅通渠道。与国内其他金融机构主动积极地拥抱互联网不同,农村金融机构由于各方面的原因尚缺乏对互联网金融的重视。

从体制方面看,自互联网金融 2013 年兴起以来,直到 2016 年才从国家层面提出充分发挥"互联网金融"优势以促进农村金融发展。在农村金融改革和发展方面,国家虽然一直非常重视并不断提出改革方案,但解决农村金融问题的收效并不十分显著。从微观层面看,农村金融机构对于开展互联网金融业务并不十分重视。虽然国家对农村金融机构进行了大刀阔斧式的改革,并且加大了各方面的投入力度,但这些新型农村金融机构依然沿用传统金融机构的经营模式和理念。对"互联网金融"领域业务的忽视使得这些农村金融机构失去了潜在的庞大市场。对农户来说,虽然互联网在农村地区已经普及,并且网上支付、网上银行等基础互联网金融工具应用广泛,但互联网金融知识仍旧是盲区。农村金融机构若想在互联网金融领域打开农村市场,其在自身平台建设之外还需对农户进行互联网金融知识普及,使农户了解互联网金融是什么,能带来什么,怎样防范互联网金融风险。

总的来说,通过前文分析可知,在农村地区互联网金融发展是具备一定基础的,网上支付、网上银行应用广泛,网上炒股活动也在逐年增加。在具备农村

互联网金融发展基础的前提下,农村金融机构缺乏对发展互联网金融的重视是导致农村地区互联网金融发展缓慢的原因之一。

2. 产品研发及创新能力不足

从国内外其他金融机构来看,国内大型商业银行均搭建了完善的互联网门户和移动金融客户端,用户只需操作电脑或者手机即可办理金融业务或者了解金融资讯。以浙江省经营状况较好的 10 家民营银行(宁波银行、温州银行、嘉兴银行、台州银行、金华银行、绍兴银行、湖州银行、泰隆银行、浙商银行、民泰银行)为例,这 10 家银行均有完善的互联网门户,其中包含全面的电子银行系统,并且拥有独立运行的手机 App,用户可以通过不同的互联网终端体验全面的金融服务。北美及欧洲的发达国家,20 世纪 90 年代末就兴起了"直销银行"。直销银行不设置实体营业网点,不发放银行卡,客户主要通过电脑、手机、电话等移动终端来获取金融产品和服务。由于直销银行完全依靠互联网平台支撑,因此对技术要求十分严格。在产品开发和创新方面,民生银行率先将公私账户集中管理、回单验证等特色功能嵌入手机客户端;五大行先后在各自互联网平台上开展电商业务,例如工商银行"融 e 购"、建设银行"善融商务"等;浦发银行"网贷通"、建设银行"快贷"代表了商业银行网络贷款业务的发展;招商银行的P2P 平台"小企业 E 家"于 2013 年 10 月上线。上述国内外金融机构利用强大的技术支撑和人才支撑,通过产品研发及创新吸引并保持了客户的关注。但对农村金融机构来说,目前并没有达到这样的发展程度。[①]

技术及人才缺乏限制农村金融机构发展。一方面,农村金融机构的大数据、云计算建设还比较滞后,有的才刚刚起步,缺乏有效的系统支撑和数据支撑,还没有真正实现电子化、信息化。在互联网平台实现异地结算、汇兑、大小额支付、柜面等业务功能存在不少困难,信息管理和信息开发能力亟待提升。另一方面,农村金融机构缺乏具备互联网知识的管理人员,不能为操作人员与后台管理人员提供培训及辅导的平台,以致相关从业人员对互联网金融的重要影响并没有充分的认识。技术支持落后和互联网高素质管理人员的缺乏严重制约了农村金融机构的快速、健康发展。

金融产品缺乏创新和多样化。农村金融机构以传统存贷款业务为主,产品

---

① 刘安娜. 基于互联网金融背景下的普惠金融发展[J].现代营销(下旬刊),2018(9):7-8.

比较单一,缺乏个性化和差异化的产品,不能满足高端客户的多元化需求。因此,产品功能局限性较大,不能适应网络支付等新兴金融市场的需求。农村金融机构金融产品缺乏创新和多样化表现在三个方面。一是产品研发基础能力薄弱。金融产品的创新需要市场调研、数据分析、技术研发等多个部门协作,而农村金融机构多数将前台服务人员的比例配置到最高,缺乏专业的调研和研发部门,因此产品研发基础能力薄弱。二是产品研发内部机制不完善。农村金融机构客户经理素质层次不一,有的缺乏专业水平和管理水平,已经无法胜任现代银行体系的工作要求。业务功能、业务品种以及与网络金融的连接等仍然是制约其快速发展的瓶颈,离现代金融服务的要求有一定差距。三是农村金融机构缺乏行业间合作。随着观念的转变,农民对于农业保险的需求逐渐增加,同时,在农民收入日益增加的情况下,股票、期货、证券等其他金融产品也逐渐走入农民视野。而这些非银行金融产品在农村地区的供给不足,使得农民转而在互联网金融平台上进行金融交易。

总的来说,与其他金融机构和非金融机构相比,农村金融机构之所以缺乏完善的互联网金融布局,主要问题还是在于其不能利用先进的技术手段来研发符合市场需求的新型金融产品和服务平台。

3. 内部管理水平较低

农村金融机构中多数从业人员为当地居民,这样的人员构成一方面有利于加强与当地农户之间的沟通和交流,另一方面也会出现从业人员素质较低、专业技能缺失等问题。此外,农村金融机构的经营模式较为落后,管理机制复杂且低效,这也大大限制了农村金融机构的发展。

多数农村金融机构,尤其是扎根县域的农村金融机构,组织管理制度仍不够健全,机构间管理水平的差异也较大,部分从业人员素质较低,员工缺乏活力,进取心不强,工作效率低。此外,现有人员文化层次低,适应性差;除了基础业务外其他方面人才短缺,影响了新型金融业务的宣传推广和金融服务水平的提高。以农村资金互助社为例,农村资金互助社是由农村地区居民或农村中小企业自愿联合、自愿入股的实行民主管理的互助互利的金融组织。农村资金互助社由社员出资入股,设理事会和监事会,设经理职务负责经营管理,根据要求,农村资金互助社理事长、经理应具备高中或中专及以上学历,上岗前应通过相应的从业资格考试。受农村资金互助社的性质所限,参与者多数为受教育程度较低的农户,管理者也缺乏一定的管理理论知识和实践经验,这在一定程度上限制了其发展。

4. 征信体制不健全

授信是互联网金融促进普惠金融发展的重点,而精确的授信需要以全面掌握对方的信息为前提,因此,有效整合信息是推动农村金融植入互联网金融文化的重要因素。对城市商业银行来说,用户的资产信息和信用信息十分容易获取。城镇居民所拥有的货币资产和非货币资产多数处于实名登记状态下,个人收入、个人信贷和信用情况可以通过银行间数据共享得到,企业经营及资产、固定资产情况可以通过行政部门提供的信息获取。因此,建立有效的征信系统对城市商业银行来说并不是困难之事。在抵押物方面,由于城市固定资产可以通过买卖自由流通,信贷抵押机制能够有效运行。而在农村地区,与农户生产和生活相关的信息完全缺失,无法全面获得农户的年收入、种植经营情况、农户固定资产投入等与农户生产和生活相关的信息,进而无法建立有效的农村征信体系。众多农村金融机构尚无能力整合信息资源,只能通过历史信贷信息判断授信对象的信用水平。由于信息整合的困难普遍存在,金融机构普遍采用抵押物的方式来降低信用风险。然而,在农村地区,农民拥有的价值最大的物品不过是土地与房屋,但在现行的制度框架下,土地并不是农民所有,房屋也是建设在宅基地之上,抵押物的缺失直接制约农村融资能力,成为农村金融发展的瓶颈。信息的采集和整理面临很多实际困难,这无疑加大了互联网金融创新成本。

(二)互联网金融背景下农村金融机构建设存在问题的成因分析

1. 农村金融机构对互联网金融认知具有局限性

从国外互联网金融发展历程来看,早在 20 世纪 90 年代中期,花旗、汇丰、富国等国际领先银行便推出了电子银行业务。1995 年首家互联网银行 SFNB 成立,ING、Direct、Wizzit 等纯网络金融机构陆续推出;以 E-trade、嘉信理财、美林证券为引领的互联网证券业务随之兴起;众多保险公司也瞄准了互联网的辐射能力,纷纷开展了互联网代理和网上直销模式。发展到现在,这些互联网金融企业占据了可观的金融市场份额。而我国互联网金融在 2005 年才开始萌芽,晚于西方国家 10 年之久,直到 2011 年 P2P、众筹等互联网融资平台的兴起,支付宝、余额宝的广泛使用,网络保险、网络证券交易的推广才使得互联网金融行业被大众所知悉。从萌芽到兴起的这 6 年间,虽然传统金融机构一直在手机银行、网上银行领域寻求突破和发展,但其目光也仅仅局限于此。对真正的互联网金融缺乏认识和理解,不能正确把握互联网金融的发展趋势,没有预见到互联网金融在支付中介、金融中枢等地位上对其带来的冲击,导致传统金融机构忽视了发展互联网金融业务的重要作用。

2. 农村金融机构盈利压力消耗产品研发精力

义务明确、盈利压力大致使农村金融机构无暇顾及产品研发。2006 年,《中国银行业监督管理委员会关于调整放宽农村地区银行业金融机构准入政策,更好支持社会主义新农村建设的若干意见》中明确指出,农村金融机构的主要义务是解决农村地区银行业金融机构网点覆盖率低、金融供给不足、竞争不充分等问题,资金投向应主要集中在信用合作社社员和当地农村资金需求,最大程度向"三农"融资。《村镇银行管理暂行规定》第五条规定,村镇银行不得向关系人发放信用贷款;向关系人发放担保贷款的条件不得优于其他借款人同类贷款的条件。村镇银行不得发放异地贷款。由于地域性限制,农村金融机构的资金来源渠道较为单一,贷款对象存在区域性限制,这导致农村金融机构在完成支农义务的同时还承担着较大的盈利压力。因此,农村金融机构不得不将大多数精力放在如何在有限的地域和业务范围内提高效益上。农户的存款资金有限,小额分散的贷款利润回报率不高,农村金融机构纷纷放弃处于基层的村镇,转而在上一级的县、市地区设立物理网点,逐渐出现农村金融机构"脱农"的现象。在趋利性和维持经营的驱使下,农村金融机构已经无暇顾及高端技术产品研发。

3. 人员教育层次制约内部管理水平

高水平管理人才能够把握金融机构发展方向,调动内部员工工作积极性,提升金融服务质量,最终带领金融机构取得良好的业绩。高水平的金融专业人才能够全面分析金融机构面临的风险,为金融机构防范金融风险提供对策支持,与此同时,金融专业人才还能够促进金融机构充分利用市场信息进行金融产品的研发。高水平的科技人才能够为金融机构产品创新提供服务平台,通过程序开发、网页维护等技术手段将金融产品呈现在用户面前。对城市金融机构来说,无论是商业银行、证券机构还是新型互联网金融机构,普通工作人员教育层次必须在本科以上,管理人员应具备多年从业经验或研究生以上学历,部分地区将教育层次标准提高到 985、211 重点高校层面。人员准入的高标准为保证金融机构的内部管理水平起到了重要作用。反观农村金融机构，从业人员多数由受教育程度相对较高的当地人员组成，但实际上这些人员的教育水平与城市同行相比仍有差距。受地理因素和经济发展因素限制，高水平的人才也不愿投身到基层农村金融机构建设中来，这种来自管理人员自身教育层次的限制制约了农村金融机构的内部管理水平。

4.地区特征导致农村地区征信体制落后

首先，较差的经济基础导致农村地区信用等级较低。农村地区收入来源较为单一，并且农产品的产量和收购价格具有较大的不稳定性，货币偿还能力欠缺。农村地区固定资产匮乏，农户拥有的能够作为信用抵押物的大多数为生产性固定资产，但原值非常低，价值较高的土地承包经营权、宅基地等不能作为抵押物进入市场流通，因此固定资产偿还能力也存在欠缺。

其次，产业特点导致农村地区信用风险较高。一方面，农村地区，尤其是北方，生产活动具有季节性特征。农业生产具有靠天吃饭的先天性缺点，受气候、自然灾害影响十分大，且农产品的供给弹性小，所承担的市场风险也较大。另一方面，我国农业保险制度尚不健全。保险机构自负盈亏，在追逐利益的同时弱化了农业保险的政策性，农业风险由农户和农业企业自行承担，一旦发生自然灾害或市场冲击，资金缺口难以填补便会产生不良贷款。

最后，行政级别低导致征信体制建设及管理难度大。一方面，农村地区信用信息采集困难。农村地区是我国行政级别的底端，无论是政府行政机构、国营金融机构还是私营金融机构，农村地区设立的分支都不具有出众的管理人才和规范的管理制度。这导致行政机构在这一级别无法发挥其收集农村地区经营、信用信息的作用，金融机构无法发挥其采集信用信息的功能。同时，农村地区人口流动性大，对征信体制建设和个人信用建档缺乏了解和认识，这给农村地区信用采集也带来了困难。另一方面，农村地区信用信息管理难度大。中国人民银行虽然负责全国征信系统的管理，但农村地区由于金融机构较少导致信息收集渠道较窄，信用数据更新困难。农村地区农户和乡镇企业的交易信息、税收信息等分别掌握在政府行政部门手中，由于涉及多个部门，金融机构无法将这一部分信息进行整合和分析，导致农村地区信用信息管理难度大。

二、农村互联网金融机构普惠化发展趋势及对策探讨

(一)综合电商平台渠道下沉

随着中国的城市电子商务市场逐渐趋于饱和,各大电商在巩固一线城市、布局二三线城市后,已将触角伸向农村这片蓝海,以阿里、京东为代表的综合电商平台实施农村电商渠道下沉战略,布局农村市场,填补了农村金融服务的大量空白。表3-2将阿里和京东在农村金融市场的布局情况进行了对比,可以看出阿里与京东的农村普惠金融战略都利用了农村互联网基础设施,阿里以农村淘宝为载体,以支付为中心,而京东以物流为中心,重点在渠道。但是,殊途同归,在自身营利的同时也促进了农村普惠金融的发展。

表3-2　阿里与京东农村金融市场布局情况对比

农村综合电商	战略	支付	涉农小贷	消费金融	代理点模式
阿里	千县万村计划	支付宝	旺农贷	借呗、花呗	村淘(+邮储银行)
京东	3F战略	京东支付	京农贷	京东白条	县级服务中心、乡村合作点

1. 阿里的农村金融战略

2014年年底,阿里宣布在未来5年内将投资100亿元人民币启动"千村万县"计划,目标是在全国各地建立100个县级运营中心和10万个村级服务站。而农村淘宝是阿里推进"千村万县"计划的主要载体。截至2018年年底,在全国共发展3202个淘宝村,淘宝镇达363个,3202个淘宝村广泛分布在24个省(区市)。浙江(1172个)、广东(614个)、江苏(452个)、山东(367个)、福建(233个)、河北(229个)数量领先,合计占比超过95%。河南淘宝村数量(50个)位居中西部之首,辽宁淘宝村数量(9个)位居东北地区之首。围绕着"千村万县"计划,阿里以农村淘宝为载体,将其旗下的金融平台蚂蚁金服作为整个农村金融战略的中心,线上线下一体化发展,迅速渗透到农村。

2016年1月,蚂蚁金服成立农村金融事业部,联合农村淘宝业务线,致力于整合蚂蚁金服的各类普惠金融服务,全面开启农村金融战略,同时将"三农"客户分为三大类,呈金字塔分布结构,根据金字塔结构的三层不同需求推出三大业务模式:第一种是数据化金融平台模式。即通过蚂蚁金服的旺农贷平台、支付宝平台、保险平台来为金字塔底层的全国数以亿计的涉农用户提供综合金

融服务。第二种是"线上＋线下"熟人信贷模式。即在金融服务缺乏的农村地区,联合阿里巴巴村淘合伙人、中和农信的线下"熟人",为金字塔的中间层提供贷款等金融服务,目前该信贷模式已实现全国范围的覆盖。第三种是供应链金融服务模式。即为金字塔顶层的大型种养户提供从贷款到销售的"融资＋保险＋农业"一体化金融服务。①

阿里针对不同层次的农村群体提供不同的金融服务,不断创新金融产品,真正地惠及了"三农"群体,截至 2017 年 9 月底,蚂蚁金服已累计为 6537 万三农用户提供信用贷款服务,其中包括 213.4 万家农村小微企业、农村个体工商户和农村种养殖户;为 1.52 亿三农活跃用户提供了互联网保障保险服务。数字技术的应用,可以让普通用户凭借信用获得授信,让偏远贫困地区用户可以享受和大城市一样的普惠金融服务。

2. 京东的农村金融战略

京东于 2015 年 3 月提出农村电商"3F"战略,与"互联网＋"结合,不断推出适合农村市场的金融产品和金融服务,重塑了农村金融的新格局,让农民享受到普惠的金融服务。

京东的农村金融战略扎根在"3F"战略上,利用其在渠道建设(乡村推广员体系和物流配送体系)与大数据风控方面的优势,以建设全产业链全产品链的农村金融为核心,通过"京农贷"、农村众筹、"乡村白条"、农村理财等产品线为农民提供消费、信贷、支付、理财、保险、众筹等全产品链金融服务,从而满足农户从农资采购到农产品种植,再到加工、销售的全产业链金融需求,真正地实现农村金融的普惠,为农村带来了普惠的金融服务,促进了农村经济的发展,方便了农户的生活。

(二)涉农 P2P 平台拓宽农村融资渠道

随着阿里、京东等综合电商平台向农村金融市场进军以及农村传统金融机构的普惠化转型,定位为普惠金融的各 P2P 平台也深入农村市场,以"宜农贷""翼龙贷""开鑫贷"为主的涉农 P2P 平台与传统金融机构相比具有低门槛、低成本、手续简单、无抵押等优势,迅速成为农村地区资金来源的重要渠道,截至

---

① 于蕾,孙熙琴."互联网＋"背景下农村普惠金融实现路径的研究[J].现代商业,2018(28):74-75.

2016 年年底,共有 335 家 P2P 网络借贷平台(含农村金融业务),其中有 29 家专注于农村金融业务领域。自 2013 年以来,P2P 消费金融规模一直保持高速增长,2018 年 P2P 消费金融成交额达到 4400 亿元。2018 年,P2P 消费金融成交额经历了一个先增后减的变化过程,但其在网贷行业成交额的占比上整体仍呈上升趋势。

"宜农贷"是于 2009 年推出的公益理财助农平台,该平台上的借款人及平台本身均不以营利为目的,只是象征性地收取 2% 的爱心回报和 1% 的管理费用,"宜农贷"具有的公益属性大于商业属性。截至 2016 年年底,"宜农贷"平台共有爱心助农人士 169031 位,资助农户 21877 位,资助金额约 2.34 亿元。"翼龙贷"是 2007 年推出的国内首倡"同城 O2O"模式的网络借贷平台,是全国最大的致力于"三农"发展的金融服务平台,旨在为广大"三农"、小微企业主提供 P2P 借贷服务,为大众提供低门槛、能触及、低成本、高效率、安全可靠的融投资新渠道,满足借贷用户的资金需求,起投金额仅为 100 元。截至 2016 年年底,"翼龙贷"交易额达到 467 亿元,运营中心网络已延伸到 200 多个市,1000 多个县市区,10000 多个乡镇,部分网点已经延伸到村级,已为"三农"输送资金 180 亿元,受益农民超过 20 万户。与以上两个 P2P 平台不同,"开鑫贷"平台是由国开金融有限责任公司和金农公司共同出资组建的国有准公益性社会金融服务平台,该平台面向"三农"客户和小微企业,推出适合农村金融市场的产品"惠农贷",借款对象为资金周转困难的农户,起投金额为 1000 元,平台不收取任何手续费,借款利率 5%～7%,农户最终融资成本不超过 8%。[①]

涉农 P2P 借贷平台以"三农"群体为借贷对象,向农村地区输入大量资金,覆盖到现有金融体系的盲区,缓解了农村目前贷款难、资金供需失衡等问题,提升了金融服务的可获得性。

(三)"三农"服务商创新金融服务

伴随着"互联网＋"的不断发展,农业龙头企业深入农村金融市场,利用互联网、大数据等技术推动智慧农业发展,打造农业、金融一体化生态圈。以村村乐、大北农、新希望为代表的"三农"服务商积极拥抱"互联网＋",构建农业互联网金融平台,重构农业全产业链,为全产业链上下游提供贷款、网上支付等服

---

① 武明成."宜农贷"类平台农村普惠金融发展案例分析[D].蚌埠:安徽财经大学,2018.

务,解决农民和农资经销商贷款难、资金来源渠道单一等问题,将农村互联网金融贯穿于农业产业化全过程。大北农是互联网转型布局最全面的"三农"服务商,这里以大北农集团打造的农业互联网金融平台生态圈为例。大北农集团于2014年提出智慧大北农战略,该战略的核心是提高农业生产、交易、融资、流通效率,推出了猪管网、智农商城网、农信网及智农通等"三网一通"新产品体系,为公司的养猪户、经销商等合作伙伴提供了集猪场管理、养猪资讯、网上订购产品、小额贷款、网络结算等互联网整体解决方案,以智农网(手机为智农通 App)为入口,通过"猪管网—智农商城网—农信网"形成"管理—交易—金融"的完整闭环,通过猪管网提高养猪效率,通过智农商城网提高农业交易效率,通过农信网提高农村融资效率。围绕着智慧大北农战略,大北农依托互联网迅速进入农村金融市场,凭借其多年积累的线下渠道客户资源,线上线下协同发展,为农民提供了独特的产业链金融。

由于在农村地区设置物理网点成本较高,已有网点的盈利能力较弱,设置并完善互联网金融设施能够有效降低农村金融机构运营成本,提升金融服务效率和金融服务质量,能够为农村地区用户提供便捷高效的服务,也能够以服务效率提升带动营利增长。

1. 物理网点虚拟化

农村金融机构可以利用非物理网点在农村基层地区完成吸收储蓄、发放贷款等一系列服务,既扩大了农村金融机构在农村地区的服务覆盖范围,又能够最大限度地节约成本。服务点位虚拟化是扩大农村金融机构服务覆盖范围的有效手段。农村金融机构可以运用移动支付技术来设立虚拟服务网点,从而减少物理网点的人力、物力投入,进而降低经营成本。比如与微信、支付宝等平台合作,将金融业务完全嵌入互联网平台进行操作,开发手机 App,实现移动金融服务。同时,农村金融机构可以按照《中国银行业监督管理委员会关于调整放宽农村地区银行业金融机构准入政策,更好支持社会主义新农村建设的若干意见》要求,创造条件在农村地区设置 ATM 设备,并根据农户、农村经济组织的信用状况向其发行银行卡。

2. 业务流程电子化

农村地区居民受知识水平限制,对于复杂的金融业务流程无法全面理解,从而导致在办理金融业务时出现阻碍。为了使农户办理金融业务更加简便快捷,农村金融机构简化业务流程是有效途径。农村金融机构可以针对农民的需求特点,将一般业务及贷款信用审查等操作嵌入互联网平台,构建电子流程,使农户随时随地可以操作。必要时,农村金融机构可以与ATM设备绑定设置互联网操作设备,配备1~2人负责日常使用维护,这样既能避免设置网点带来的高成本,又能使农村居民享受到电子化业务流程带来的高效和便捷。

无论是城市金融机构还是农村金融机构,金融产品创新是不容忽视的重要工作内容。金融产品创新的主要推动力是人才的引进和培养,只有将高水平专业人才引进农村金融机构才能够激活农村金融机构内部创新氛围,提升农村金融机构内部创新能力。同时,对人才忠诚度的培养也至关重要。工作时间较长的人员对金融机构的运行情况、客户特点和市场特点较为了解,有利于开发符合客户需求和市场需要的金融产品。除此之外,有效利用互联网平台,借鉴其他金融机构经验,加强行业间合作也是促进农村金融产品创新的重要渠道。

3. 加强人才引进、储备与培养

受农村地区从业人员文化水平限制,农村金融机构在互联网技术方面的专业人才严重缺乏,而随着互联网金融时代的到来,农村金融机构要想突破产品创新、数据处理的瓶颈必须依赖强大的信息科技支撑。信息技术的运用能力与科技系统的研发能力直接影响到农村金融机构的竞争力与经营结果。因此,农村金融机构在互联网金融快速发展的大背景下应当重视专业人才的引进和培养,并打造互联网金融业务平台。一是农村金融机构要从战略上重视技术人才的引进以及培养,利用高科技人才带动科技团队的建立和发展,对机构内部人员进行技术培训,广泛提高员工的技术素质。二是农村金融机构要注重人才储备,在人员调整时要注重复合型人才的引进及培养。除了纯粹的专业型人才之外更要重视既熟悉计算机与信息技术知识又熟悉金融业务的管理型人才。三是农村金融机构要把信息科技开发和服务水平等软实力的提升放在发展首位,加快金融科技建设,完善电子化服务渠道,优化业务操作系统,不断创新,实现管理"精细化"和"灵活化"。四是通过开发信息处理系统和完善金融信息保密机制进一步加强信息安全保障,从监测、预警和应急处理入手,以提升金融信息系统等应对能力,保障金融业务的安全稳定运行。五是农村金融机构应当制定合理并具有吸引力的人力资源绩效机制,通过科学的奖励政策和贴心的人文关怀提高技术人才的忠诚度,避免人才流失。

4.打造一体化互联网平台

农村金融机构长期以服务"三农"为己任,经营理念较为传统。要想在互联网金融背景下实现创新发展,农村金融机构必须打破传统思维,建立集传统金融产品、农业企业产品、农民生活服务为一体的互联网平台,以多元的互联网金融服务带动农业产业发展,促进贷款企业产品销售,保证资金回收率。同时,还要以市场需求为导向,将传统业务资源进行整合,为客户提供更为多元化的金融产品及服务。一是可以利用互联网平台推出更为灵活的活期理财服务,提供更为个性化的金融服务,最大限度满足农村居民的理财需求,比如推行活期余额理财业务等。二是在互联网平台增加更多的合作业务,满足客户的多元化需求。由于农村地区地域闭塞和消息闭塞的特点,农村金融机构可以重新树立并发展支付中介的地位,例如在法律允许的业务范围内开展代理保险、代理收付款、代理第三方金融机构业务等,最大限度地利用互联网的便捷性开展支付中介业务以提升客户黏度。三是在已建成的互联网平台上将生活服务与金融服务相结合,以此为客户提供全方位的服务体验,提升客户依赖感,提高客户忠诚度,实现农村金融机构经营效益最大化。农村金融机构可将生活缴费等与农户生活息息相关的业务搬到互联网平台,方便农户生活。四是积极探索与互联网金融机构的跨界合作。农村金融机构可以在已有的网上银行基础上寻求与P2P、众筹等平台合作,促进金融产品的创新。

(四)健全农村新型征信体制

1.规范金融机构及互联网金融企业服务

由于互联网金融仍属于新生业态,与其匹配的安全、监管体制尚未完善,因此互联网金融在农村地区的推广必须与规范金融机构和互联网金融企业的服务相配合。首先,政府应重视互联网金融网站带来的风险和社会不稳定因素。要推动相关部门建立健全互联网金融网站备案审查机制,要求互联网金融机构严格履行客户资金第三方存管、信息披露和风险提示职责。其次,通过互联网金融业务数据进行大数据分析、监测和风险评估,降低互联网金融业务的投资风险,维护农村地区互联网金融市场秩序。最后,完善农村网络环境,鼓励农村网民使用互联网金融类应用,普及互联网金融安全知识,促进农村网民网上消费。

2. 科学构建征信体制

由于农民的金融活动较少,信用评价数据难以获得,这对农村金融机构开展互联网金融业务来说是一个风险,也是需要解决的问题。因此,农村金融机构要开展农村信用体系的建设,完善征信系统以达到风险控制的目的。

一是树立信用意识。通过开展信用评级活动,增强农村诚信文化推广效果,树立信用意识。作为农村金融的主体,农村金融机构业务对象主要包括农户、农村养殖户和个体经营户等。因此农村金融机构可以在开展农户贷款业务的过程中一并进行征信评级,进行征信体制建设。在县、乡、村广泛开展诚信文化教育宣传,以创建信用乡、信用村和信用户等作为主要内容来培养和带动农户的信用观念。对于我国现行征信制度进行大力宣传,对失信行为按照规定严格惩处,使农户了解失信所带来的严重后果。二是农村金融机构应加快自身电子化进程,充分利用网络大数据的功能,构建多边信用评价模型,从而完善农户信用信息,减少信用获取成本,提高信用精准度。三是克服农村地区抵押物限制。由于农村地区缺少有效抵押物,导致农户在贷款时无法像城市居民一样有多种多样的抵押方式。因此,在新型征信体制建立时,农村金融机构应当论证出科学的信用评价机制,用村民互评和数据分析等多种方式结合得出的结论作为农户的信用等级,根据信用等级确定相应的授信额度,既满足农户的资金需求又保证金融机构的资金安全。

除此之外,还可以依托地方政府及其职能部门和中国人民银行的作用来解决农村地区抵押物缺乏问题。一方面,人民银行应充分发挥主导作用,在农村征信体制建设过程中起好信息共享和平台搭建的作用;另一方面,地方政府要联合工商、税务和法律职能部门提供丰富的信用信息资源。最终由农村金融机构对各方面提供的数据进行汇总分析进而得出信用结论。

我国互联网金融伴随着电商平台的兴起而发展,具有明显的跨行业性和普惠性特征,并且具有低成本、高效率等得天独厚的优势。互联网金融具有的独特优势是农村金融机构必须着眼发展的重要因素。当前农村互联网金融的发展已经具备了一定的基础,农村网民数量逐年增长,网络金融类应用使用率呈快速上涨趋势,农民理财观念和互联网应用能力均有提高。从互联网金融在农村地区的布局来看,传统金融机构在农村地区的互联网金融布局有所缺乏,仅停留在网上银行和手机银行阶段,新型互联网金融产品尚未开发。非农村金融机构在农村地区的互联网金融布局则较为成熟。由电子商务平台开发的互联网金融业务在农村地区全面铺开,依托电商平台得到较快发展;由大型农业企业依托农业业务而建立的互联网金融平台得到有效应用,小额贷款、众筹等互联网金融机构纷纷瞄准农村金融市场。从农村金融环境来看,互联网金融更新了农村金融的发展理念,在传统发展理念的基础上融入了互联网思维;互联网金融通过缓解农村地区普惠金融风险高、成本高和收益低的问题促进了普惠金融的发展;互联网金融激活了农村金融市场的竞争环境。从农村金融供给来看,互联网金融增加了农村地区对于高收益储蓄产品的需求和金融产品多样化的需求,同时也增加了小额信贷资金的供给,提供了多样化的金融产品和金融服务,在一定程度上缓解了农村金融市场的供给矛盾。从农村金融机构来看,互联网金融给农村金融机构带来挑战的同时也带来了发展的机遇。互联网金融能够促进农村金融机构扩大经营区域、扩大客户群体,并能够促进农村金融机构产品创新和服务多样化。同时,互联网金融也会给农村金融机构带来不利影响,主要表现在能够削弱农村金融机构在农村金融市场的核心地位、分流农村金融机构存款并减少农村金融机构支付中介收入、对农村金融机构造成盈利冲击三个方面。从农村金融制度来看,互联网金融机构的产生和发展为农村金融制度提供了新的内容和创新的可能性。

第四章　互联网金融视角下中国农村普惠金融发展面临问题及对策分析

经过多年的改革与发展,我国农村普惠金融体系建设取得了巨大的进步,农村金融服务水平得到显著提升,对农村繁荣、农业发展和农民增收起到了关键性的促进作用。但不可否认的是,相对于城市来说,农村普惠金融仍然是我国普惠金融体系建设的薄弱环节。研究中国农村普惠金融发展,首先要分析农村普惠金融发展所面临的问题及导致这些问题的原因,再提出行之有效的措施予以应对。

第一节　中国农村普惠金融发展面临的问题

近年来,我国农村普惠金融服务的覆盖面、可得性和便利度均有所改善,但其发展仍面临诸多问题与挑战:一是农村正规普惠金融服务供求失衡的问题并没有得到根本的解决,农村普惠金融服务需求仍无法得到有效满足;二是中国农村非正规普惠金融发展面临诸多障碍;三是农村普惠金融基础设施仍不够完善,对普惠金融服务"三农"的支撑作用有待加强。

一、中国农村普惠金融发展影响因素分析

(一)农户融资需求影响因素分析

本小节基于经济学供给视角进行分析。对农户融资渠道的分析是基于需求视角进行的,任何经济组织或者个体都具有两种融资方式:内源融资和外源融资,其中外源融资又包括直接融资和间接融资。在农村金融市场中,农户个

体也不例外,但作为一个理性经济个体的特例,其内源融资和外源融资这两种融资方式却不同于在其他金融市场中的理性经济个体,需要对农户的融资方式进行专门研究。

1. 农户的融资方式分类[①]

农户融资结构可以分为多个层次,如图 4-1 所示。

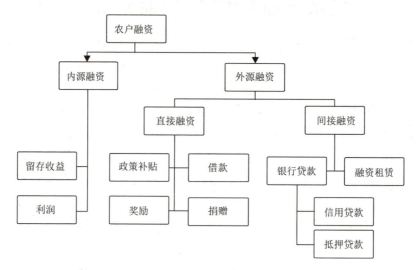

图 4-1　农户融资方式结构

(1)内源融资

农户的内源融资,是农户在经营活动过程中,以自己的劳动形式换取劳动成果即报酬,在扣除一定的税费后,剩下可以自由支配并以投资的形式使用的那部分留存收益。农户在取得纯收入后,其中部分纯收入是以投资的形式使用的,这部分纯收入经过农户一轮的自我积累,这种积累再经过下一次的投资就会形成该农户的内源融资。内源融资一般来自两部分:一是以前留下的留存收益,二是在最后一次劳动或者经营活动中形成的利润。农户的内源融资一般有以下特点。

①融资自由。一般农户以多少留存收益或者以多少利润转化成内源融资由自己决定,但是,以农户所拥有的最大留存收益和利润为限制。

---

① 李淑敏.我国农村普惠金融可持续发展问题研究[D].天津:天津商业大学,2018.

②在农户发展初期,内源融资是最主要的融资方式。由于农户在发展的初期,所拥有资产规模极小,信用记录短,难以获得金融机构的信任,金融市场对农户来说准入壁垒相当高,此时,农户能够使用的融资渠道极少,内源融资成为农户最主要的融资方式。

③信息不对称程度最小。由于农户自己对自己融资,基本不产生信息不对称的问题。

(2)外源融资

农户的外源融资是指农户通过一定的方式在其他的经济主体取得,并使之转化为自己自由支配并用来投资的资金,这一资金就是农户的外源融资。相对于内源融资,农户的外源融资具有一些自身特有的特点。

①外源融资过程相对复杂,程序、手续相对烦琐。如农户向银行贷款时需要进行一系列的认定和审批手续。

②融资费用相对较高。一般内源融资的费用几乎可以忽略不计,但是外源融资会产生一定的融资费用,这一融资费用相当于信息成本。

③融资来源渠道广泛。当农户依靠自身的积累发展到一定的程度时,这个时候凭借自身的实力,在更加开放、广阔的金融市场进行融资,资金来源渠道广泛,农户更加容易通过提高自身的资产规模来提高在农村市场中的竞争力。外源融资方式可以分为两种:直接融资和间接融资。

(3)直接融资

直接融资是农户直接从资金供给者那里获得自身所需的投资资金。农户的直接融资方式主要有向周围亲朋好友借款得来的资金、其他经济主体的捐赠、政策补贴(如财政补贴、国家农业生产补助等)。一般来说,直接融资不仅是资金的供给者给资金的需求者直接供给了资金,而且资金供给者很有可能拥有了农户投资资产的部分所有权,但也因此与农户共担风险。

(4)间接融资

间接融资是农户通过国家商业银行或者一些其他金融中介间接地获得自己投资所需的资金。间接融资最主要的形式是银行贷款,融资租赁也是间接融资的一种形式。间接融资相对于直接融资来说有以下特点:间接融资一般来说不涉及农户所有权的共享,即金融中介或者资金提供者不干涉农户所有权。但是,金融中介为了避免风险过大,在对农户进行贷款时,会对农户做出一定的要求。比如银行贷款给农户,需要的条件一般有信用和抵押,即信用贷款和抵押贷款。

(5)银行贷款

银行贷款一般包括信用贷款和抵押贷款。信用贷款是间接融资的一种方式,主要是由金融中介向农户提供信贷,无须抵押,一般以信用作为担保,对农户进行贷款。

2. 农户的融资影响因素分析

农业具有弱质性,导致农村金融市场存在一些不同于一般金融市场的特定风险,这些特定风险的存在导致农户陷入融资困境,本小节基于上一小节对农户融资方式进行分类和总结的基础来对农户融资困境进行分析。关于农户在现阶段面临融资难的问题,可以从三个方面进行叙述。

(1)融资体系方面的问题

通过调查发现,虽然我国已经处在了社会主义市场经济阶段,但是市场对农村金融中的资金资源的基础性配置作用没有得到充分发挥,农村资金配置的决策机制主要还是由政府主导,政府在农村金融市场中的角色没有按照市场的需求进行转换,并且政府部门在管理农村金融市场的过程中存在着部门、职能交叉,重复监管的问题,导致农村的融资协调能力变差,效率下降。农村金融体系现阶段还处于资本市场相对欠发达,融资渠道和方式相对单一化,农户融资服务也不健全阶段。这一系列的融资方面的问题导致农村融资体系还存在很大的缺陷。同时,政府和金融机构对农户融资的监管机制还不完善,融资风险不易控制,农户信贷的利率机制也不够灵活,满足不了农户信贷的需求。

(2)融资渠道方面的问题

现在农村金融市场上,农户主要的融资渠道还是来自农村信用社和银行方面的间接融资方式(贷款),农户对农信社和银行的依赖性非常大,同时现阶段这一融资渠道门槛高、效率低、手续烦琐。伴随着农村经济的快速发展,农民手中的储蓄越来越多,但是农村金融市场上关于农村投资方面的金融产品相对较少,导致农民在金融机构里的储蓄流出的方向实际上是非农村金融方向的投资。这就导致了很多农村地区存在"存款易,贷款难"的现象,从而使得农村长期缺乏资金,进而也制约了农业生产。另外,短期储蓄转化为长期投资的机制尚未成熟,加上农村金融市场高风险的特征,农村储蓄并没有大量用在农业生产投资上,这加剧了农村融资渠道堵塞的问题。

（3）融资方式方面的问题

我国目前农村金融市场上农户主要的融资方式有：直接融资，主要是以口头或者书面的形式向亲朋好友借款；间接融资，主要是农信社或者商业银行对其进行贷款。农户的融资方式相对单一，融资结构不合理，而且发展也不平衡。当前农村金融市场中的资本市场也极为落后，农户以债券、股票的形式进行直接融资的规模很小。资本市场混乱导致农村地区的非法集资问题严重。目前，农村经济发展所需的金融服务还远远不能满足农村需求。

3. 农户融资需求的发展趋势分析[①]

通过问卷调查和访谈，发现县域普惠金融需求具有借款周期短而频繁、贷款金额规模小、零散、低利等特点。在全面深化农村改革的形势下，县域普惠金融需求将呈现种类多样化、主体多元化等趋势。

（1）需求主体的多元化

随着新农村建设和城乡共同繁荣步伐的加快，县域生产经营环境将不断改善，农村经济日益活跃，并逐渐打破原来单一的农业经济结构，进而使农村经济主体呈现多元化，相应地将导致县域普惠金融需求主体从过去单纯的农户向多元化主体发展。除农户（包括普通农户和从事一定规模的种养殖专业户）外，普惠金融需求主体还包括：从事简单加工业和商贸流通的个体工商户，各类县域小微企业，农村专业合作组织及其他互助性经济组织，提供基础设施建设等公共产品与准公共产品的农村社会管理机构和集体经济组织（包括村民委员会和乡镇政府）等。上述各类主体的差异较大，在贷款规模、贷款期限等方面的需求也有所不同，要求县域金融机构的服务与其各自特点相适应。在一定程度上，多元化的主体增加了县域普惠金融需求的复杂性，对县域金融组织的形式和金融产品、服务的种类提出了更多要求。

（2）需求种类的多样化

未来县域经济活动的日趋复杂和农民收入渠道的多样化，使县域普惠金融需求也将趋向多样化，即从单一的存贷款需求向结算、保险、代理、信用卡、理财、信用担保等多样化的服务需求转变。从属性上来看，既有消费性普惠金融需求，也有生产性普惠金融需求，而且随着传统农业向现代农业的转型，基于生

---

① 宋蔚. 互联网金融对农村普惠金融发展的影响[J].中国市场,2017(36):45-47.

产性投入需要而产生的各种需求将日渐上升,县域普惠金融需求的结构将呈现逐步向生产性需求倾斜的趋势。从资金用途上看,县域普惠金融中的资金需求将涉及农民生产、消费、经营、农村基础设施、公共事业建设以及农村二、三产业发展等多个领域的内容。并且农业产业化的深入发展,将使县域普惠金融需求兼具农业与工商业的混合属性,要求金融机构站在价值链的角度,充分考虑产业间、链条间的联系,将金融服务从农产品生产环节延伸到加工、流通环节,以完整的链条型服务为农业产业化设计一揽子的金融产品。

(3)需求层次的差异化

我国地域广阔,县域经济社会发展区域不平衡现象将在较长时期内存在,县域普惠金融需求在区域层面上也将表现出较大差异化。在东部沿海等经济较为发达的县域农村地区,农户等经济主体的生产经营活动不完全局限于农业生产,还较多从事以创收为目的的副业生产、非农产业经营、投资经商等,因而其对生产经营性资金需求强烈,资金需求额相对较大,资金的需求面日趋广泛,且对投资理财、票据等现代金融产品的需求将日趋增长。但在中西部欠发达地区的县域农村,农户的经济活动规模小,承担债务的能力弱,其金融需求主要体现在传统的小额存款、提现和小额信贷上,急需扩大基础金融服务的覆盖面。

(二)农村金融供给分析

近年来,在农村地区银行业金融机构准入放宽、农村金融服务"三大工程"、农村金融服务均等化等政策举措的推动下,我国县域普惠金融服务广度与强度有所提升,整体服务水平有所提高。

1.县域小微金融机构渐趋增多

随着农村金融市场准入条件的放宽与金融服务向基层延伸等政策的推进,一个广覆盖的县域金融体系正在我国渐渐形成,县域金融网点覆盖面和服务的便捷性有所提高。目前主要为小微企业和农户服务的县域小微金融机构已从过去的农信社单一机构拓展到农村信用合作联社、农村合作银行、农村商业银行、村镇银行、贷款公司、农村资金互助社、小额贷款公司、典当行、融资担保公司等多类机构,机构种类与数量明显增加。2009年1月开始,以促进城乡微支付、微贷款、微保险等基础金融服务均等化为核心,我国启动以微支付类基础性金融服务为主导的偏远地区金融机构空白乡镇全覆盖工作,涉及 1249 个金融机构空白的乡镇和 708 个金融服务空白的乡镇。截至 2018 年 6 月,实现金融机构网点县(市)全覆盖和金融服务乡镇全覆盖。

2. 农村金融产品和服务方式创新趋于活跃

2014 年 4 月,国务院办公厅发布《关于金融服务"三农"发展的若干意见》,支持创新农村抵押、质押担保方式,进一步简化金融服务手续。在政府部门的推动下,近年来,各地涉农金融机构和组织针对县域金融需求,在县域普惠金融产品与服务创新方面进行了一些有益探索,开发出了一批创新产品与服务,对于拓宽县域弱势群体的融资渠道和满足县域经济发展中多元化金融服务需求等,已开始产生一定的积极效果(见表 4-1)。

表 4-1　农村金融服务产品

产品(服务)名称	产品(服务)描述
农户小额信用贷款	采用"农户信用评级＋信贷"的模式,建立农户信用信息电子档案,开展农户信用等级评定,发放农户贷款证,实现农户贷款一次核定、随用随贷、余额控制、周转使用
农户联保贷款	本着自愿原则,农户组织联保小组,金融机构对成员发放贷款,联保小组成员间承担连带保证责任
"公司＋农户"信贷产品	以与农业产业化龙头企业签有协议或具有长期合作关系的农户作为贷款主体,贷款由公司提供保证担保,还贷来源是公司在收购农户的产品后应支付的收购款
小额人身保险	针对农民的消费能力、特定风险,设计具有保费低廉、保额适度、保单通俗、核保理赔简单等特点的险种
农村、农民动产与不动产抵押贷款	经确权颁证后,农村土地承包经营权、集体林地使用权、宅基地使用权、水域或滩涂养殖权等才可作为抵押向金融机构申请贷款
农机具抵押贷款	经市场估值后,种粮大户、农业合作组织等拥有的大型拖拉机、收割机、插秧机等农机具才可作为抵押发放贷款
信贷员包村服务	采取信贷员划片包村服务,一名信贷员包若干个村
"一站式"农村金融超市服务	在村民聚集地开办,各涉农金融机构的 ATM、POS 机、转账电话、农民自动服务终端等机具进驻,对农民存款与取款、开户等业务咨询提供一站式的便捷服务
"信贷＋保险"产品	贷款农户以其人身意外伤害保单、人寿保险单等向信贷机构进行质押来获取贷款
涉农中小企业集合票据	具有法人资格的中小非金融企业,在银行间债券市场以"统一产品设计、券种冠名、信用增进、发行注册"方式共同发行,约定在一定期限还本付息的债务融资工具

3. 农户贷款覆盖面扩大

来自银保监会的数据显示,截至 2018 年年末,全国银行业金融机构涉农贷款(不含票据融资)余额 33 万亿元,同比增长 5.6%;普惠型涉农贷款余额为 5.63 万亿元,增长 10.52%。同期,全国银行业金融机构发放扶贫小额信贷余额 2488.9 亿元,支持建档立卡贫困户 641.01 万户;扶贫开发项目贷款余额 4429.13 亿元,较年初增加 336.8 亿元。全国银行业金融机构和保险机构乡镇机构覆盖率分别达到 96% 和 95%;全国行政村基础金融服务覆盖率为 97%。

2018 年,全国农业保险全年实现保费收入 572.65 亿元,为 1.95 亿户次农户提供风险保障 3.46 万亿元,承保粮食作物面积 11.12 亿亩。涉农小额贷款保证保险实现保费收入 4.1 亿元,赔付支出 8.3 亿元,帮助 20 万农户撬动"三农"融资贷款 138 亿元。

4. 农村小额保险加快发展

国际经验表明,单纯依靠提供小额信贷、储蓄等工具还不足以解决农村的贫困问题,小额保险(微保险)服务不可或缺。目前,世界上有 100 多个发展中国家都在积极探索向中低收入人群提供小额保险(微保险)保障服务。2008 年 6 月,保监会下发《农村小额人身保险试点方案》,决定在黑龙江等 9 省(区)的县以下地区首批开展农村小额保险试点。2012 年 7 月保监会发布《关于印发〈全面推广小额人身保险方案〉的通知》,宣布在全国推广小额人身保险。截至 2018 年 8 月,中国人寿充分发挥主业优势,积极推动保险扶贫业务发展,大病保险覆盖 4 亿多人,上半年承保贫困户达到 1557 万户,累计提供 1.72 万亿元的风险保障,5 月份在京发布了行业首份《健康保险扶贫白皮书》,7 月份与国务院扶贫办联合召开全国健康保险扶贫业务推动会议,开辟了理赔绿色通道,较好发挥了保险扶贫主力军作用。同时,中国人寿增加定点扶贫投入,加大帮扶力度,2018 年经审批投入湖北及广西的 4 个定点扶贫县(丹江口、郧西、天等、龙州)的扶贫资金达 3660 万元。[1] 小额保险在辅助社会管理、统筹城乡发展、完善社保体系、提高保障水平等方面的作用渐渐得以显现。

5. 县域农村支付服务环境渐趋改善

支付服务涉及千家万户,当属"该普该惠"范畴。近年来我国积极推广银行

---

[1] 张双梅. 中国互联网金融立法与科技乐观主义[J]. 政法论坛,2018,36(4):57-68.

卡助农取款服务,发展非现金支付工具,打造中国特色惠农支付体系,推进金融支付普惠。截至 2014 年上半年,全国助农取款服务点近 90 万个,覆盖行政村48 万余个,消除农村地区金融服务空白行政村超过 80%,基本实现了行政村全覆盖。此外农村地区手机移动支付也渐渐得以推广并赢得广大新生代农民与新生代居民的极大欢迎。

(三)农村金融支农的成本收益分析

由于农村金融市场具有不同于一般金融市场的市场特征,一般金融成本收益分析理论无法直接完全套用在农村金融上,需要基于农村金融的市场特征对其成本收益进行专门分析。

1. 农村金融成本

信息对于金融行业至关重要,而在农村金融交易中,收集、监督、管理大量客户的信用、资金使用、储蓄等情况的信息成本很高,因此以利润最大化为目的的金融机构降低了对农村地区的金融支持,并且农村地区的信息环境较差,不对称问题较城镇地区严重,信用风险高,致使农村金融交易难以进行,最终导致农村地区出现了金融服务空白。本书将农村金融成本划分为四类。

(1)运营成本

运营成本即农村金融机构运营中的管理成本、固定资产折旧等。当前主要问题是网点建设片面追求网点设置的大、广、全,与规模效应相违背,造成个别网点的建设成本过高、资源浪费,加重了金融机构的经营管理成本。商业银行可以通过建立与当地微型金融机构的合作来增设分支,这样可以显著降低建设成本,但是微型金融机构规模和数量的不足使得这样的合作伙伴的可用性是有限的。运营成本还包括配置办事处的费用及按比例分配给地区和总部办事处的费用。购置固定资产的花销、工作人员的工资也是机构的重大运营开支。

(2)支持成本

支持成本主要涵盖农村涉农金融机构获得外部资金支持和援助所产生的成本,及其他金融机构不能享受到的优惠政策。此外,还包括一些社会性的增值服务,这些增值服务会耗费社会发展部门、政府部门、国内外非政府组织大量的物力和人力。

（3）交易成本

交易成本即交易费用，是指整个农村金融组织体系正常运转的费用，主要是由于农村金融市场中的信息不对称和信用风险问题突出，加上信贷抵押品和法律措施的缺失，使得农村金融的交易成本高于城镇地区。国内有学者将农村金融的交易成本用以下公式表达（蔡四平，2006）：

农村金融交易成本＝信息成本＋实施监督成本＋界定和保护产权成本＋保险成本

上式右边的信息成本主要指的是政府和银行收集关于农户的信用信息等产生的成本；实施监督成本主要指的是对农户的信贷行为，如：对贷款后的用款行为、还贷行为等进行监督所产生的成本；界定和保护产权成本具体指的是对农户的抵押产权进行界定和保护所产生的成本；保险成本具体指的是因担心资产在交易中发生贬值而进行资产产值投保产生的保费。相比于城市地区而言，农村地区的各项金融交易费都比较高。

（4）贷款损失

因为面临着生产、销售、自然灾害等风险，农业贷款往往被认为是高风险贷款。而且，城镇化的政策偏向使得农业投资的回报率普遍很低。农业生产普遍存在资金周转缓慢、投资回收期较长、资本利润率不高等问题，以及投放的农贷很可能无法按期收回的风险。

2. 农村金融收益

金融支农的收益主要包括为农户提供金融产品和服务所取得的利息收入、支农享受到的政策福利收益和提供其他金融服务产生的相关收益。发放贷款的利息收入是金融机构最主要的收入来源，是维持其可持续、健康发展的根本。根据基本的定价法原则，即：

贷款利息收入＝基准利率＋违约风险溢价＋期限风险溢价

由于对农业领域的投资具有高风险特性，一般金融机构会提高风险溢价的价格作为贷款机会成本的补偿。如国外银行对农村小微企业的贷款利率一般是在基准利率的基础上上调50％，我国对农村小微企业的贷款利率一般上浮20％～40％。来自政府、企事业单位、慈善组织等各组织的捐赠也是一些农村金融部门收入的主要构成。农村金融机构在微观运营层面上进行金融产品、服务上的创新，导致其自身产生的创新收益，也是农村金融机构收入的一部分。

3. 农村金融利润

由以上分析可知,针对农村地区的金融机构,在不考虑税收的情况下,其开展涉农金融业务所得的利润为:

$$农村金融利润＝农村金融收益－农村金融成本$$

(四)农村金融市场发展约束因素分析

农村经济环境的空间特殊性、产业关联性、生产季节性决定了农村金融具有不同于城市金融的属性,加之一些内在本质属性降低了农村金融市场的效率,需要对其本质属性进行专门研究。农村金融市场的主要特征有:

①农村人口密度低、平均信贷规模小、农户家庭储蓄率低等原因,导致了金融中介机构的交易成本较高。

②农村基础设施的不健全和公共资源的缺乏使得农村金融市场高度分散,信息不对称严重,限制了风险共担的可能。

③农业生产活动具有明显的季节性,易受到天气等自然因素的影响,价格、产出风险具有高度的相关性,这极大地增加了农村金融机构的信贷成本和经营风险。

农村金融市场的固有特征导致了其自我约束因素的存在。

1. 脆弱性约束

(1)系统性风险

系统性风险是无法通过持有多类型资产而化解的风险,是由基本经济因素的不确定性引起的。我国农村金融的系统性风险比较严重,主要由农产品本身的特性引起:一是农产品在生长过程中易受到自然灾害、恶劣天气的影响,导致农户易发生损失;二是农产品生长周期长,由播种到售出一般经历了较长的时间,农产品的价格往往发生了很大的变化。由于同区域的农户家庭有着高度相关的经营风险,这使得农村金融的风险管理趋于复杂化。

(2)市场风险

由于农村借款人在地理分布上相对分散,生产规模小,农村金融市场间的相关性很低,农村信贷市场的财务和会计制度建设因此相对薄弱,信息透明度低,信息不对称的现象比较严重。农村金融机构的高负债经营特性导致其内在的脆弱性加剧,加上经营管理不善,容易造成内部管理风险的滋生。

（3）信用风险

由于缺乏合格的抵押品和完备的财务报表,农户、小微企业先天信用缺失,金融机构易忽视"三农"信贷需求。现阶段我国除已完成确权颁证的农村地区可以用一些集体土地使用权和自己承包的土地使用权来作为抵押物进行抵押贷款外,其他很多属于农户的财产都不能用来作为抵押物,比如,农户的住宅、住房宅基地、生产性资料等都不能用作抵押,因此农户不仅缺乏优质的贷款抵押品,同时又受制于苛刻的抵押融资渠道。由于农户的资金需求量大,加上缺少偿还金融机构贷款的保障机制,一旦农户发生不可预料的损失,往往导致农户难以偿还贷款,引发信用风险。

2. 运营约束

（1）投资收益

农村资本运转非常慢,投资、生产、流通、分配这一全过程常常需要半年到一年的时间。农村地区资金、技术、人才的短缺,农村金融机构的非农化倾向和农村资源的流失,导致农村金融的投资收益率处于较低水平。由于农业具有生产成本高、生产模式落后、生产效率低下的特点,农户投资收益还是处于不高的情形。

（2）资源匮乏

农村金融资源相对匮乏,经济发展后劲不足,农村市场零散,客户较为分散,且贷款规模小,运营成本高,收益低,加之商业银行股份制改革的影响,导致商业银行纷纷收缩农村地区分支和业务,其服务对象慢慢转向大中城市和大中型企业等高端客户,致使农村资源外流严重,农村金融服务供给不足。虽然在政府部门的积极引导下,农村信用社向农村地区提供个人小额信用贷款和农户联保抵押贷款,但是农村金融资源匮乏的问题依然存在。

（3）地理分散

在许多国家,农村地区的人口密度低,地域上高度分散,市场潜力低,致使金融服务不充分,渠道不通畅,使得为农户提供多样化的金融产品和服务的成本不断增加。我国是人口大国,农村地域广阔,农民合作社、传统农户、专业大户、家庭农场、小微企业等经营主体千千万万,这个庞大的农村群体由于金融服务成本太高而面临着严重的金融排斥。

3. 能力约束

(1)基础设施落后

与城市相比,农村金融的基础设施相对落后,支付清算网络在农村的覆盖面小,支付结算费用高。农村地区的交通、通信等基础设施落后,农村人口地理分散,金融服务网络辐射能力弱,从而导致金融服务的供给成本相对较高。由于传统农户还难以接受一些新的支付方式,如移动手机支付、银行卡支付等,这些新的支付方式还难以得到农户的认可,而金融机构不根据农业特性、农民理解和接受程度来提供操作简单的金融产品,却常常将城市成熟的金融服务模式机械性地复制到农村地区,往往达不到预期的效果。

(2)科技投入不足

世界上多数国家都存在农业科技投入不足的现象。社会经济利益结构与政府科技创新资金具有非农的偏好,加上农业科技创新投资主体具有趋利的行为,常常导致农业科技投入不足。另外,目前我国农村金融体系中还存在着对高端信息技术、先进技术投入不足的现象。

(3)社会排斥

农村地区的文化、语言、性别、种族、宗教和教育等多方面的内在差异严重制约着金融市场一体化的发展,从而降低了农村地区农业的生产效率和农产品的营销效率,同时不利于农村资本的积累,导致了贫困人群的脆弱性增加。

(4)机制掣肘

尽管在农村地区已有大量的金融机构分布网点,但是与城市相比,其经营管理水平、规模经济效益水平、竞争能力相对较低,涉农信贷风险补偿机制尚未建立,信贷资金安全难以得到充分的保障。由于农户比较分散,缺乏优质的抵押品,加上小额度的贷款增加了农村金融机构的风险监控成本和经营风险,这打击了金融机构自身涉农贷款的积极性,导致农村金融机构在农村地区进行信贷的力度大为减弱,其金融服务网点也相应减少,作为涉农信贷后盾的风险管理控制机制也基本发挥不出作用,进一步约束了农村金融的发展,农村的资金缺口进一步增大,农村经济持续落后,由此恶性循环。

4. 政治和管制约束

(1)政府投入不足

农村金融的发展主要依赖于财政补贴,但是补贴资金往往不能到达目标主体,常常被高端农户截留,支农资金投入的方向不明确,农村资金的循环导向机制不健全。

(2)监管过于集中

过于集中的监管导致农村金融市场的准入门槛过高,民间各种性质的资本受到严格的管制,新型小微金融机构发展受压制,农村金融市场的活力得不到有效释放。同时,对农村资金的来源渠道规定不明,可能导致一些非法资金介入,损害农村金融市场的稳定,损害农村储蓄者权益。农村金融市场的退出机制尚未建立,如果一家银行倒闭,往往牵一发而动全身,其他关联银行受到影响,而在存款保险制度尚未完善的情况下,农村金融体系的稳定性和农村储蓄者权益易受到损害。同时,基层监管人员业务素养水平低、技能单一,与农村金融监管的复杂性和高要求性不相符。

(五)农村金融普惠式发展约束因素分析

上一小节提到农村经济环境的空间特殊性、产业关联性、生产季节性决定了农村金融具有不同于城市金融的特征,这些特征的存在决定了农村金融在普惠式发展的过程中会面临着特有的约束,需要对其发展面临的约束因素进行专门讨论。农村金融普惠式发展面临的约束有六类。

1. 农村经济约束

经济逐渐金融化的趋势,印证了金融成为影响经济发展的核心要素这一观点。传统的经济理论认为,金融内生于经济发展,农村金融成为调动农业、农村、农民各种经济资源和经济剩余的有力工具,农村金融发展与农村经济发展的不平衡是当前我国农村金融面临的最大困境。自从麦金农和肖从制度层面上奠定了以金融自由化为核心的协调金融与经济发展关系的理论基础之后,农村金融与农村经济在理论上相辅相成、相互制约的关系越来越明显。熊德平(2007)提出农村金融的交易规模是当地经济发展水平的增函数,农村经济的发展会对农村金融服务产生相应的需求,在经济发展达到一定的水平时,金融交易才会实现,特定的经济状况会产生特定的金融需求。冉光和等(2008)从制度层面上进一步论证了农村金融与农村经济的关系,结果发现在宏观制度环境安排适当、经济发展稳定良好的情况下,农村金融功能才能得到强化。从全球金融普惠指数报告中的调查数据可知,金融服务的使用情况在收入水平、性别等方面存在巨大的国际差别。平均而言,发达国家使用银行账户次数和账户规模是发展中国家的两倍还多。金融服务供给指标体系数据表明,银行的服务密度以及 ATM 网点的分布密度这两个指标在国家层面上存在着显著的差异。经济发展水平越高的地区,其金融密度、金融集中度和金融规模水平就越高,相反则金融发展水平就越低。我国是农业大国,政策存在城市发展倾向,导致农村与城镇之间资金转移量很大,农村资金外流严重,农村经济发展相对落后,农村金融规模发展的经济规模条件不能得到满足,有效的金融需求匮乏;又因农村地区中缺乏对农村主体进行信用评价的评价体系,加之农村地区的金融基础设施薄弱,造成金融机构在农村地区的金融布点密度低,出现了农村式借贷的现象,这反过来又进一步抑制了农村经济的发展,由此形成农村金融—农村经济的恶性循环,致使农村金融的普惠性降低。

2. 金融发展约束

发展中国家的金融市场普遍存在着金融抑制的现象,政府通过其行政手段直接干预金融市场,常见方式为价格性干预和结构性干预,主要表现为政府对存贷款利率的严格限制,压制了资本市场的发展壮大。利率水平决定了社会储蓄和投资的规模,金融抑制下的实际利率常常为负值,导致居民储蓄率低,金融机构的信贷供给不足。在利率水平不能正确反映资金供需状况的情形下,利率扭曲了金融市场的价格,造成社会资源配置效率低下,金融机构市场化调动资金的力量被限制。低息政策不仅损害农村金融机构的商业可持续性,而且还加大了信贷需求主体非价格性的信贷配给约束,造成金融服务获得权的不平等,形成居民补贴企业、穷人补贴富人的倒挂机制。我国农村地区金融的抑制现象较为严重,早期对农村金融市场准入实行严格的控制,农村微型金融机构发展缓慢,民间金融曾经一度被禁止,而正规金融组织体系不完善,作为支农主力军的农信社则大多数处于高负债的运营状态。另外,由于农村保险体系不健全,保险服务点密度低,保险理赔服务不到位,符合特色农产品的险种缺乏以及农民投保意识和接受程度低,农村地区的保险市场也一直处于抑制状态。

3. 市场摩擦约束

20 世纪 90 年代以来,金融系统不稳定的危害使人们认识到,完全靠市场机制并不能保证金融市场的健康运行,需要政府进行适当的干预,以稳定金融市场。从农村金融理论逐渐过渡到农村金融市场不完全理论,许多学者也逐渐认识到要培育稳定的、高效的金融市场,进行金融风险的预警和判别,仍然需要必要的、适度的政府干预,充分发挥政府这只"看得见的手"的宏观调控职能。斯蒂格利茨(1985)等提出金融市场存在着信息不对称的现象,从而导致道德风险和逆向选择问题的发生,如果完全依靠市场机制,是无法培育出一个高效率的金融市场的,由道德风险和逆向选择导致信贷市场的低效率和作为长期均衡现象存在的信贷配给便是一个经典的佐证。银行可以采取非利率化的信贷方式,来应对金融市场的超额信贷需求,如提高财务报表、抵押担保、贷款期限等方面的资格要求。斯蒂格利茨和威斯认为市场中信息不对称是信贷配给长期存在的根本原因。农民和小微企业无法提供抵押品和信用担保,致使农村的信贷配给问题更加严重。这一原理对于保险市场也是同样适用的。

4. 金融意识约束

金融意识指居民对金融知识了解的程度、参与的意愿和居民自身的金融技能,居民金融意识的高低能够影响其自身的金融行为。在农村,金融市场的发展相对不完善,加之经济和教育水平的落后,农民的金融意识更加不容乐观(周天芸、钟贻俊,2013)。农民的教育水平低,对金融的认识不充分,有碍于形成有效的金融需求。教育、职业、性别、宗教信仰、生活地区等因素也是影响农村地区金融服务获得性的重要因素。普惠金融主要是提高非自我排斥因素引起的经济主体金融服务获得性,而自我排斥并不是普惠金融力图解决的主要问题。金融教育水平越高就越可能产生金融需求,因此金融意识不高这一情况会影响有效金融需求的创造,约束金融普惠式发展。

问卷调查表明,绝大部分人认为缺乏基本的金融常识和意识是金融服务覆盖贫困人群的主要障碍,因此,政府应该采取的行动是在较偏远的经济欠发达地区传播和普及农村金融知识,转变农村居民对现代金融服务不信任的排斥心理,从而提高农村居民接受现代金融服务的意识。

5. 政府不适当干预

发展中国家普遍存在着金融抑制,即政府刻意压低存贷款的利率,扭曲金融市场价格,导致信贷配给人为地分割了金融市场,使得金融资源得不到有效的配置,这种情况在我国农村金融市场上表现得更加突出。政府及准政府部门、国有企业、大企业等高端客户都具有相对较低的信用风险,这些经济主体都理所当然地成为金融机构进行信贷服务时的首要选择,从而对中小微企业、低收入群体的金融服务需求产生严重的挤出效应(高建平,2014)。在金融发展约束分析中可知,政府的过度干预会造成农村金融市场效率的低下和资源的错位配置,但是并不是说政府完全不干预就是最好的选择。市场失灵导致的金融排斥问题是可以通过适当的经济政策加以解决的,政府应制定适宜的法律政策和监管机制,改善金融基础设施情况和外部环境,如提高信息披露质量、加强消费者保护、建设良好的信用环境等,同时应重视加强金融知识的普及教育。大量的经验事实证明,适当放宽和调整金融机构的准入政策和门槛,对农户所拥有的设备、机具、产权等抵押品的注册机制进行改革,可以显著增加农户金融服务的可获得性。

6. 信息技术非充分使用

信息和通信技术(ICTS)的创新可以降低交易成本,提高金融服务的便利性,目前这类创新包括 ATM、POS、银行出纳员、移动终端等的技术创新。但是那些面向弱势群体发放小额信贷的金融机构,能否通过增设 ATM、POS 等设备提高其自身的盈利能力,目前还是受到普遍质疑。银行类金融机构通过ICTS 来创新金融的服务渠道,可以吸引其自身金融网点建设成本高昂地区的客户,如手机移动终端、MNT 集团(南非)、电信服务商等。目前,银行也在积极转变经营思路,利用那些成本较低的渠道向客户提供金融产品和服务。可以看出,手机终端、网上银行的经营成本较低,成本最高的是银行网点,其次是电话转账支付。虽然增设 ATM、POS 等设施可以显著提高那些不在银行网点覆盖范围内客户的金融获得性,从而降低交易费用,但是对于较偏远、经济欠发达、金融生态环境较差的地区,金融机构利用 ICTS 并不一定能增加其自身的盈利能力。如在巴西中央银行分支开设的银行账户中有 30% 的账户为睡眠账户,只有 70% 活跃账户,大量的睡眠账户使得巴西中央银行分支的资金运作效率低下,无法获得适当收益率来维持其自身的运营。[①] 普惠金融所倡导的价值理念是不仅要扩大金融服务的覆盖率、消除贫困等社会因素,同时也要兼顾金融机构收益率的实现来维持其自身可持续经营的商业目标,所以金融机构在创新ICTS 渠道时,要注意权衡效率和公平问题。

---

① 张双梅.中国互联网金融立法与科技乐观主义[J].政法论坛,2018,36(4):57-68.

二、中国农村普惠金融发展存在的问题

(一)农村正规普惠金融服务供给与需求不均衡

农村正规普惠金融服务供给和需求的不均衡可以分为两种情况,一是农村正规普惠金融服务的供给大于需求;二是农村正规普惠金融服务的需求大于供给。而我国农村正规普惠金融供求不均衡的情况为第二种,即农村正规普惠金融服务的供给小于需求。尽管近年来农村正规普惠金融服务供给快速增加,但中国农村正规普惠金融服务需求仍无法得到有效满足。中国农村正规普惠金融服务的供求失衡表现在以下几个方面。

1. 农业信贷供给规模在贷款余额总量上的失衡

改革开放前,金融部门的农业贷款占所有贷款的比重一直维持在 13% 左右,1978 年以后下降到两位数以下。近年来,虽然农林牧渔业贷款余额总量不断增长,但其占各项贷款余额的比重却持续下降。以 2014 年为例,当年第一产业产值占国内生产总值的比重为 16.06%,而农林牧渔业贷款余额占各项贷款余额的比重却只有 4.09%。农林牧渔业贷款余额占各项贷款余额的比重逐年降低说明农业信贷供给规模在相对缩小,而农林牧渔业贷款余额占各项贷款余额的比重和第一产业产值占国内生产总值的比重不相称说明农业的发展没有得到足够和应有的金融支持。这对于处于我国经济基础地位的农业发展是相当不利的,必将给我国农村经济的持续发展带来负面影响。

2. 农村金融机构减少及农村资金外流

改革开放后,为了满足农村经济发展对金融服务的需求,我国于 1979 年恢复成立了中国农业银行。经过多年的发展,农业银行在农村基层的机构数量不断增加。1998 年,中国人民银行发布了《关于落实国有独资商业银行分支机构改革方案有关问题的通知》,要求四大国有银行对分支机构进行撤并。随后,按照央行的要求,四大国有银行对分支机构进行了大规模的撤并行动。

四大国有银行在撤并分支机构时,由于农村地区的营业网点一般都规模小、利润低甚至营利困难,因此,位于农村地区的县域和乡镇的分支机构及营业网点成为撤并的重点,特别是在过去以服务农村为定位的农业银行成为撤并机构数量最多的一个,合计达到 34854 个。四大国有银行对分支机构的大规模撤

并直接导致农村地区金融机构数量的显著减少和金融服务缺失。虽然农村信用社在四大国有银行撤并以后快速发展,并且 2006 年以后金融主管部门加快推进在农村地区设立村镇银行等新型农村金融机构,但其仍然难以填补四大国有银行撤并后留下的金融服务缺口。

在农村金融机构减少的情况下,农村资金持续流出也成为中国农村金融供求失衡的一个重要因素。农村资金外流的原因和方式大致有三种:一是通过财政资金的渠道流出。二是工农业产品价格差长期存在致使农村资金外流。三是许多农村金融机构在农村地区的"重存轻贷"政策导致农村资金外流。周振等(2015)分析了改革开放 35 年来中国城乡之间资金流动的机制、规模以及发展趋势,并测算出在 1978—2012 年内,通过财政、金融机构以及工农产品价格剪刀差的方式,农村地区向城市地区大约净流入资金 26.66 万亿元(以 2012 年价格计算)。农村资金的持续外流加剧了农村资金的短缺,使得中国农村金融供求缺口扩大,对中国农村经济的发展造成了严重的负面影响。

3. 中国农村普惠金融供给缺口巨大

如上所述,正规金融所提供的农业信贷供给规模在总量上失衡,农村金融机构减少及农村资金外流的现象必然使得农村的资金需求和资金供给之间出现巨大的缺口。多位学者如武翠芳等(2007)、杨兆廷等(2013)、宗杰等(2014)对中国农村金融供需缺口进行了定量的分析。武翠芳等通过测算发现中国农村的资金供给远不能满足资金的需求,并且农村资金供求缺口随着时间的推移和经济的发展越来越大。如果再考虑到农村资金的外流,这个缺口还将加大。

杨兆廷等、宗杰等也利用中国农村金融理论融量和实际融量的差额对中国农村金融供给缺口进行了测算。金融融量指金融的融通量、容纳量,是一个国家在一定经济条件下的金融的最适容纳规模量。这些对中国农村金融理论融量的测算均使用了戈德史密斯(Goldsmith)著名的经济金融相关比率指标。金融相关比率(Financial Interrelations Ratio,FIR)是戈德史密斯(1969)在著作《金融结构与发展》中提出的一个影响深远的表示金融发展水平的指标。金融相关比率是指某一日期一国全部金融资产价值与该国经济活动总量的比值,它表示金融与经济的相关程度。

中国农村实际金融融量可以分为三个部分:一是流通中现金,二是银行部门提供的金融融量,可以用农村贷款进行计算,三是保险部门提供的金融融量。

虽然农村金融供给量不断增加,但中国农村经济的发展使经济总量不断加大,再加上农村经济发展过程中经济金融化程度不断加深,使得中国农村金融理论融量增加更快,这就导致了中国农村金融供需缺口不断加大。

4. 中国农村信贷供给结构不均衡

一是金融机构在涉农贷款投放对象上的结构不均衡。金融机构在选择涉农贷款的投放对象上,一般青睐那些实力较强、发展态势好、还款能力较强的农业龙头企业。因此这些农业龙头企业一般都能获得足额的信贷支持,满足其融资需求。但对于占农村经济主体绝大多数的涉农中小企业和农户来说,由于他们的资金需求具有小、频、急、信息不对称、交易成本高、总体风险大等特征,再加上很难提供满足金融机构要求的抵押物,这些因素制约了金融机构对他们的放贷意愿。

二是传统农业向现代农业转型的过程当中,主要依赖资源的投入,而现代农业则日益依赖不断发展的新的农业技术。因此,农村在信贷需求结构上也正在发生变化。例如,传统种、养殖业已经向产业化、特种化、精细化方向转变。经济作物面积不断扩大,规模养殖和个体工商业迅速发展,资金需求不断增加。金融机构往往不能及时调整信贷产品的创新,难以适应信贷需求结构的变化。另外,农村产业结构的变化使得农村企业和农户投入产出的周期变长,而各金融机构往往按照农村传统产业的周期发放贷款,使得部分行业的涉农贷款期限与其实际需求不匹配。

(二)中国农村非正规普惠金融发展面临诸多障碍

中国农村正规金融机构的普惠金融服务供给不足,导致农村经济主体的金融需求无法得到满足。在这种情况下,许多农村经济主体转向非正规金融市场获得资金支持。农村非正规金融的发展,对有效改善我国农村金融的供给状况,丰富农村金融市场竞争主体的多元性,提高农民的信贷可得性,缓解农村信贷约束具有重大意义。然而,非正规金融在发展的过程中也面临诸多障碍,主要表现在非正规金融存在与发展的法律缺位、运作的非规范性、风险控制能力弱和金融监管困难等方面。

1. 法律地位缺失和监管困难

与正规金融相比,我国非正规金融面临最大的发展障碍就是法律地位缺失和金融监管困难。目前,我国除了对非正规金融的少数几种形式予以保护外,如民间借贷(利率低于同期中国人民银行贷款利率的 4 倍),其他大部分非正规金融活动都面临法律法规上的禁止,特别是涉及存款类非正规金融组织和活动。非正规金融的法律地位缺失使得目前农村非正规金融组织和活动一般都处于地下隐蔽状态,其经济行为和结果都未能纳入国家金融机构的调控和监管当中。另外,非正规金融在经营上地域比较分散,客观上需要跨地区的金融监管合作,这些情况都增加了对非正规金融监管的成本和难度。

2. 运作规范性差

与正规金融相比,非正规金融在组织形式、经营规范等方面都没有明确的规定,这些导致非正规金融在组织和经营等方面都存在不规范的行为。绝大多数非正规金融都不满足固定的机构、营业场所、专业人员和组织章程等方面的规范性要求。这就使得非正规金融的组织和经营存在盲目性和随意性,一旦其规模发展到一定程度时,非正规金融非常容易出现经营管理和经营行为上的问题。

3. 风险较高

非正规金融运作的不规范,使其在经营风险控制方面和正规金融相比就有很大的差距。非正规金融没有科学的贷款风险评估办法,一般是基于传统的人缘和地缘等信息优势进行借贷。近年来,随着通信信息技术和交易方式的变革,民间借贷的规模和地域都不断扩大,这时民间借贷传统的信息优势就会减弱或丧失,信息不对称的程度加深,使得传统的非正规金融风险控制机制失效。这种内控机制的缺乏,使得非正规金融的信贷风险加大,容易出现信用欺诈和支付危机。近年来,多地出现的非法集资案和借贷人"跑路"现象就反映了非正规金融高风险这一问题。

(三)中国农村普惠金融基础设施建设不完善

近年来,我国农村普惠金融基础设施建设取得了很大的成就,对扩大农村普惠金融服务覆盖面、提高服务质量起到了显著的作用。但与城市相比,农村普惠金融服务基础设施建设仍然相对落后。具体来说,中国农村普惠金融基础设施建设在支付结算体系、征信体系、金融法规和监管体系等方面仍有许多不完善之处。

1. 农村支付结算体系需要进一步完善

支付结算体系是现代资金融通的主要载体。支付结算服务是农村经济主体需求最为广泛的一项基础性服务,经过多年的改革与发展,农村支付结算服务体系建设已经深入县、乡镇一级,取得了一定的成果,但在一些方面仍然存在一些问题。

(1)农村地区金融机构网点少,基础设施薄弱

近年来国有商业银行营业网点收缩至县城后,基层农村金融机构减少和网点布局失衡的状况并没有得到根本的转变。特别是中西部偏远的农村地区,金融机构网点偏少和金融基础设施薄弱的情况尤为普遍。据中国人民银行统计,截至 2018 年 12 月底,中国银行业金融机构数达到 4588 家,较 2017 年年末增加 39 家。对比 2017 年,2018 年金融机构数量出现以下变化:邮储银行加入国有大型银行,国有大行从 5 家变为 6 家;股份制银行、城商行数量不变,分别为 12 家、134 家;农村商业银行从 2017 年 1262 家增加至 2018 年 1427 家,村镇银行从 2017 年 1562 家增加至 2018 年 1616 家;2018 年年底,农村合作银行、农村信用社、农村资金互助社数量不同程度减少,较 2017 年分别减少 3 家、153 家、3 家。另外,基于商业性原则,农村地区金融机构网点在支付结算服务上投入较少,导致目前农村乡镇金融机构网点的电子化水平普遍较低,缺少 POS 机具和 ATM 机具,很难满足支付结算电子化服务基本要求。[①]

(2)支付结算服务难以满足新的多样性需求

农村地区支付结算品种单一,支付工具开发、推广力度不大。广大农村地区经济发展极不均衡,有些经济落后地区农民收入低,富余资金少,许多农民仅有一个储蓄账户,日常大多使用现金结算。而非现金支付结算工具以银行卡和汇兑为主,支付结算服务种类单调,缺少服务品种创新。对于乡镇企业发展较好的农村地区,支付工具需求具有多样性,金融机构受成本核算、风险规避方面的制约,支付工具在农村开发、推广力度不大,银行卡、银行本票、商业汇票等其他金融支付工具使用较少。

---

① 杨启.我国农村互联网金融的特征、发展障碍与对策路径[J].技术经济与管理研究,2019(3):124-128.

（3）宣传引导不够深入

农村金融机构在村镇一级对新的支付工具和方式的宣传和培训很少，而且主要是乡镇金融网点在经营场所以条幅和发放宣传资料的方式进行，很难达到使农村地区的客户了解和使用这些新的支付方式的效果。并且农村大多数农户对银行业务的认识仅限于存贷款，对现代化支付结算知识了解较少，对票据等非现金支付工具认知度较低，对网上银行、手机支付、第三方支付等先进的支付方式的接受能力比较差，这些都制约了非现金支付工具的推广使用。

2. 农村征信体系需要进一步完善

近年来，我国着力推进农村信用体系建设，各地人民银行、商业金融机构和地方政府在农村个人和企业征信系统建设方面做了很多工作。但与城镇相比，我国农村信用体系建设仍相对滞后，在一定程度上成为影响农村普惠金融服务体系建设的重要因素。

（1）农村地区信用活动水平较低

农村广泛存在信贷配给现象，很多普通农户很难从正规金融机构获得信贷服务，使得农户和农村企业的信贷活动处在非常低的水平。这使得只有少部分的农民建立了信用档案，多数农民因未与金融机构发生信贷业务，而没有在人民银行个人征信系统中建立信用档案。另外多数农村农户对征信体系知之甚少，信用意识比较低，没有主动地为自己创造良好信用记录的想法和行动，导致农户可用的信用档案资料匮乏。

（2）农村地区的征信信息系统不够健全

目前农村地区征信系统主要是中国人民银行建立的企业和个人两大信用系统。中国人民银行的农户信用信息档案建设尚处于初级阶段。对于农村的企业和农户来说，征信机构能够真正采集到的企业和农户信用信息一般限于信用主体的一些基本情况和在农村金融机构的贷款信息，对其他的经济交易与支出信息的采集比较困难，导致征信系统中的企业和农户信用信息不全面，很难为金融机构判断其信用水平提供有力参考。

（3）非银行信息采集困难

除了银行，与中国人民银行建立信用信息共享机制的征信主体还有事业单位与政府的税务、司法等部门。这些部门大多未与人民银行建立完备的信息共享机制，使得这些机构所掌握的大量信用信息难以成为中国人民银行的征信信息。另外,这些部门采取的收集渠道、方法、评价标准各不相同,客观上加大了收集、整理农村信息的难度。总体上,中国人民银行征信部门所能采集到的非银行信息量较少,采集难度比较大。

3. 农村普惠金融法规体系需要进一步完善

农村普惠金融法规体系是调整现代农村普惠金融主体之间权利义务关系的规范制度综合体。我国政府机关和金融主管部门近年来为了加强金融支持"三农"的力度,颁布了许多政策法规。

(1)农村普惠金融法规体系建设缺乏统一规划

尽管多年来,相关单位颁布了很多与农村金融相关的规定、办法和文件,但都具有较强的应急性与局限性,缺乏长远的制度设计与规划。迄今为止,我国还没有一部正式的农村普惠金融法律,在农村普惠金融法规体系建设上缺乏统一规划。另外,农村普惠金融法规存在层次较低的问题。目前关于农村金融机构和普惠金融服务的许多规定都是由国务院和金融主管部门以"通知""办法""意见"等形式颁布,这些"通知""办法""意见"的法律规范层次低,对相关金融机构的约束力也比较弱。

(2)农村普惠金融法规体系的立法缺失

目前农村普惠金融法规体系的立法大多数是针对商业性金融机构,而对于我国农村普惠金融体系重要构成部分的合作金融机构和政策性金融机构却没有专门的法律规定。例如,农村信用社是我国农村合作金融机构的主体,然而对于农村合作金融却只有一些相关的暂行规定或指导意见,到目前为止并没有出台一部针对性的法规,相关立法的缺位也影响了新型农村合作金融组织的发展。对于作为我国农村政策性银行的农业发展银行来说,其定位和功能设置也没有专门的法律规定,一定程度上影响了政策性银行的应有作用发挥。另外,我国农村普惠金融法律法规一般都是针对正规金融机构设立的,非正规金融机构的法律地位缺失,使其一直被排除在普惠金融立法体系之外。

4. 农村普惠金融监管体系需要进一步完善

农村普惠金融的发展需要一个完备有效的农村普惠金融监管体制。虽然近年来金融监管机构在涉农信贷投向监管、涉农金融机构差别化监管、涉农信贷风险监管方面取得了很大进展,但总体来说,随着农村金融体制改革的深入,现有的农村金融监管体制不足以承担起应对和监控未来可能出现的农村金融风险责任,其监管效能受到以下因素的制约。

（1）农村普惠金融监管基础薄弱

金融监管的有效性依赖于这样一个前提,即相应监管者必须具有相对完备的信息以及实施监管措施的能力。虽然我国农村"一行三会"金融监管格局初步体现,但人民银行与监管机构之间信息难以共享。目前绝大多数农村金融分支机构和网点都设在县（市）及乡（镇）,而县（市）的常设金融监管机构只有人民银行县支行和银监办事处。在县（市）及乡（镇）一级,银监办事处人员偏少,县域新型农村金融机构的增加,地域的分散,使得监管资源尤为紧张。而保险、证券监管机构只设到省一级,县域监管基本处于空白状态。

（2）农村普惠金融监管主体协调合作机制不完善

在中国人民银行和中国银保监会职能分离以后,人民银行不能开展对相关机构经营风险的管理,虽然保留了部分现场检查权,但这种现场检查的范围、频率均受到了较大限制。人民银行和银保监会的监管合作需要进一步加强。虽然人民银行已和银保监会签署了针对县域金融机构的联合监管备忘录,但具体操作尚在探索中,还没有形成实效。另外,由于县域没有保险、证券监管机构,并且县域金融监管信息共享机制也不完善,难以对县域保险、证券机构业务情况进行全面监测、统计。

（3）农村普惠金融监管法规和方式滞后

现今我国金融监管法规中没有专门针对具有自身独特属性的农村普惠金融所颁布的基本法律、法规。与此同时,新型农村金融机构的不断出现更加导致了相关法规的不完备性。尽管国家尽量加快立法速度,但是农村金融的复杂性和金融组织的多样化导致了立法和执法、司法在一定程度上必然的脱节。这就使得目前农村金融监管方式无法适应农村普惠金融体系的快速变革,导致金融监管方式的落后。

第二节　中国农村普惠金融发展问题的形成机理

中国农村普惠金融发展最核心的问题就是农村普惠金融资源配置的问题。资源配置通常是指在一定的范围内,社会对其所拥有的各种资源在其不同用途之间进行分配。从资源配置的形式来看,一般认为存在两种主要形式:一是计划配置,二是市场配置。计划配置是由政府根据预测和目标直接进行资源的配置,市场配置是通过价格波动来间接进行资源的配置。从国内外经济发展的理论和实践来看,相对于计划经济来说,市场经济在资源配置方面更加具有活力和效率。但市场不是万能的,当市场机制不能对稀缺资源进行有效配置时,就产生了市场失灵。当出现市场失灵时,需要政府干预去解决市场机制的内在缺陷。但是,政府也不是万能的。在力图弥补市场失灵的过程中,政府干预行为本身的局限性会导致另一种非市场失灵,即出现政府失灵。

中国农村普惠金融资源的配置也取决于政府和市场这两种资源配置方式共同的动态演进和发展。今天中国农村普惠金融发展中所出现的问题,是新中国成立 70 年来伴随着中国经济发展和金融改革逐步形成和积累的,有其深刻的历史背景和现实环境。在这个过程中,政府和市场在农村普惠金融资源配置上失灵也成为中国农村普惠金融发展问题的形成机理。

一、政府失灵——基于金融制度变迁的视角

(一)二元经济与二元金融的形成:改革开放前中央政府的战略推动

1. 中国农业支持工业发展战略的历史

新中国成立后,基于对当时国内外政治经济局势的判断和考虑,并受到苏联的影响,政府确立了重工业优先发展的国家战略。然而,新中国成立初期,百废待兴,资源和资金的短缺成为制约资源密集型的重工业发展的最大问题。面对这种情况,中央政府同样借鉴了苏联的农业支持工业发展的战略,即排斥市场的作用,通过政府对资源的直接配置索取农村剩余以支持工业的发展。此后,农村成为支持我国工业化发展的重要资金来源。工业对农村剩余的索取是通过农业税收、工农业产品价格"剪刀差"方式、农村储蓄三种方式进行的。冯海发(1993)对新中国成立以来农业为工业发展提供资金积累的数量进行了估算。按照他的估算,1952—1990 年,通过农业税收的方式为工业积累资金约1527.8 亿元,以工农业产品价格差的方式为工业积累资金约 8708 亿元,以农村储蓄的方式为工业积累资金约 1358.2 亿元。通过这三种方式,1952—1990 年,我国农业为工业化提供资金积累的总量达 11594 亿元。农业为工业发展积累

资金做出巨大贡献的另一方面是农业资金的持续流出,在上述一段时期,农业资金的净流出量达到了 9528 亿元。

2. 二元金融:国家垄断金融的制度安排

在农业支持工业发展的国家赶超战略推动下,加上农村集体土地制度、城市和农村二元户籍制度对农村人口流动的固化,使得工业和城市得到了优先的发展,而农业和农村则发展缓慢。由此,我国形成了典型的二元经济结构。这个概念首见于刘易斯(W.A.Lewis,1954)在他的著名论文《无限劳动供给下的经济发展》一文中建立的发展中国家的"二元经济"的古典模型。二元经济结构的形成,使得国家经济体系分化为城市经济和农业经济,城市经济内部形成了城市金融体系,而农业经济内部形成了农村金融体系。由此,我国形成了二元金融结构,即中国金融也存在代表传统部门的农村金融和代表现代部门的城市金融两个相对独立和分割的金融部门。

在农村金融制度安排方面,国家对农村金融体系的构建和安排仍然是围绕城市工业化目标,按照二元经济和二元金融的逻辑建立和发展起来的,是一种城市偏向性的金融安排。陈斌开等(2013)认为这种金融体系的本质是推行"重工业优先发展策略"而内生出来的一种融资制度安排。这种制度安排的核心是国家采取国有垄断的金融产权形式,把农村金融机构作为在农村为工业发展筹措资金的配套单位。以国家垄断为基本特征的农村金融制度安排,使得农村金融机构源源不断地把农村资金转移到工业和城镇。在农村金融资源本来就匮乏的情况下,农村变成了工业和城镇金融资源的净供给者,而多数农户和涉农企业反而很难从农村金融机构获得金融资源。这必然使得农村金融供给不能满足需求,出现农村金融供给和需求的不均衡。

(二)二元金融的存续:改革开放后政府的强制金融制度变迁

1. 1978—2005 年的政府金融制度安排

改革开放后,我国开始由计划经济体制向市场经济体制转变,同时国家也加大了金融体制改革力度,但我国城乡的二元经济结构和二元金融结构并没有得到明显的改善。相对于农业的弱质性和低增长率,工业发展的速度更快,改革开放后经济发展的动力使得政府仍然把发展工业作为优先的战略,需要农业持续向工业发展提供资源。与此相对应的是,改革开放后的农村金融制度改革仍然是以政府主导的强制性制度变迁为特征的,即政府通过行政命令的方式对原有的金融制度安排进行变革、替代或创造新的金融制度。

改革开放后,计划经济体制向市场经济体制的转变使得政府失去了对资金的绝对控制权,中央财政财力出现不足,原有的金融体制安排已不能满足政府继续为工业化发展和城镇建设筹措资金的需要。在这种情况下,国家组建了以工、农、中、建四大国有银行为主体的国有独资专业银行,并在全国各区域大量铺设网点,迅速形成了四大国有银行的垄断地位。这一时期,四大国有银行在农村的网点继续发挥了农村资金外流渠道的作用。经过多年的运营,四大银行县级分支机构的普遍亏损表明以吸存为目的的大规模铺设网点的策略难以为继。对此,1998 年,中国人民银行发布了《关于落实国有独资商业银行分支机构改革方案有关问题的通知》,四大国有银行开始大规模撤并网点,这其中又以农村地区的网点为撤并重点,导致农村地区的金融网点大规模减少。此后,农村信用社成为农村地区机构的主力,但远不能满足农村金融发展的需要。

2. 2006 年至今的农村金融增量改革

为了解决农村金融网点偏少、金融供给不足的困境,农村金融开启了增量改革模式。2006 年 12 月,银保监会颁布相关文件,提出要在农村增设村镇银行、贷款公司和农村资金互助社等三类新型农村金融机构,以扩大农村金融服务供给。经过多年的发展,三类新型农村金融机构在数量上有了很大的发展。

按照金融监管机构的意图,这些新型农村金融机构应该是布局在金融网点稀少的农村地区,特别是西部农村地区,为服务"三农"、增加农村金融供给发挥显著的作用。然而,经过将近 10 年的发展,政府主导的金融增量改革安排并没有达到预期的效果。村镇银行因政策优势更受投资者青睐,截至 2014 年年底,共设立村镇银行 1153 家,占新设立新型农村金融机构的 94.82%,而贷款公司和农村资金互助社发展缓慢,数量稀少,作用甚微。对于村镇银行,梁静雅等(2012)对村镇银行设立和运营状况进行了分析,发现在村镇银行的设立地点上,金融资本延续着向发达地区聚集的趋势,在中西部省份布局的机构和网点偏少。另外,村镇银行的贷款呈现出大额化、脱农化、短期化等现象。彭向升(2013)也发现村镇银行由于设立制度的弊端、涉农贷款风险大、政策激励措施缺失等原因逐渐偏离了服务"三农"的政策宗旨。我国农村金融增量改革模式也出现了政府失灵。

二、市场失灵——来自经济学的一般解释

市场失灵理论认为：完全竞争的市场结构是资源配置的最佳方式。但在现实经济中，完全竞争市场结构只是一种理论上的假设（如理性经济人、产品同质、信息对称、市场进出自由等），这些假设的前提条件很难实现。由于外部性、垄断、信息不对称等因素，仅仅依靠价格机制来配置资源无法实现帕累托最优效率，出现了市场失灵。我国农村金融市场同样存在农业的外部性、农村金融市场的垄断性和信息不对称性等市场失灵的因素。另外，我国的农村金融市场是在我国由计划经济体制向市场经济体制转变的过程中通过金融体系改革建立起来的。目前这种变革还在持续当中，农村金融市场机制发育还不完善，市场体系还未完全建立，农村金融市场不可避免会出现市场失灵现象。

（一）农业的外部性

外部性这个概念最早是由英国经济学家阿尔弗莱德·马歇尔（Alfred Marshall）提出的。外部性分为正外部性和负外部性。正外部性是某个经济行为个体的活动使他人或社会受益，而受益者无须花费代价；负外部性是某个经济行为个体的活动使他人或社会受损，而造成外部不经济的人却没有为此承担成本。

从理论上讲，一般认为外部性的存在是市场机制配置资源的缺陷之一。也就是说，存在外部性时，仅靠市场机制往往不能促使资源的最优配置和社会福利的最大化。对具有正外部性的产品来说，完全依赖私人市场很难达到供需的均衡。因为正外部性产品的供给者在不能完全享有其行为产生的收益，且生产成本也并不因此而减少的情况下，没有足够的动力对正外部性产品进行投资，由此造成整个社会中正外部性产品的供给低于需求。

农业生产具有很强的正外部性。农业生产是人类最基础的生产活动，也是人类生存的基础。另外，不仅农业生产是人类生存的基础，而且农业的发展还是人类进行其他物质生产的基础和前提，即其他产品如工业产品的生产是建立在农业生产率提高的基础上的，只有农业生产率提高到超过劳动者个人需要的程度上，人类才能进行其他的劳动和生产，也就是"农业劳动是其他一切劳动得以独立存在的自然基础和前提"。农业生产率越高，越能为工业和其他部门提供更多的剩余劳动力和剩余产品，支持工业和其他产业的发展。另外，美化环

境、净化空气、保持水土等都是农业正外部性的表现。尽管现代的农业生产也具有负外部性，如现代农业出现的环境污染和食品安全问题，但农业生产最主要的是表现出正外部性。

农业的这种正外部性使得农业生产的社会收益大于产业收益，生产者个人的收益小于社会收益。然而，农业生产的这种正外部性并没有通过农产品的市场交易获得补偿。相反的是，农产品在市场交易中却处于弱势地位，这是由于中国农业耕作方式和技术的相对落后使得中国农业生产的效率较低，工农业产品价格"剪刀差"方式又使农业生产的收益进一步流失。农业的正外部性使得农村金融机构向农业提供的金融服务也具有正外部性，也就是农村金融服务的社会收益大于金融机构的收益，但农村金融机构并没有从提供农村金融服务中获得足够的补偿，这就导致农村金融服务实际供给小于社会最优的供给量，从而产生了市场失灵。

（二）农村金融市场的垄断性

按照经济学的解释，垄断市场就是指整个行业中只有一个或极少数的厂商的市场组织。垄断市场会产生垄断行为，即排除、限制竞争以及可能排除、限制竞争的行为。经济学家普遍认为垄断对于市场效率的作用是消极的，这主要源于在垄断条件下，经济主体能够从自身收益最大化出发，以高于边际成本的价格在市场上进行销售，使市场均衡销售量降低，从而偏离了帕累托最优状态，使市场效率降低。形成垄断的主要原因有三个：一是自然垄断，生产成本使一个生产者比大量生产者更有效率，这是最常见的垄断形式。二是资源垄断，关键资源由一家企业独有而产生的垄断。三是行政垄断，政府给予一家企业排他性地生产某种产品或劳务的权利。

中国农村金融市场是以政府主导的强制性制度变迁为特征的，即政府通过行政命令的方式对原有的金融制度安排进行变革、替代或创造新的金融制度。一直以来，金融机构的设立采取的就是政府主导的公有产权形式，是一种典型的行政垄断。

对中国目前农村金融市场垄断性影响最大的一次金融改革是在20世纪90年代。1997年11月，党中央、国务院在北京召开全国金融工作会议，开始对全国金融深化改革。1998年，中国人民银行发布了《关于落实国有独资商业银行分支机构改革方案有关问题的通知》，四大国有银行开始大规模撤并网点，这其中又以旨在服务农村地区的农业银行撤并的网点最多，导致农村地区的金融网点大规模减少。而作为政策性金融机构的农业发展银行，其业务拓展有限，本身就不是一个竞争性的金融机构。这使得农村信用社在农村金融市场形成了垄断地位。

然而由于垄断性本身的缺陷和农村信用社自身的原因，长期以来农村信用社未能发挥提供农村金融服务的主力作用。首先，农村信用社名义上是合作金融，但其产权是不清晰的。久拖不决的"产权缺失"又导致农村信用社机构自身治理及内控结构的疏失和异常普遍的"内部人控制"。这就使得农村信用社难以成为真正的市场主体并按照市场化规则经营，陷入营利与社会责任难以兼顾的困境。其次，在信贷价格上，农村信用社凭借垄断地位和政府给予的特殊政策，一般对农户贷款和涉农中小民营企业等贷款收取的利率都上浮 50% 以上，而且这类贷款在农村信用社贷款占比较高，是农村信用社主要利息收入来源，其结果是信用社侵占消费者（农户及农村企业）剩余。最后，在农村金融市场的垄断地位使得农村信用社金融交易效率低下，金融交易成本增加，缺乏开拓市场的动力和压力，金融产品和服务创新不足，无法满足农村金融市场多样化的金融需求。农村金融市场由于农村信用社的行政垄断地位而出现了市场失灵。

（三）农村金融市场的信息不对称性

传统的经济学理论通常假设市场交易双方都具有完全的信息。然而，在现实经济活动中，产品的卖方和买方对产品的质量、性能等所拥有的信息是不对称的。通常产品的卖方对出售的产品拥有更多的信息，而产品的买方对所要购买的产品拥有更少的信息。掌握信息比较充分的人员比信息贫乏的人员在交易中处于更有利的地位。信息的不对称可能导致逆向选择，造成市场的失灵，即在同一价格标准上低质量产品排挤高质量产品，减少高质量产品的消费甚至将高质量产品排挤出市场，这在经济学中被称为"柠檬问题"。

我国农村金融市场所面临的信息不对称问题也非常普遍。在信贷市场上，通常是借款人更具有信息优势，对自己的信用状况、还款能力、借贷用途更为清楚。而贷款人则处于信息弱势的地位，只能通过借款人提供的资料进行判断。对于金融机构来说，抵押品是判断贷款风险的最有效的信息，但大多数农户和涉农中小企业难以提供符合金融机构要求的抵押品。再加上大多数农户和农村企业的信用活动处在非常低的水平,农村地区的征信信息系统不够健全,金融机构很难获得足够的贷款决策信息。这就使得那些需要获得信贷的农户和中小企业无法获得金融支持。

农村金融市场的信息不对称性也会产生"逆向选择"的问题。一般情况下投资的风险和收益是呈正比的。风险较高的投资者其预期利润率也较高,愿意支付更高的利率,而风险较低的投资者其预期利润率也较低,愿意支付的利率也较低。在农村金融市场利率较高的情况下,风险较高的投资者愿意支付高利率获得贷款,而风险较低的投资者则会不愿支付高利率而退出市场。这样市场上留下来的就会是高风险的借贷者,从而加大农村金融市场的风险。

在农村金融市场上,信息不对称还会引发获得贷款之后的道德风险问题。一是借贷者可能改变借贷的用途,从而增加还款的风险。二是农村存在信用意识不强、违约成本较低等问题,这可能引发拖延还款甚至拒绝还款的问题。这些都会导致农村金融机构呆坏账的增加,从而引发农村金融机构在涉农贷款上采取更加谨慎和保守的策略,减少农村金融服务的供给。从以上分析可以看出,农村金融市场的信息不对称问题也会引发市场失灵问题。

第三节　中国农村普惠金融发展问题的归因分析

在中国农村普惠金融体制变革的过程中,政府和市场在农村金融资源配置上的失灵成为中国农村普惠金融发展问题的形成机理。问题在于,为什么中国农村普惠金融发展过程中会出现政府和市场的双失灵。从中国农村金融制度变迁的视角来看,政府对农村金融市场的不当干预导致了政府失灵;从"理性经济人"假定的视角来看,中国农村金融机构成本和收益的不对称导致了市场失灵。但政府与市场的机制和作用不是相互孤立的,而是相互影响和制约的,政府与市场关系的不当处理成为中国农村普惠金融发展问题的根本原因。

一、政府失灵——政府对农村金融市场的不当干预

从新中国成立至今,中国农村金融体制改革基本上是在政府的主导下强制

性的制度变迁。在改革开放之前,这主要取决于我国的计划经济体制和高度集权的政治经济秩序,政府在金融资源配置上也处于绝对主导地位。在改革开放之后,我国开始由计划经济体制向市场经济体制转变,但政府主导下的农村金融体系的改革却滞后于农村的经济制度变迁。造成这种滞后的原因主要有:

一是政府主导的国有金融机构在农村金融市场处于垄断地位,农村金融体制内部的利益团体缺乏制度变迁的动力。

二是在由计划金融体制向市场金融体制转轨的过程中,没有现成的模式可以借鉴,金融制度转变的知识和经验比较缺乏。

三是政府部门基于金融安全的审慎性,为了严格防范金融风险和维护金融体系安全,采取比较保守的渐进性改革策略,以保持金融制度的稳定性、连续性和减少摩擦成本。

政府往往是从自身的需求函数出发来推进农村金融改革,从便于管理和控制的角度出发来界定改革的目标和战略、设计改革方案。以农业银行为例,农业银行的几次撤并都是政府按照服务于当时经济发展的目标实施的。当需要加强控制农村金融资源时,就大规模在农村铺设网点;当基层分支机构成本过高,经营难以为继时,就大规模撤并农村基层的分支机构和网点。政府按照自身效用最大化的原则强制性推动农村金融制度变迁,并不是农村经济主体自主性行为,导致了自下而上的诱致性制度变迁的创新路径被严重堵塞。这种政府主导的强制性制度变迁其结果往往与农村金融市场需求脱节,导致农村金融市场有效供给不足。

二、市场失灵——普惠金融成本与收益的不对称

“理性经济人”假定是经济学家在做经济分析时关于人类经济行为的一个基本假定,这个假定最早由英国经济学家亚当·斯密(Adam Smith)提出,意思是作为经济决策的主体都是充满理性的,即所追求的目标都是使自己的利益最大化。基于“理性经济人”假设,在市场经济条件下,任何一个经济主体在进行经济活动时,都会考虑具体经济行为在经济价值上的得失,进行经济决策行为的成本收益分析。成本收益分析的目的是通过衡量具体经济行为的预期成本

和预期收益追求自身效用的最大化。[1]

我们可以认为中国农村金融机构也符合"理性经济人"的假定。在对具体的普惠金融服务进行决策时,农村金融机构也会进行成本收益分析。中国农村金融市场失灵的形成机理包括农村金融的外部性、农村金融市场的垄断性和信息不对称性等因素。这些因素会造成农村金融机构在提供普惠金融服务时面临成本和收益不对称的问题,这也成为农村金融市场失灵的直接原因。

首先,农业的正外部性使得农村金融机构向农业提供的金融服务也具有正外部性,尤其是在目前我国农村大部分农户和中小企业信贷活动水平比较低的情况下,先期进入尚待开发的农村金融市场的金融机构会面临拓荒成本。拓荒成本是指在对大部分借款人信息不了解的情况下,需要对客户进行筛选并提供额外的金融服务(如对客户进行金融制度和规则的培训、开发新型贷款产品等),由此而产生的成本。由于客户信用信息的社会共享和金融教育服务对金融服务环境的提升等可以使其他竞争者免费获得拓荒过程带来的收益,这些拓荒活动具有正外部性,产生的社会效益会高于私人收益。但拓荒者的成本和收益很难内部化,使得金融机构提高金融服务供给的激励降低。

其次,我国农村金融市场的垄断形成原因不是自然垄断和资源垄断,而是行政垄断,这排斥了可能存在的竞争。按照经济学的基本原理,在长期均衡中,相对于竞争市场中的厂商,垄断厂商没有以可能的最低成本进行生产,所生产的产量也小于在完全竞争市场中应该达到的产量。在我国农村金融市场上处于垄断地位的农村信用社又面临"产权缺失"和由此导致的自身治理及内控结构的疏失和异常普遍的"内部人控制"问题。这些问题也会导致农村信用社的管理成本、监督成本和运营成本的增加。

再次,我国农村金融市场所面临的信息不对称问题非常普遍。大多数农户和农村企业的信用活动处在非常低的水平,农村地区的征信信息系统不够健全,金融机构很难获得足够的贷款决策信息。因此,金融机构需要在贷前进行信息的收集和甄别。农户和中小企业比较分散、规模小、生产经营的不规范性等问题,使得信息收集和甄别的难度很大,成本较高。另外,在贷款之后,信息的不对称和信用体系的缺失容易引发道德风险,又使得金融机构在贷后的监督

---

① 彭庆超.金融科技在农村的推广及对策[J].青海金融,2018(11):27-30.

成本增加。一旦金融机构面临违约,通过法律途径追究违约责任时,又会面临较高的司法执行成本。

因此,农村金融市场的信息不对称性直接导致金融机构面向农村提供信贷时要承担较高的成本。从收益上来讲,农村农户和中小企业的贷款具有"短、小、频、急"的特点,很难产生规模经济和效益,期望收益较小。农村金融市场的信息不对称所导致的成本与收益的不对称使得农村金融机构在农村的信贷服务必然出现缺口,使得金融服务的供给远远小于实际的需求。

三、政府与市场关系的不当处理

尽管经济学家对政府与市场的关系争论不休,但实行市场经济,让市场机制在资源配置上起决定性作用却成为世界上大多数国家实践和理论的共识。实践证明,市场经济是最有活力的经济体制。我国改革开放的目标就是要建立充满活力的市场经济体制。但市场经济体制改革不是要排斥政府作用,我国经济社会发展实践表明,完善社会主义市场经济体制,既要以市场的良好运行为前提,又要以政府宏观调控的充分发挥为条件。

我国农村金融市场体制改革是在国家总体经济体制改革的框架下进行的,其目的也是要建立充满活力的农村金融市场体系。但由于上述所提到的国有金融机构的垄断,制度转变经验的欠缺和金融监管安全的审慎等原因,我国农村金融市场体系的改革落后于中国经济体制乃至于中国农村经济体制改革的步伐,使得我国农村金融仍面临供求不均衡、金融基础设施薄弱等问题。这种改革的滞后性带来的农村金融问题其根本原因就是政府与市场关系的不当处理。这主要表现为政府在农村金融改革过程中的越位和缺位。

(一)政府在农村金融改革过程中的越位

在改革开放之前,政府在金融资源配置上处于绝对主导地位。改革开放后,政府从自身的需求函数出发来推进农村金融改革,这种政府主导的强制性制度变迁其结果往往与农村金融市场需求脱节。另外,作为中央政府代理人的地方政府,其各种行为也会直接或间接影响地方农村金融的发展。尤其是1994年我国在施行分税制改革后,地方政府的财力相对弱化,财权事权严重不匹配,形成了地方政府过度干预区域金融资源的重要经济动因。尤其是在

GDP 等经济指标考核的压力下,地方政府设法控制各种资源推动投资和经济增长,提升政绩。由于一般情况下,地方城镇的非农产业经济总量增长快,税收贡献大,容易出政绩,地方政府在财力弱化的情况下就面临控制农村金融资源以支持非农产业发展的激励。地方政府通过介入金融机构人事安排,控制信贷的投向和规模等方式使金融资源更多流向政府规划的项目当中。这种政府对农村金融资源配置的干预扰乱了市场机制作用,不可避免地导致了农村金融资源的"脱农化"和金融资源的低效率使用,体现出了政府在农村金融改革过程中的越位。

（二）政府在农村金融改革过程中的缺位

农村金融基础设施薄弱也成为制约中国农村金融发展的重要原因。中国农村金融基础设施建设在支付结算体系、征信体系、金融法规和监管体系等方面仍有许多不完善之处。金融基础设施是经济社会中的"软"设施,它属于公共产品范畴。而市场在公共产品的供给上往往出现失灵的状况。因此,政府应作为金融基础设施建设的主体,作为金融基础设施建设的主导者和参与者,加强支付结算体系、征信体系、金融法规和监管体系的建设。而我国目前农村的支付结算体系相对于城市地区来说还比较落后,农村征信信息系统建设还不健全。这些问题增加了农村金融市场主体的交易成本,使以利润为导向的金融机构脱离农村金融市场。我国农村金融法规体系还不完善,农村金融监管滞后,监管基础薄弱。这些问题使得农村金融市场主体成长的市场约束不足。中国农村金融基础设施的不完善,说明农村金融市场中政府"有形的手"在有效配合市场"无形的手"发挥作用方面仍待加强,政府在农村金融改革过程中还存在缺位问题。

第四节　中国农村普惠金融发展问题的对策探究

一、提高农村互联网普及率

"互联网＋"背景下,综合电商平台和"三农"服务商逐渐布局农村金融市场,推出适合农村市场的金融产品。各助农 P2P 平台也进军农村领域,为解决农村资金供需不平衡做出了一定贡献。传统金融机构一改以往传统金融业务不能深入农村市场的弊端,进行互联网化转型,真正做到扎根农村。互联网是各主体参与农村金融市场的途径,但目前农村市场仍存在互联网基础设施不健全的问题,与城市互联网普及率仍存在一定差距,所以只有加快农村互联网的普及,才能真正推动农村普惠金融的发展。完善农村互联网基础设施,一是加强政策引导。政府有关部门应对农村互联网基础设施建设给予一定的政策扶持,可以建立农村互联网建设专项补贴资金,对接入互联网的用户进行补贴。目前农村地区地理环境较差、居住分散,互联网建设、维护、使用成本均高于城市,而农民收入水平又显著低于城市居民,需要政府对农村互联网用户进行补贴,从而降低农户接入互联网的成本。同时,在运营商方面,政府应给予一定的优惠政策,努力降低农村互联网的建设成本。二是建设和应用相结合。要让农民切实将互联网应用起来,真正体会到农村互联网建设的必要性,才能促进农村互联网可持续发展。

二、借助"互联网＋"推动农村金融机构多层次发展

(一)加快推进农村传统金融机构与互联网融合

面对农村互联网金融不断崛起的趋势,农村传统金融机构应运用"互联网＋"思维,将互联网金融的理念、技术与传统金融结合,利用自身线下优势创新产品和服务,大力发展手机银行、网上银行等业务,也可以尝试线上贷款业务申请、审批、放款为一体的全自动化处理,为农户、农村小微企业提供方便快捷的融资服务。同时,金融监管部门应加大对传统金融机构的政策扶持,在风险可控的前提下,适当放宽农村传统金融机构理财、贷款等业务的准入门槛,适当放宽村镇银行开办银行卡、银行承兑汇票、网上银行、手机银行的审批准入等,从而提升传统金融机构竞争能力,使传统金融机构有更大的空间来开展互联网金融业务。

(二)促进农村互联网金融线上线下同步发展

目前互联网金融在农村存在"强线上、弱线下"的弊端,阻碍了其在农村市场的发展。对于互联网金融线下服务滞后于线上业务的问题,互联网金融机构

和企业可发展线下代理商,针对农村客户需求,立足农村经济实际,进一步完善金融服务点的业务和功能,发展扩大代理商的数量,完善代理商的业务种类,加大开发设计线上线下深度融合的互联网金融模式,进一步提升农民获得金融服务的便利性。

(三)传统金融机构与互联网金融机构错位竞争

传统金融机构在农村市场具有网点、资金、风险管理上的极大优势,而互联网金融机构在农村发展迅速,产品多样,以创新力、大数据优势打通金融服务"最后一公里"。但是无论是传统金融机构还是互联网金融机构都不可能独占农村金融市场,只有将传统金融机构的深度与互联网金融机构的广度相结合,优势互补、协同创新、错位竞争,才能真正实现普惠金融的目标。所以农村互联网金融机构应采取与传统金融机构合作的形式,共享商户资源与客户信息,开展综合性金融服务网点建设,在广大农村地区设立集银行、保险、证券、理财为一体的线上线下同步发展的综合性金融服务站,实现"互联网+"背景下网点职能的拓展,将线上交易和线下服务有机结合,为农户提供全方位的金融服务。在农村金融市场,许多传统金融机构在农村的小卖店、超市等设置了便民金融服务点,虽然此类金融服务点尚处于起步阶段,网点数量不多且较为单一,但这种形式的服务终端实质上完全可以作为互联网金融机构的线下代理点。互联网金融机构可以在面向农村客户需求、立足农村经济实际的基础上,发展传统金融机构作为代理商,借助传统金融业的通道,加大开发设计方便农村用户的O2O金融服务平台。

三、为农村普惠金融搭建安全网

(一)完善农村大数据征信体系

信用是所有金融服务有效进行的保障,尤其是在农村互联网金融领域征信基础的建设尤为重要。目前农村互联网金融利用大数据征信,存在各自的征信标准,各平台的征信数据差别很大,以致难以统一,不能实现共享,而互联网金融的违约成本极低,恶意骗贷、卷款跑路等问题时有发生。建议国家根据各互联网金融企业的各自特征制定统一完善的征信标准,实现互联网金融全行业信息共享。在互联网金融企业征信标准不断完善和不断统一的条件下,应积极推动互联网金融全面接入中国人民银行的征信系统,建立互联网金融和传统金融对接机制和信用信息共享机制,实现信用信息更大范围的共享。中国人民银行征信系统没有囊括农村地区农户的征信信息,而农村互联网金融需要收集、整理和加工其平台上农户的信用信息,因此将互联网金融征信体系与中国人民银行的征信系统对接,可以实现两者的相互促进和相互补充,有效防范互联网金融特有风险和整个金融市场的系统性风险。

（二）建立农村金融风险防范体系

"互联网＋"背景下的农村金融风险呈现日益多样化、复杂化的特点,风险防范是"互联网＋"背景下农村普惠金融发展的前提和保障,相对城市金融市场而言,农村金融市场无论是规范化程度还是市场环境都不够完善,交易主体的风险防范意识和防控能力较差,而互联网可能会放大农村金融风险,造成农村金融风险更大范围传播,所以对于"互联网＋"背景下的农村金融风险的防范要求更高。农村互联网企业可利用拥有数据信息和平台的优势建立专业的风险防控部门,充分利用大数据挖掘技术对风险进行全方位的预测,把握好风险判断的标准,及时发现风险隐患以降低实际风险发生的概率。此外,在"互联网＋"的推动下,农村金融市场出现了许多新的金融产品,同时也伴随着新的金融风险,农村互联网金融企业必须把握产品创新和风险防控的平衡,避免过度创新引起风险的扩大。农村互联网金融参与者应提高风险识别能力,选择安全的网络环境进行业务操作,应尽量通过正规渠道或者官方网站下载网银类、支付类 App,确保支付终端安全可靠,通过支付密码以及短信验证相结合的方式来支付,加强对个人隐私、账户、密码等信息的保护意识。此外,农户应多了解各互联网金融欺诈行为,提高自身对问题金融产品和问题平台的识别能力。

（三）完善农村互联网金融监管和法律体系

1. 完善农村互联网金融监管体系

对于农村普惠金融而言,农村群体不仅要享有同等金融服务的路径,还要有同等的监管体系,而目前农村金融市场上的互联网金融监管与传统金融监管仍然存在不同之处,2018 年中国人民银行发布了《中国金融稳定报告（2018）》,其中明确对 2017 年以来我国金融体系的稳健性状况进行了全面评估。报告认为,2017 年以来特别是进入 2018 年,世界政治经济格局发生深度调整变化。

外部不确定性的增加,使得中国经济金融体系面临的外部环境日趋复杂。即便如此,在世界主要经济体中,中国经济仍然保持了较高增长水平,而且随着防范化解重大风险、精准脱贫、污染防治三大攻坚战的展开,经济增长质量持续改进,供给侧结构性改革在复杂多变的环境中持续向前推进,中国金融体系弹性增强,金融运行总体稳定。

报告认为,2017年全国金融工作会议召开,关于未来一段时期金融改革发展和维护金融稳定的大政方针和顶层架构已经确立,2017年年底国务院金融稳定发展委员会成立,2018年"两会"后又进一步强化和完善,监管体制也做了调整。在新的架构下,金融监管协调机制切实加强,货币政策、财政政策、监管政策、产业政策之间的协调机制更加有效,以央行为核心的宏观审慎管理理念和框架逐步确立,系统性风险防范机制进一步强化。在推动防范化解风险的各项政策时,金融管理部门也十分注意把握好政策节奏和力度,加强预期引导。2017年以来的一系列措施收到了显著成效,宏观杠杆率过快上升势头得到遏制,金融风险总体收敛,金融乱象得到初步治理,资管业务逐步回归代客理财本源,债券市场刚性兑付有序打破,市场约束显著增强,金融机构合规意识、投资者风险意识显著提升。总体看,我国经济金融风险可控,不会发生系统性风险。

2. 完善农村互联网金融法律法规体系

我国目前对于互联网金融领域的法律法规处于缺失状态,且基于传统金融制定的法律法规体系无法与现有的互联网金融监管理念相匹配,导致互联网金融法律定位不明,违法犯罪频繁发生,使互联网金融很难稳定发展。因此,我国应加快互联网金融的立法进程,促使其走向规范化,为互联网金融机构提供良好的法律支撑环境。建议相关监管部门对不同互联网金融模式的市场定位、业务范围、监督管理等进行规范,针对不同的互联网金融模式出台有针对性的、多层次的法律法规,使各互联网金融主体明确自己的发展方向。此外,在制定制度规章时除区分各项互联网金融业务的区别外,还需要充分考虑城市与农村的区别,这就需要发挥各地政府因地制宜的优势,制定完善的农村互联网金融的准入规则和退出机制,为农村普惠金融发展营造安全的"互联网+"环境。

四、加强政府的支持力度

(一)加强政府支持

农村互联网金融企业的发展需要政府加快出台与农村互联网金融相关的指导意见和优惠政策,健全政策的实际操作性和对应的考核机制。政府的政策制定要遵循"公平、公开、公正"的原则,并且符合农村互联网金融实际,广泛听取各方意见,制定过程要公开化、透明化。此外,在政策的实施阶段,政府要加强宣传,提高政策的认知度,使农村互联网金融企业能及时了解、熟悉和掌握政策。2015年出台的《关于促进互联网金融健康发展的指导意见》明确提出"对于业务规模较小、处于初创期的从业机构,符合我国现行对中小企业特别是小微企业税收政策条件的,可按规定享受税收优惠政策。结合金融业营业税改征增值税改革,统筹完善互联网金融税收政策。落实从业机构新技术、新产品研发费用税前加计扣除政策"。农村互联网金融企业除享受上述税收优惠外,应考虑农业税费的优惠政策,在原有优惠政策的基础上采取更多间接优惠的方式,如延期纳税、投资抵免等方式。保持好税收政策的稳定性,让农村互联网金融企业得到更多的优惠。此外,政府可以设立专项资金用于扶持农村互联网金融企业的发展,对发展良好的企业给予奖励,促进农村互联网金融发展的质量和效益。

(二)加强农村互联网金融人才培养

互联网金融行业不要求人才资源与机构所在地完全一致,可以改善我国农村相对于城市而言人才短缺的局面,政府可以以现有的金融从业人员或互联网金融从业人员为基础,为农村金融市场培养复合型人才。一方面应注重对从业人员进行与互联网金融技术相关的培训。政府应定期组织对农村金融从业人员进行相关信息技术方面的培训,培养适合农村金融市场的从业人员。另一方面应注重从业人员创新能力的培养。目前在农村地区各互联网金融产品层出不穷,客户需求也呈现多样化的趋势,农村互联网金融企业应结合市场需求,在国家政策法律允许的前提下不断创新金融产品,推出适合农村群体的金融产品。

五、在农村加强金融知识宣传教育

一是广泛利用电视、杂志等各种各样的媒体渠道向农村地区普及金融基础知识。针对不同农村群体,有针对性地开展金融知识宣传教育活动。此外,"互联网＋"背景下各农村普惠金融参与主体应对农民进行各种业务的培训,可以派工作人员一对一帮他们登录平台,演练操作过程。鼓励农民把各种与农村互联网金融平台相关的业务搬到线上来,每搬一单平台都要给予奖励,让农民切实体验农村互联网金融,提高农民的参与度。

二是培养农村群体金融风险意识。以农村互联网金融业务创新为重点,广泛开展金融风险防范宣传教育,提高农民的风险防范意识。重点加强与金融消费者权益有关的信息披露和风险提示,引导金融消费者根据自身风险承受能力和金融产品风险特征理性投资与消费。

第五章　互联网金融视角下农村普惠金融发展的国际经验及借鉴

国内外众多理论和实践表明,金融发展与经济增长之间存在着正相关性,农村普惠金融同样对推动农村经济增长,促进金融公平具有重大的意义。为充分发挥农村金融服务体系的作用,国外许多国家都对农村普惠金融进行了有益的实践探索。本章分析以日本、美国为代表的发达国家和以印度、孟加拉国为代表的发展中国家在农村普惠金融发展上的实践经验,探索其机制和模式,旨在为进一步提升我国农村普惠金融体系建设,促进农村普惠金融发展提供国际经验借鉴与启示。

第一节　日本农村普惠金融发展经验及借鉴

一、日本农村普惠金融服务发展实践

日本国土面积狭小,人口密度大,其耕地资源有限并面临不断减少的趋势。为了保障粮食安全,日本高度重视农业和农村的发展。为了支持农业发展,日本的农村普惠金融体系逐步建立并得到完善。目前日本的农村普惠金融体系主要由政策性金融、合作性金融和完善的农业保险构成。

（一）日本农村的政策性金融

日本支持农业发展的政策性金融机构主要是日本农林渔业金融公库。1953年,日本政府依据《农林渔业金融公库法》,全额出资设立了农林渔业金融

公库,主要向经营农林渔业的个人及法人发放长期低利贷款,以促进日本农林渔业的发展。日本农业政策性金融的发展属于"需求追随型",政府根据不同时期农业发展的需要,对农林渔业金融公库的支持重点也不断调整。2008 年,日本政府依据《日本政策金融公库法》对其政策性金融体系进行改革,成立了日本政策金融公库株式会社。原有的农林渔业金融公库就演变成为日本政策金融公库的农林水产事业部,继续为农业发展提供金融支持。

农林渔业金融公库主要提供其他金融机构不愿提供的贷款,用于农业发展所需的固定资产投资和基础设施建设。贷款的特征是利率低,期限长。贷款利率一般为 2%,贷款的偿还期限平均为 17 年,有的可长达 33 年。由于利率长期倒挂,加之自身经营管理费用等因素,农林渔业金融公库常年亏损。对于这些亏损,政府一般会进行全额补贴,使其财务收支保持平衡。

(二)日本农村的合作性金融

日本农村合作金融是日本农协(农林渔业协同组合)所办理的信用事业。1940 年日本农地改革后,政府依据《农业协同组合法》成立农协。农协系统金融机构属于合作性金融,是农协系统的一个子系统。其下属的合作金融机构基本上是按行政区域划分的,分为三个层次:基层农协中的信用合作组织、都道府县的信用联合会和中央的农林中央金库。该组织采取农户入股参加农协、农协入股参加信农联、信农联入股参加农林中央金库的模式。这三级之间只有经济上的往来,实行独立核算,自负盈亏,并且不同层级的农协合作金融组织其服务对象的层次也有所区别。基层农协的信用合作组织主要面向农协成员;都道府县的信用联合会负责本区域的信用事业(储蓄与贷款),并指导基层农协的信贷业务;中央的农林中央金库负责全国农协系统的信贷事业。日本农协的合作金融组织以吸收农协成员存款为主要资金来源,其服务对象原则上也限定在本系统内。

(三)日本农村的农业保险体系

20 世纪 20 年代以后,日本通过立法建立了农业保险制度。1929 年颁布了《家畜保险法》,1938 年颁布了《农业保险法》,并于 1939 年开始正式实施农业保险计划。1947 年日本又颁布了《农业损失补偿法》,对农作物保险计划进行了改革,在全国范围内推行农业保险制度和农业灾害补偿制度。日本推行的农业保险制度实行法定保险和自愿保险相结合的原则,对一些主要农产品实行法定保险,其他农产品则实行自愿保险。另外,日本将农业保险和农业信贷进行了结合,农业保险制度规定,有农业信贷支持的农业保险标的要依法实行强制性投保,以确保农业信贷资金的安全性。在农业保险费率方面,日本政府对农户提供保险费补助,且保险费率越高,国库补贴就越多,如日本对稻类、麦类、家畜和果树等农林牧渔业产品的保费补贴达到了50%或更高的比例。

二、日本农村普惠金融服务的特点及经验借鉴

(一)日本农村普惠金融服务的特点

从日本的农村普惠金融服务发展实践来看,日本的农村普惠金融服务主要有以下特点。

一是农村普惠金融立法及时、完备。日本的农村普惠金融法律体系相当完善,颁布了诸如《农业协同组合法》《农业保险法》《农林渔业金融公库法》等一系列法律,并且相应的金融组织和体系都是在颁布法律后依法设立和建设的,具有较强的法律规范力度。

二是政府大力支持农村普惠金融服务。例如日本大力支持农协合作金融组织,给予基层农协较高的存款利率并对其贷款进行贴息和税收优惠,对政策性金融组织农林渔业金融公库进行补贴以保证其财务平衡,对农户的农业保费进行补贴等。

三是农村普惠金融机构定位明确,相互补充。日本农协的合作金融占主体地位,政策性金融较好地弥补了合作金融的不足,其农业保险体系又降低了农业信贷的风险。同时,政府还鼓励商业银行和非正规金融组织参与农村普惠金融服务。

(二)日本实践对我国农村普惠金融发展的经验借鉴

1. 农村金融发展应重视合作性金融和政策性金融的作用

日本的农林渔业金融公库充分发挥了农业政策性金融对农业支持和保护的特殊功能。而作为我国目前农村合作金融主体的农村信用社,经过十几年的商业化改革,其服务“三农”的力度和合作性金融性质都出现了弱化。农村金融的发展离不开合作金融,因此,需要重建中国农村的合作金融制度。我国的农

业发展银行是我国唯一的农业政策性银行,与日本的农林渔业金融公库相比,其业务范围和发挥的作用都需要进一步加强。

2. 农村普惠金融体系建设要立法先行

日本具有健全的农村普惠金融法律体系,如《农林中央金库法》《农业协同组合法》《农业信用保证保险法》等,为农村普惠金融的稳健运行提供了法律保障。并且相应的金融组织和体系都是在颁布法律后依法设立和建设的,如1938 年日本颁布了《农业保险法》,并于 1939 年开始正式实施农业保险计划;1974 年,日本颁布《农业协同组合法》,随后,政府依据《农业协同组合法》成立农协。日本农村普惠金融体系建设的立法先行保障了农村普惠金融活动的法律规范性。而我国目前农村普惠金融立法存在体系不完善、立法滞后的状况。因此,我国应加快农村普惠金融法律体系建设,弥补农村普惠金融活动中的法律缺位。

3. 农村普惠金融发展需要政府的大力扶持

日本的农村普惠金融体系的各个构成部分,无论是农协的合作金融、作为政策性金融机构的农林渔业金融公库,还是农村保险体系都得到了政府的大力扶持。这些扶持有资金上的,比如财政补贴;也有政策上的,比如税费优惠和存贷款差别利率等。政府在资金和政策上的扶持使得一些存在市场失灵的农村普惠金融领域也可以得到资金支持,对农业发展发挥了重要作用。相对来说,我国对农村普惠金融,尤其是政策性和合作性金融的经济和政策支持力度都需要进一步加大,以强化农村政策性和合作性金融的本质和作用。

第二节　美国农村普惠金融发展经验及借鉴

一、美国农村普惠金融服务发展实践

美国住在农村地区的人口仅占约 2%,从事农业生产的人不到 1%,但是美国却是一个农业大国,是世界上农业最发达的国家之一。美国农业的发展成就得益于美国完备有效的农村普惠金融体系。经过长期的探索和不断的改革,美国逐渐形成了以合作性金融体系为主、政策性金融体系为保障、商业性金融体系为补充、农业保险体系为保障的完备的、分工合理的农村普惠金融体系,较好地发挥了农村普惠金融对农业发展的支持作用。

（一）美国农村合作性金融体系

美国目前的合作性金融体系由联邦中期信用银行、联邦土地银行、土地银行合作社三大系统组成。这些农村金融合作组织最初都是在联邦政府的领导和出资扶持下组建起来的。其中,联邦中期信用银行是美国最重要的农业信用合作系统,主要解决农民中短期资金需要。联邦土地银行在全国设立 12 个信贷区,只办理长期不动产贷款,是农场主长期贷款的主要提供者。美国合作银行系统由 13 家银行组成,主要为合作社在农业设备、营运资金等方面提供金融支持。另外,美国通过法律对信用合作系统提供了有力的优惠政策,包括自主决定存贷款利率、免存款准备金、免税和建立存款保险等措施。

（二）美国农村政策性金融体系

根据美国的《农业信贷法案》,美国农村政策性金融主要为政府实施农业补贴和农村公平发展政策提供金融支持。在此原则下,美国形成了一个分工合理、相互配合的政策性金融体系。这个体系主要由农民家计局、商品信贷公司、农村电气化管理局、小企业管理局构成。农民家计局的资金来源主要有预算拨款和贷款周转基金,资金运用主要包括直接贷款和弥补自然灾害紧急贷款,另外也提供农民的贷款担保。商品信贷公司的资本金全部由国库拨付,主要提供农产品抵押贷款、发放各类农业补贴和仓储、干燥等设备贷款。农村电气化管理局资金完全由政府提供,设有农村电气化周转资金,主要是对农村电业合作社和农场等借款人发放贷款。小企业管理局资金来源于国会拨款的周转基金和回收的贷款本息,主要为小企业(包括小农场)提供金融服务。

（三）美国农村商业性金融体系

美国的商业银行是以营利为目的的私营金融机构,并不承担专门对农业进行金融支持的责任。但美国的商业银行本着营利性、安全性和流动性的原则,仍会发放一部分的涉农贷款。特别是处于农村地区规模较小的商业银行,其贷款份额中会有相当大比例的涉农贷款。另外,美国也通过相应的法律政策措施鼓励商业银行发放农业贷款。如美国联邦储备银行规定,凡农业贷款占贷款总额 25％以上的商业银行,可以在税收方面享受优惠。此外,联邦法律规定对部分商业银行的农贷利率提供利率补贴。这些措施使得美国商业性金融机构在发放农业贷款上发挥了重要作用。

（四）美国的农业保险体系

美国农业保险体系的构建也经历了长期的实践和探索。目前美国形成了一个由政府政策和费用补贴支持，联邦农作物保险公司、私营保险公司共同参与的商业化运营的农业保险模式。在运作主体方面，美国农作物保险主要分三个层次，第一层为联邦农作物保险公司，第二层为有经营农险资格的私营保险公司，第三层为保险代理人和农险查勘核损人。此外，还有农业经济研究局、全国农作物保险服务中心和各州州立大学农业推广中心的大力协助。

美国农业保险的完善和发展得益于政府在政策和法律方面的大力支持。一是美国颁布了《联邦农作物保险法》（1938）、《联邦农作物保险改革法案》（1994）等法律，为联邦政府农作物保险业务的开展提供了法律依据。二是美国政府通过向保险公司提供保费补贴、业务费用等补贴方式向农业保险提供经济支持。三是政府通过联邦农作物保险公司向私营保险公司提供再保险保障。四是《联邦农作物保险法》明确规定联邦政府、州政府及其他地方政府对农作物保险免征一切税赋。

二、美国农村普惠金融服务的特点及经验借鉴

（一）美国农村普惠金融服务的特点

从美国的农村金融服务发展实践来看，美国的农村金融服务主要有以下特点：一是政府有强力的政策和资金支持。例如美国农村金融合作组织最初都是在联邦政府的领导和出资扶持下组建起来的，政策性金融体系的资金也主要由政府提供，通过保费补贴、业务费用等补贴方式向农业保险提供经济支持等。二是注重立法保障，完善金融支农模式。美国制定了诸如《农业信贷法案》《联邦农作物保险法》等一系列完备的农村金融法律，使得农村金融的发展有充分的法律保障。三是农村金融机构形式和数量比较丰富。美国的农村金融体系以合作性金融体系为主、政策性金融体系为保障、商业性金融体系为补充，形成了完备的多元化农村金融体系。这些金融机构具有不同的优势，形成了一定的分工格局，发挥着互补的作用。

（二）美国实践对我国农村普惠金融发展的经验借鉴

1. 促进农业发展需要构建完备的农村普惠金融体系

美国为了促进农业发展，构建了以合作性金融体系为主、政策性金融体系为保障、商业性金融体系为补充的融资体系和起保障作用的农业保险体系。这些体系分工明确，各自承担不同的角色和作用，共同为农业发展做出贡献。目前，虽然我国的农村普惠金融体系已初步构建，但各类体系的作用有待加强，体系之间的业务发展协调不够，协同效应发挥并不充分。

2. 促进农村普惠金融的发展需要发挥政府和市场的合力

美国政府在政策性金融、合作性金融发展初期，还有农业保险发展期间都给予了大量的经济支持。美国的商业性金融完全按照市场化运作，美国的农村保险也以商业保险为主体，但美国政府通过制定相应的税率、利率等优惠措施，鼓励银行等机构增加对农村地区的金融服务供给。在农村金融发展的过程中，政府和市场的力量一个都不能少。另外，要注重政府和市场作用的相互协调和配合。

3. 促进农村普惠金融的发展需要完备的立法支持

美国农村普惠金融的发展离不开法律的保障。美国早在 1916 年就制定了《联邦农业信贷法案》，1934 年制定了《联邦信用社法》《联邦农业贷款法》，1938 年制定了《联邦农作物保险法》等法案，很早就形成了比较完备的农村普惠金融法律体系。同时这些立法也随着时间的推移不断得到完善，以适应形势的发展。目前我国还没有建立完备的农村普惠金融法律体系，这不利于我国农村普惠金融的有序和健康发展。

第三节　印度农村普惠金融发展经验及借鉴

一、印度农村普惠金融服务发展实践

印度全国大约 70% 的人口是农民，印度农业对国民经济增长起着决定性作用。1947 年印度政治独立时，农业发展相当落后，农村的贫困问题也尤为严重。为了发展农业和农村经济,消除农村贫困,印度于 20 世纪 60 年代实施了"绿色革命"。同时,印度也对农村金融市场进行改革,构建了农业金融支持体系。

(一)印度农村普惠金融发展过程

印度政治独立之后,农村正规金融机构的缺乏使得以高利贷为特征的私人借贷成为印度农村的主要融资渠道。针对这种情况,印度政府大力支持和开展农村合作金融。20 世纪 50—60 年代初期,合作金融机构成为印度农村信贷资金的主要提供者。到了 20 世纪 60 年代后期,印度政府开始实施银行私有化运动,并在农村大量设置网点,并要求私人银行和外资银行也必须增加农村金融网点。但是商业银行网点的增加并没有使农村地区贫困人口的信贷需求得到有效满足。为此,印度于 1975 年成立了地区农村银行,专门为信贷服务薄弱地区的贫困农户提供信贷支持。1982 年,为解决农业资金短缺,印度成立了政策性金融机构——国家农业农村发展银行,为大型农业基本建设项目提供贷款。20 世纪 90 年代以后,印度形成了多层次的农村普惠金融服务体系。

(二)印度农村普惠金融服务体系结构

目前印度已经形成了比较完善的农村普惠金融体系。这个体系主要由印度储备银行、商业银行、农村合作银行、地区农村银行和国家农业农村发展银行组成。印度储备银行是印度的中央银行,主管全国包括农村地区的金融活动。按照相关法律规定,商业银行必须在农村地区设立网点并提供金融服务。印度的农村合作金融组织有两种:一种是信贷合作社,主要向社员提供中短期贷款金融服务;另一种是土地开发银行,主要发放中长期农业贷款。地区农村银行是专门服务农村地区贫困人口的银行,其网点多数设置在农村金融服务供给不足的区域,贷款对象主要是小农、无地农民和农村小手工业者等贫穷农民,贷款利率一般低于当地农业信用合作机构。国家农业农村发展银行是印度支持农业发展的政策性银行,其职能除提供支农信贷资金外,还承担着为信用合作机构、地区农村银行以及从事农村信贷工作的商业银行提供再融资服务及对地区农村银行和农村合作银行两类机构进行监管的职能。另外,为了鼓励金融机构服务农村金融市场,印度还建立了存款保险和信贷保险公司,为金融机构提供的农村贷款提供保险,以应对农业信贷的高风险性。

二、印度农村普惠金融服务的特点及经验借鉴

(一)印度农村普惠金融服务的特点

1.印度农村普惠金融体系完善、定位合理

印度农村普惠金融体系比较完善,各金融机构具有明确的定位,各自承担自己的相应责任,彼此之间又能够协调配合。在印度农村普惠金融体系中,一是注重利用政策引导商业银行参与支农金融服务工作,提升农村普惠金融服务的整体水平。二是农村合作银行利用网点分布广泛的地域资源,成为农村普惠金融服务的基础。三是成立地区农村银行专门服务农村贫困人口,不按商业原则经营,只在一个邦的特定区域内开展活动。四是政策性金融定位合理,充分发挥兼具财政性融资、商业性金融和部分金融监管的特殊功能。五是建立了为农村信贷风险提供保障的存款保险和信贷保险公司等。

2.通过立法手段提高农村金融机构覆盖面和信贷投放水平

印度制定了诸如《地区农村银行法案》《国家农业农村发展银行法案》等涉及农村普惠金融发展的法律。这些法律都对相关的金融机构在农村地区设立金融机构、网点的数量以及信贷投放水平进行了较为明确的规定。如《地区农村银行法案》规定地区农村银行的网点要设立在农村金融服务缺乏的地方,专门为这些区域的贫困农户提供信贷及其他金融服务。《银行国有化法案》明确规定,商业银行必须在农村地区设立一定数量的营业网点,并保证在农村地区的信贷不低于规定的比例。为确保农村地区的信贷投放,印度储备银行确定了"优先发展行业贷款"制度,要求商业银行贷款的18%必须投向农业及农业相关产业。

3.创新性的农村小额信贷模式

印度借鉴了孟加拉国农村小额信贷模式并在国内进行了推广和创新。1992年,印度国家农业农村发展银行创新性地提出了银行—自助团体联系计划来推动农村小额信贷。印度国家农业农村发展银行首先通过其员工和合作机构(如基层商业银行)对由若干名农户组成的农户自助团体进行社会动员和建组培训,为其提供发展计划。之后印度国家农业农村发展银行通过基层商业银行间接向自助团体发放贷款。这种信贷模式的特征就是采用团体担保代替

抵押,用来自团体内其他成员的社会压力作为激励还贷的因素,从而使商业银行把筛选客户和监控的成本转移到团体身上,有效地分散了风险,并减少了金融机构交易成本。

(二)印度实践对我国农村普惠金融发展的经验借鉴

虽然印度的农村金融体系也存在一些问题,但印度农村普惠金融发展过程中的许多经验都值得中国借鉴和学习。

1. 多层次、多元化构建农村普惠金融体系

印度的农村普惠金融服务体系具有结构上和功能上的多层次性,既有传统的商业银行、政策性银行、合作银行,又有专门为农村贫困人口提供金融服务的地区农村银行,还有为农业信贷提供支持的存款保险和信贷保险公司。各农村金融机构之间有明确的分工与合作,层次鲜明,功能互补。中国农村经济发展存在区域差异、经济主体差异等不平衡性,这就决定了农村普惠金融需求也存在多样化和差异性。因此,有必要建立多层次、多元化的农村普惠金融体系。目前中国虽然也初步建立了农村普惠金融体系,但仍需进一步健全和完善。

2. 立法和政策支持农村普惠金融发展

印度注重通过立法保障农村地区金融机构覆盖面和信贷投放水平。除了在专门的法律法规中对银行在农村的网点布局和信贷投放比例做出规定外,还推行地区"领头银行"计划,即在一个地区由一家银行领头负责该地区的开发金融支持工作。另外,政府还通过对银行规定包含农业在内的"优先部门"贷款比例支持农业发展。这些立法和政策有力地促进了印度农业和农村的发展。中国目前农村普惠金融的立法还相对薄弱,印度农村普惠金融立法具有详尽的内容、明确的方式和标准,其政策具体明确,值得中国学习和借鉴。

3. 创新农村普惠金融服务和产品

印度创新性地实施了银行—自助团体联系计划,这种团体贷款模式采用团体担保代替抵押,使得贫困农户也较容易获得金融服务。团体贷款模式用来自团体内其他成员的社会压力作为激励还贷的因素,把银行贷前进行信息的收集和甄别成本以及贷后的监督成本转移到团体身上,降低了银行由于信息不对称带来的交易成本。因此,这种模式增加了银行服务农村地区的积极性。我国农村普惠金融供需失衡的直接原因就是农村金融机构在提供农村普惠金融服务

时面临成本收益不平衡的问题。因此,印度农村通过创新金融服务和产品模式,降低农村金融交易成本,增加农户信贷可得性的做法是非常值得借鉴的。

第四节 孟加拉国农村小额信贷发展经验及借鉴

一、孟加拉国农村小额信贷服务发展实践

孟加拉国是世界上最不发达的国家之一,经济基础薄弱,国民经济主要依靠农业,75%的人口住在农村,60%的人口的生活以农业为主。据孟加拉国统计局 2010 年调查数据显示,占全国人口总数 31.5% 的孟加拉人生活在贫困线以下,其中有 17.6% 的人生活在"极度贫困"之中。为了促进农业发展,减少农村贫困人口,孟加拉国在长期的改革和实践中创立了以小额信贷体系为特色的农村金融服务模式,受到了其他国家广泛的关注和效仿。

(一)孟加拉国的小额信贷机构

目前,孟加拉国有多个执行扶贫小额信贷的机构,包括孟加拉乡村银行,被称为批发式小额信贷机构的孟加拉农村发展委员会,还有孟加拉农村进步委员会、社会进步协会等非政府组织也参与执行农村小额信贷。这其中受到关注和效仿最多的是孟加拉乡村银行。

孟加拉乡村银行(Grameen Bank,也称格莱珉银行)于 1983 年由著名的经济学家穆罕默德·尤努斯创立。孟加拉乡村银行模式是一种利用社会压力和连带责任而建立起来的组织形式,是当今世界规模最大、效益最好、运作最成功的小额贷款金融机构。按照乡村银行网站提供的数据,孟加拉乡村银行向 71 万余个村庄派驻了 2226 个分支机构,已经拥有 650 万客户,其中 96% 是妇女,该银行成功地帮助数百万人脱离贫困。

(二)孟加拉乡村银行的经营特点

孟加拉乡村银行创立的成功扶贫金融模式,其主要特点有:一是以服务农村贫困人口,尤其是贫困家庭中的妇女为目标,专门向贫困人口提供存款、贷款、保险等小额信贷金融服务。二是资金来源多样化。孟加拉乡村银行的资金

一开始来源于政府和国际组织的支持,在经营规模扩大后,主要依靠成员的储蓄。三是孟加拉乡村银行具有层级组织结构,分为总行、分行、支行、乡村中心和借款小组5个层级。乡村中心和借款小组是其运行的基础。村庄中每5个人自愿组成一个借款小组,每6个小组组成一个乡村中心。四是提供小额短期贷款,按周期还款,整贷零还,无须抵押和担保人,以5人小组联保代替担保,相互监督,形成内部约束机制。

二、孟加拉国农村小额信贷服务的成功经验与借鉴

从创始人尤努斯把27美元借给42个赤贫农妇开始,到现在孟加拉乡村银行的贷款总额已经达到40多亿美元,而其中98%以上的贷款户都按时还贷,90%以上的贷款户的生活质量得到了明显改善。孟加拉乡村银行在其运营的过程中积累了丰富的经验,值得中国借鉴。

(一)孟加拉国农村小额信贷服务的成功经验

1. 成功的风险防范和约束机制

孟加拉乡村银行的小额信贷项目并不需要抵押,但其信贷偿还率能达到98%以上,保证了资金的安全和实现盈利以及可持续性。这得益于孟加拉乡村银行通过小组模式所建立的信贷防范风险和约束机制。乡村银行的借贷者每5人组成一个贷款小组,采用"2-2-1"顺序放贷,小组长最后得到贷款。5人小组以联保代替担保,相互监督,形成内部约束机制,并按照一定比例的贷款额收取小组基金和强制储蓄作为风险基金。每6个小组建立一个乡村中心,执行小组会议和中心会议制度。乡村中心组织贷款者定期开会,检查项目落实和资金使用情况,同时还交流致富信息,传播科技知识,提高贷款人的经营和发展能力。这种"小组+中心"的贷款机制在一定程度上解决了抵押担保难题和信息不对称问题。

2. 市场化的运作机制

孟加拉乡村银行的小额信贷项目坚持市场化的运作方式以实现可持续发展。一是灵活和市场化的利率标准。孟加拉乡村银行的利率水平高于一般的商业银行但远低于高利贷。这一方面能够覆盖其运营成本和呆账损失,另一方面避免了非目标人群利用权限套取低息贷款,增加了贫困人口的信贷可得性。

孟加拉乡村银行还根据贷款主体和项目的不同实行不同的利率制度。二是小额信贷模式也不断进行市场化改革。2000 年以后乡村银行对传统的信贷模式进行了市场化改革,如借款人的借款基础从联保小组转移到了个人,取消"2-2-1"贷款次序安排,小组成员可同时获得贷款,使信贷模式更适应市场实际需求。

3. 政府的大力支持

孟加拉乡村银行在发展的过程中得到了政府在资金、法律地位、税收等方面的大力支持。在成立初期,政府以 4%～5% 的利率对乡村银行进行资金支持,直到乡村银行扭亏为盈。在法律支持方面,1983 年,孟加拉乡村银行获批成立,被认可以非政府组织的形式从事金融活动。在税收方面,孟加拉乡村银行也享受到了政府提供的大量优惠政策。另外,政府还通过孟加拉农村发展委员会和农村就业支持基金会开展小额信贷项目,对小额信贷整体的发展起到了促进作用。

(二)孟加拉国小额信贷服务对我国农村普惠金融发展的经验借鉴

1. 重视农村小额信贷的发展

孟加拉乡村银行提供的是专门针对农村贫困人口的小额贷款。从乡村银行的发展成就可以看出,小额贷款在农村贫困人口中具有广泛的需求。乡村银行不仅凭借成功的风险防范和约束机制、市场化的运作机制以及政府的支持实现了小额贷款的可持续发展,还帮助数百万人解决了贫困问题。在中国农村,农户最主要的金融服务需求类型仍然是信贷需求,并且他们的贷款需求具有"短、小、频、急"的特点。因此,小额信贷模式是非常值得我国借鉴的农村金融服务模式之一。中国的小额信贷实践经历了 20 多年的发展,取得了一些成就,但仍然存在很多问题。重视农村小额信贷的发展,仍然是我国未来农村金融工作的重点。

2. 农村普惠金融需要创新服务机制

传统的贷款理念认为农村农户,尤其是贫困农户缺乏抵押物,难以达到金融机构的贷款标准,因而农村客户常常被排斥在金融服务之外。孟加拉乡村银行提供的小额贷款服务通过创新性的"小组＋中心＋银行工作人员"的信贷制度使得没有抵押品的贫困农户也可以获得贷款,并且实现了营利性和持续性。

因此,我国的农村金融机构应该针对农村的实际情况加大金融创新力度,开发出能够真正适合农户实际需求的金融服务和产品,实现农村金融机构发展和服务"三农"的双赢。

3.建立政府提供支持的市场化运作机制

孟加拉乡村银行提供的小额贷款服务完全是按照市场化机制进行运作的。这种模式不依赖政府的补贴,而是通过小组联保、灵活的利率、整贷零还等机制实现了小额信贷的营利性和可持续发展,满足了贫困人口的信贷需求;而其他国家很多以补贴为主要持续方式的小额贷款则难以为继。这说明市场化机制可以作为农村金融发展的主要机制。孟加拉乡村银行的成功也离不开政府在资金、法律地位、税收等方面的大力支持。我国正在深入进行农村金融市场化改革,改革的目标就是要让市场在农村金融资源配置中发挥决定性的作用,同时,中国农村普惠金融的发展也要充分发挥政府的引导扶持作用。

第六章　互联网金融对农村金融普惠性的影响机理分析

第一节　互联网金融促进普惠金融发展的理论机制

普惠金融经历了"小额贷款—微型金融—综合性普惠金融—普惠金融"的演化历程。其逻辑主线是"服务需求—金融创新—服务供给"。其中，金融创新最为关键。互联网金融作为新兴的金融形态，在技术、组织、渠道、模式等方面均有建树，能够更好地针对服务需求提供有效的金融服务。

一、互联网金融消除金融排斥

解决金融排斥问题，不能靠持久性金融救助和政策补贴，否则会让发展普惠金融变为另外一种隐性的转移支付，不具有可持续性。前文所述的金融排斥问题大体可以分为由行政干预形成的金融排斥（如城乡二元结构造成的机会排斥或地理排斥）与金融市场自发形成的金融排斥（如金融理财高投资门槛形成的价格排斥或市场排斥）。互联网金融独有的网络属性与信息科技属性在消除金融排斥方面具有重要的作用。传统金融机构发展普惠金融大多是在"存量"上做文章。金融资源总有稀缺性，在不做大蛋糕的前提下，传统金融机构没有能力也没有动力去为本被排斥在外的客户提供金融服务。没有能力是因为传统金融机构没有办法解决普惠金融目标人群信用等级低和风险定价高的痛点；没有动力是因为发展普惠金融必须面临对冲或弥补风险溢价，这会增加交易成本,损失了效率。互联网金融发展普惠金融大多是在"增量"上做文章。① 需要注意的是,互联网金融将"金融"的蛋糕做大并不是靠金融本身,而是来自"互联网＋"释放的"数字红利"。数字资源栖息于金融资源之上,形成资源扩容。正是这部分增量的存在让互联网金融有能力、有动力消除金融排斥。一方面,互联网金融服务的对象是被传统金融机构排斥在外的,天然抵御传统金融机构,形成了错位竞争,不存在对金融资源"存量"的争夺;另一方面,互联网金融在信息生产、搜集、处理等方面的优势减少了服务长尾客户需要的风险溢价,降低了交易费用,扩展了交易边界(如图 6-1 所示)。

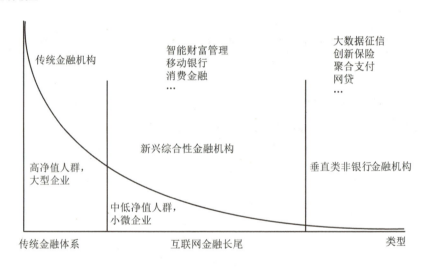

图 6-1　互联网金融长尾消除金融排斥

二、互联网金融防止目标偏移

金融机构开展普惠金融业务会出现目标偏移的现象,究其原因要追溯到金融功能的稳定性上。长期以来,金融承担着六大基本功能:一是为商品、服务和资产交易提供支付和结算系统;二是分割股份和筹集大规模资金;三是在时间和空间上转移配置经济资源;四是管理不确定性和控制风险;五是提供价格信

---

① 侯敏.我国普惠金融的发展水平评价及体系构建[D].太原:山西财经大学,2016.

息和促进不同部门的分散决策;六是处理信息不对称和激励问题。相对于金融机构和金融结构,金融功能更加稳定。所以不论是传统的金融机构还是新兴的互联网金融模式所发挥的金融功能概莫能外。发展普惠金融要求金融机构扩展新的功能(社会功能),这与金融功能的稳定性发生了矛盾。长期以来,尽管普惠金融发展形态不断改变,但其基本功能被锁定,无法扩展。一旦扩展了新的社会功能,部分基本功能就会失效,而金融机构基于财务可持续的考虑,在不知不觉中会发生目标偏移。表面上看,目标偏移的发生是因为小微金融商业化程度加深,规模扩大造成的。实际上,这种唯"规模论"的观点具有误导性。图6-2 各类虚高的融资成本可以说明,不管什么样的金融形态只要不解决金融功能无法扩展的问题,就没有办法根治目标偏移问题,也就没有办法实现普惠金融的可持续发展。

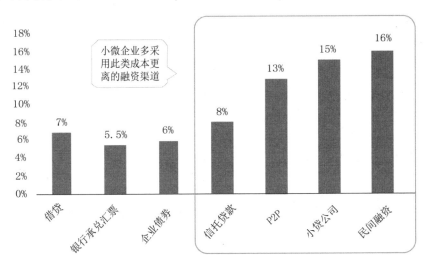

图 6-2　各类虚高的融资成本

三、互联网金融破解普惠金融悖论

本小结基于互联网金融的三大属性(网络属性、金融属性与科技属性),系统阐述互联网金融破解普惠金融悖论的理论机制(见图 6-3)。普惠金融悖论意味着金融服务的需求方希望以低成本获得金融服务,而金融服务的供给方则希望以高收益提供金融服务,这其中的落差需要交易边界的扩大和金融功能的深化共同弥合。若同时满足服务供给方与服务需求方的预期,则必然形成均衡的资金价格,资金价格的高低反映需求方与供给方的议价能力。

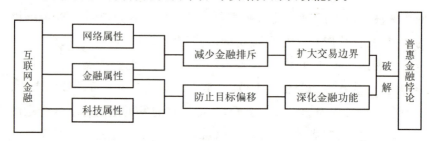

图 6-3　互联网金融破解普惠金融发展悖论逻辑结构示意

本书认为互联网金融特有的网络属性与科技属性,可以提高普惠金融的覆盖广度、使用深度以及数字化服务的水平,破除普惠金融发展悖论。互联网金融的网络属性通过长尾效应等降低交易成本,扩大交易边界,减少金融排斥,提高了普惠金融的覆盖广度;互联网金融的科技属性通过释放数字红利,减少了目标偏移发生的概率,在与金融科技的融合中提高了普惠金融的使用深度与数字化服务水平。据此,本书提出相应的理论假设:普惠金融发展包括覆盖广度、使用深度、数字化支持程度三个方面,互联网金融可以通过减少金融排斥,显著提高普惠金融的覆盖广度、使用深度与数字化服务水平,来破解普惠金融悖论。但是,在出现目标偏移的情形下,互联网金融对普惠金融的促进作用不显著。

第二节　互联网金融对农村传统金融的影响

首先,互联网金融的发展改变了农村金融传统的发展理念、模式和机制。一是改变农村金融的约束条件。传统农村金融受时间、空间与交易成本的限制,不能有效地兼顾普惠功能与盈利目的。而在互联网金融背景下,大数据、云计算、物联网等技术的发展有效地降低了信息整合成本。二是将农村信息资源化、要素化。互联网的数据记录功能使农村生产、交易和生活情况能够以数据的形式被有效记录。这些数据即是农村信息资源,成为农村地区征信的新要素。阿里巴巴的旺农贷产品就是在用户信息数据的基础之上建立信用评估模型,贷款的申请、审批、签约和放款均在互联网平台操作完成,流程简便快捷,处理迅速。从本质上讲,这是将传统抵押物由看得见的实物变成了看不见的信用。三是再造农村金融发展理念。"互联网＋金融"作为现代科技发展的代表,其在农村地区普及有利于培育农村"平等、公开、共享、安全"的金融理念。

其次,互联网金融的发展有力地推动了农村普惠金融发展。互联网金融能够较好地解决农村普惠金融风险高、成本高和收益低的问题。这主要是由于互联网金融具有高效率、低成本和便捷性的优势,此外,互联网金融对数据的分析和整合能力十分强大,能够对数据资源合理运用,这使其能够为农村金融市场提供高灵活性、低门槛的金融服务。农村地区居民对低利率、高效率、少抵押、多灵活的金融产品具有显著性偏好,互联网金融能够满足农户借贷偏好,因此得以迅速在农村拓展市场。

最后,互联网金融有利于促进农村金融市场形成竞争格局,改善农村金融服务水平。互联网金融凭借技术优势,打破地域屏障,能够全面惠及农村、乡镇贫困居民和乡镇企业,因此互联网金融成为打破农村金融市场僵局的角色,促进农村金融市场形成竞争格局。以阿里巴巴为例,10万余个村级服务站实际上可以成为互联网金融机构在农村地区的分支机构,与传统金融机构的分支行相似。农户可以直接在淘宝服务站完成贷款业务,弱化传统金融机构在农村地区的作用。互联网金融在农村金融市场发挥"鲶鱼效应",迫使传统农村金融机构参与竞争,寻求改变。

总的来看,互联网金融在农村金融环境方面所产生的影响是积极的,但对农村金融机构来说,面对这样的积极影响也存在一定的不适应性。由于长期在相对闭塞的地理和信息环境中发展,农村金融机构的基础设施和发展理念不能很好地适应互联网金融的发展,进而导致其走了互联网金融发展之路的后端。

一、互联网金融对农村金融的影响

(一)互联网金融发展对农村金融需求的影响

第一,促使农户对较高利率的储蓄产品的需求增加。农户因其收入方式不同于城镇居民而产生了具有农户特征的金融需求,其中最主要的是个人储蓄需求和信贷需求。因农户自身收入低、应变能力低等特点,多数农户为了应对未来可能会发生的教育、婚丧嫁娶和生老病死等开支而产生储蓄动机。因此,普通农户的金融需求以储蓄为主,并且是以能够保证资金安全的长期储蓄为主。除此之外,受农业周期长、自然因素决定收入水平等原因影响,农户在遇到突发情况时无法从容应对,个人储蓄存款无法满足资金缺口的情况时有发生,因此也产生了一定的信贷需求。互联网金融的发展催生出"余额宝"等具有较高利率的储蓄投资产品,这类产品具有活期储蓄的所有特征,只要农户实名注册一个支付宝账户,关联一张储蓄卡即可使用,并且这类互联网金融产品的收益率明显高于传统银行的活期储蓄。农户收入低并且储蓄多以保证生活为目的,因此在这类互联网金融产品进入农户视野后,农户对拥有较高利率且风险性极低的储蓄产品需求大大增加。

第二,刺激农村市场对于金融产品多样性的需求。从市场主体数量变化趋势来看,在经济发展和国家政策的刺激下,第一产业企业数量一直以一定的速度保持增长,随着市场主体数量的增加,农村金融需求持续增加。

(二)互联网金融发展对农村金融供给的影响

第一,有效增加了农村地区金融供给,填补"三农"金融缺口。从当前农村金融市场供给情况来看,农村资金主要由正规金融机构和非正规金融机构来提供。非正规金融机构的具体统计数据难以定义,因此本研究仅针对正规金融机构加以分析。近年来,随着农村金融机构改革的推行,由农村信用社拓展而出的村镇银行逐渐兴起,为农村市场主体提供了更多的选择空间。从涉农金融法人机构数来看,农村信用社的数量逐年下降;农村商业银行和村镇银行数量逐年上升,并且农村商业银行数量翻了三番;农村合作银行数量逐年下降,农村资金互助社基本没有变化。综合来看,涉农正规金融机构数量总体没有太大变化。从涉农正规金融机构从业人数来看,虽然各个组成部分与法人机构数的变化趋势相同,但从总体来看,从业人数呈明显下降趋势。从涉农贷款余额情况来看,近五年我国涉农贷款余额持续增加,反观其增长率却逐年下降。

在涉农金融机构不断深化改革的前提下,农村企业贷款难、贷款慢、贷款少的问题依然存在。一方面,虽然国家对于中小企业尤其是农村企业有很多的扶持政策,但因其规模较小、产品大众化、市场占有率接近饱和以及管理水平落后等因素,这些企业的经营风险较高,盈利水平有限。因此,金融机构对这类农村企业的"惜贷"现象严重,导致农村中小企业的资金需求无法得到满足。另一方面,尽管一些大型农业企业已经有较大的经营规模和相对较高的经营管理水平,但大多仍处于发展时期,缺乏明朗的发展前景和充足的担保抵押,致使对其贷款的风险较大。第一产业的不良贷款率远远高于银行业金融机构的平均不良贷款率,2015年更是达到平均水平的1.86倍,进而促使金融机构对这类农村企业同样"惜贷",致使农村大型企业的资金需求也无法得到满足。从互联网金融所提供的供给情况来看,《中国"三农"互联网金融发展报告(2016)》指出,2014年"三农"领域的贷款投入需求约8.45万亿元,减去实际农户贷款余额5.4万亿元,"三农"金融的缺口达3.05万亿元。"三农"金融有效供给严重不足。而互联网金融在"三农"领域的发展,为这样的困境带来了曙光。2015年中国"三农"互联网金融的规模为125亿元人民币,"十三五"时期中国"三农"互联网金融保持高速增长态势,到2020年,"三农"互联网金融的总体规模将达到3200亿元人民币。互联网金融成为"三农"金融缺口的有效补充。互联网金融的发展不但有效地缓解了农村金融需求,更大幅增加了农村金融供给,填补了传统农村金融机构在供给方面的缺口,为农村金融供求关系平衡提供可能。[①]

第二,促进农户融资多样化。金融对于农村来说不再是陌生的领域,随着国家政策和互联网金融的发展,农户对于金融的了解越来越多,对于资金的管理不再仅仅局限于保证资金安全的低收益储蓄。农村金融转而青睐互联网金融所提供的高效、便捷、高收益的金融服务。如果传统金融机构不能够满足农户日益提升的对金融服务的要求和对金融服务多样性的需求,势必会在与互联网金融争夺市场时落败。互联网金融产品不但使支付更为便利,还使小额信贷和网络理财得以快速发展,从互联网的角度对农村普惠金融进行了有力补充。互联网金融融资产品以互联网大数据为基础分析用户的经济行为,使得农户和涉农企业的融资变得更为便捷、快速。除此之外,互联网金融所包含的各类保险产品也为农户和涉农企业提供了生产保障。以阿里巴巴为例,其支付产品在农村活跃用户数超过6000万,小额贷款产品为18万小微企业累计提供了1300多亿元的资金,理财产品为4000万农村理财用户创收40多亿元。从互联网金融使用情况来看,2015年,我国农村网上支付用户规模9320万,年增长率48.5%,网上银行类用户规模达到7161万,年增长率达到25.6%。农村互联网

---

① 邵彤.互联网金融视角下我国的普惠金融发展研究[D].长春:吉林财经大学,2016.

金融使用率的增加印证了笔者的观点,在传统金融机构无法满足农民金融需求的情况下,农民转而投向互联网平台寻求资金和服务。这使得农村金融由原本单一的金融机构供给变为多元供给结构。从互联网金融对农村金融供给的影响来看,其发展能够在一定程度上缓解农村金融的供求矛盾,但农村金融机构的产品研发水平和人才能力不能适应互联网金融发展的要求,导致无法有效地发挥互联网金融的调节作用。[①]

（三）互联网金融对农村金融机构的影响

农村金融市场是以农村金融组织为主力建设形成的,而各类农村金融机构是农村金融组织的主要组成部分,因此探讨互联网金融对农村金融机构的影响具有十分重大的意义,是发现农村金融机构发展互联网金融过程中存在问题的重要途径。

1. 农村金融组织的含义

组织是指由诸多相互联系的要素构成的,具有整体目标和功能的系统。农村金融组织是指由各类农村金融机构组成的,扶持农业生产,振兴农村经济,增加农民收入,为"三农"建设提供多样化的金融产品和金融服务的金融系统。我国当前农村金融组织包含正规金融和非正规金融两部分,正规农村金融机构主要由政策性银行和商业银行组成,其中政策性银行为中国农业发展银行,商业银行主要包括中国农业银行、中国邮政储蓄银行、农村信用社和农村金融改革后兴起的新型农村金融机构。中国农业发展银行贷款主要流向农村基础建设、农产品加工等产业;其他银行分别承担农户个人信贷和部门农业产业信贷业务。非正规农村金融包括民间自由借贷、私人钱庄、合会和民间集资等。当前,我国农村金融组织体系以正规金融机构为主导,以农村信用合作社为核心,以民间金融机构为补充。

2. 互联网金融对农村金融机构的积极影响

从积极方面来看,互联网金融对传统农村金融机构的经营模式的扩大、客户群体的增加和金融产品的创新起到了一定的积极作用。

首先,互联网金融有利于农村金融机构扩大经营区域。传统农村金融机构的主要业务是根据相关部门的规定在当地范围内开展存款和贷款业务,促进农

---

① 刘小荣.互联网金融支持我国"三农"发展模式研究[D].南昌:江西财经大学,2016.

村经济发展。当前,多数农村金融机构受监管限制无法跨区域经营,而互联网金融突破了空间上的限制,节省了租金和人力资源投入,只要拥有能够流畅运行的互联网金融平台和软件支持即可开展业务。因此,对于农村金融机构来说,积极开展互联网金融业务有助于拓展业务范围、降低经营成本。因此,农村金融机构可以通过构建互联网金融平台,发展互联网金融业务来补齐自身短板,以最低的成本更加迅速地扩大经营规模,增强自身实力。除此之外,在农村金融网点不足的情况下发展互联网金融能够有效减少农户长途跋涉取款的次数。农户间的交易可利用网上银行或移动金融来实现,弥补营业网点不足的缺陷。

其次,互联网金融有利于农村金融机构扩大客户群体。无论是传统农村金融机构还是改革后的新型农村金融机构,其所面对的客户群体和业务开展均具有地域性限制。多数新型农村金融机构都是以地区命名,这些金融机构的金融业务也仅在该地区或一定范围内的乡镇地区开展,个别发展较好的金融机构可以将物理网点拓展至地级市或省会城市,但网点数量的设置也极为有限。以吉林省九台农商银行为例,九台农商银行共有 235 个营业网点,长春市内的营业网点仅 8 家,其他网点多分布于九台市区内或其他乡镇地区。互联网金融发展可以使这些金融机构突破地域限制,以所有网民为客户群体来发展业务,网上业务办理也能够突破地理的区域限制,这使得金融机构的潜在客户群体大大增加,也减少了因地域限制而难以拓展业务的情况。当然,这方面的积极作用是以金融机构拥有较为完善的互联网金融平台和产品为根本前提。

最后,互联网金融有利于促进农村金融机构产品和服务多样化。传统农村金融机构的金融产品多数局限在日常存贷领域,随着农户收入的增加和理财观念的改变,农业保险、个人保险、理财产品、基金证券等金融产品将成为农村金融市场的重要组成部分。中央一号文件多次提出完善农业保险机制,促进担保形式多样化。互联网金融走进农村金融市场后必然会带来金融知识的普及和推广。除了农业种植保险之外,很多对农民个人有益的人身保险、财产保险也将走入农民视野。同时,随着农民生活水平的提高,对于理财产品、基金证券等的需求也逐渐加大,农户可以在互联网营业厅完成开户及买卖等业务以满足自己的理财需求。值得一提的是,虽然农户经济水平有所提高,但较城市居民仍有一定差距,因此传统商业银行推出的理财产品对于农户来说仍是可望而不可即,互联网金融机构推出的低门槛高收益理财产品能够有效满足用户利用资金赚取资金的需求,促进农村金融产品服务多样化。

3. 互联网金融对农村金融机构的消极影响

从消极方面来看,互联网金融的发展恶化了农村金融机构的竞争环境,改变了其竞争格局,农村金融机构正面临农村金融核心地位被动摇、存款流失、经营模式受到冲击等严峻形势。

首先,互联网金融的发展会削弱农村金融机构在农村地区的金融核心地位。在信贷地位方面,互联网金融的借贷业务受到了小微企业和小额资金需求者的普遍欢迎,通过互联网金融模式的不断创新,小微企业融资难、融资慢的问题可以逐渐得到解决。这在一定程度上削弱了传统金融机构的信贷核心地位。在中间业务方面,受小投资者偏好的互联网理财产品、货币基金产品具有交易方便灵活、起点低、流动性强的特点,投资者将银行存款转投到互联网平台,这削减了传统金融机构一直以来的中间业务核心地位。在支付地位方面,第三方支付的兴起与发展对农村金融机构的传统支付业务产生了冲击。综上所述,互联网金融在各项业务上与农村金融机构展开竞争,这将直接影响农村金融机构在农村地区的金融核心地位。

其次,互联网金融会分流农村金融机构存款,减少农村金融机构作为支付中介的收入。目前,我国农村金融机构的主要盈利来源仍然以利差为主,但是互联网金融和存款理财化趋势使得农村金融机构的存款业务面临流失风险。第一,收益率优势明显的互联网金融产品深受年轻客户群体的认可,原本投放在银行的储蓄资金被转移到互联网金融平台。这一现象的不断扩大,使农村金融机构的吸储难度不断增加,经营成本不断提高。第二,在利率市场化认识不断加深的背景下,与农村金融机构相比,互联网金融因其本身成本较低在利率上处于明显优势。因此,农村金融机构用于信贷投放特别是小额信贷投放的资金供给量将会受到影响。第三,互联网金融第三方支付功能的普及削弱了传统银行的支付功能,因而减少了农村金融机构作为支付中介的收入。互联网金融第三方支付的特点之一就是突破了地域限制,服务范围和服务手段比传统金融机构有所扩展。用户在互联网金融平台进行资金交易使得通过传统金融机构支付的份额逐步降低,金融机构在转账、汇兑等中间业务的收入减少。

最后,互联网金融会对农村金融机构的盈利能力造成冲击。由于农村金融机构长期服务基层地区,信息获取渠道和时间受限,因此对市场变化的反应往往慢于国有股份制银行和大型商业银行,更慢于互联网金融机构。在产品更新和发展方面,农村金融机构不能适应客户日益提升的金融需求和市场变化。在这样的前提下,农村地区的客户会在不断追求个性化、差异化、方便、快捷的服务体验时逐渐放弃农村金融机构,进而造成农村金融机构客户流失,对其盈利能力造成冲击。因此,农村金融机构必须有效参与竞争,转移发展方向,建立一个符合农业特点、农村实际和农民需求的金融服务体系。

(四)互联网金融对农村金融制度的影响

互联网金融的发展为我国农村金融制度提供了新的内容和创新可能性。我国农村金融制度经历了五个阶段的发展。1949—1957 年为农村金融制度初步建立阶段。新中国成立之初,中央政府启动了以建立农村信用社为标志的农村金融制度建设。1958—1978 年为农村金融制度建设停滞阶段。这一期间,受社会因素影响,社会原本的正常信用关系遭到破坏,农村金融制度发展停滞。1978—1992 年为农村金融制度改革的起步阶段。1978 年起,为了适应农村经济快速发展的需求,农村金融组织开始恢复并发展,中国农业银行指导农村信用社有效地服务农村地区金融市场。1993—2003 年农村金融制度进入转型阶段,农村信用社脱离农业银行,由中国人民银行直接监管。2003 年至今是农村金融制度的改革深化阶段。2006 年银监会颁布了《关于调整放宽农村地区银行业金融机构准入政策,更好支持社会主义新农村建设的若干意见》,以吉林省等地作为试点,开展建设新型农村金融机构的探索。[①]

至今,新型农村金融机构已经遍布全国,成为服务"三农"的重要力量。互联网金融在刺激农村金融机构进行改革转型的同时,也为农村金融制度提供了新的内容和创新可能。当前我国还没有出现完全脱离实体网点的互联网金融机构,但随着互联网金融的发展,这类金融机构的出现不无可能。目前农村金融机构在发展互联网金融业务方面已经出现滞后现象,如果在制度上对纯粹的互联网金融机构加以倾斜,可以刺激农村金融机构在发展互联网金融业务的同时探寻营业网点虚拟化的可能性,进而促进农村金融制度创新。

互联网金融是指一切通过无线终端完成的金融业务,具有依托电商平台、

---

① 李志翔. 互联网金融对我国普惠金融发展的影响研究[D].长沙:湖南大学,2017.

跨行业性和普惠性的特征。互联网金融以互联网为平台的天然属性充分展现了其处理大数据的强大功能并具有低成本、高效率的特点,交易双方的平等性和信息的对称性使其在争夺金融市场时获得了巨大的优势。正是凭借这些优势,互联网金融的快速发展给整个农村金融带来了巨大的影响,主要包括对农村金融环境、农村金融供给、农村金融组织以及农村金融制度四方面。互联网金融对农村金融环境的主要影响表现在:引导农村金融发展机制新思考、更新农村金融发展理念;满足农户贷款偏好、推动农村普惠金融发展;促进市场竞争、提升农村金融服务质量。互联网金融对农村金融供给产生的影响主要表现在:农村地区高收益型储蓄产品需求增加、金融产品需求多样化;增加农村地区金融供给、提供多样化的融资渠道。互联网金融对农村金融组织的影响主要体现在对农村金融机构上,分为积极影响和消极影响两方面,积极影响主要体现在帮助传统金融机构扩大经营区域、增加客户群体,促进传统农村金融机构产品和服务多样化发展;消极影响主要体现在动摇农村金融机构在农村金融市场中的核心地位,削减农村金融机构作为支付中介的中间收入,冲击农村金融机构的盈利能力。互联网金融对农村金融制度的影响体现在为农村金融制度提供新的内容和创新可能性。农村金融制度可以将互联网金融机构纳入政策范围之内,并以此为启发进行农村金融制度创新。

总之,互联网金融以其强大的数据处理能力,参与者的平等性、低成本和高效率以及信息的对称性在争夺金融市场时获得了巨大的优势。它的快速发展使农村金融的发展理念和体制机制受到冲击,促进了普惠金融的快速发展,激发了农村金融市场的竞争氛围,促使农村金融需求多样化,缓解了农村金融供求矛盾,以触动利益的方式刺激了传统农村金融机构的创新能力,它以双刃剑的形式不断鞭策农村金融机构跟上时代的步伐,寻求新的发展。

二、互联网金融对普惠金融促进作用

(一)互联网金融降低信息不对称程度

对于小微企业、农民等低收入人群,在征信系统内缺乏他们的相关记录,导致正规银行不愿意为其提供贷款。而互联网金融依靠互联网"大数据",通过分析客户在互联网上的历史交易,收集数据,对客户的需求和交易行为进行技术分析,进而对客户进行信用分析。如阿里金融的小微信贷技术,通过自己的平台所掌握的顾客过去的消费记录、还款情况等数据,进行信用评级和风险计算,给予一定额度的合理贷款,这样就解决了传统金融无法对小微企业和低收入人群的信用评估,实现了没有抵押物和信用记录的普惠贷款。同时通过互联网计算后的借贷双方数据几乎可以完全对称,提高了投资、贷款的成功率。互联网金融降低了传统金融下普惠金融发展信息不对称的问题,使顾客投资更安全,使无法从传统金融机构获得贷款的用户可以享受贷款,真正促进了普惠金融的发展。

(二)互联网金融扩大金融服务范围

互联网是全天候覆盖全球的网络,突破了时空的格局,可以随时随地享受金融服务,体现了"普惠金融"全方位的概念。随着互联网技术的发展和移动智能终端的普及,越来越多的人通过手机、电脑等非现场方式更加便捷迅速地参与到金融服务中。据统计,截至 2018 年 12 月,网络视频用户规模达 6.12 亿户,较 2017 年年底增加 3309 万户,占网民整体的 73.9%。手机网络视频用户规模达 5.90 亿户,较 2017 年年底增加 4101 万户,占手机网民的 72.2%。由此可见,依托互联网技术,可以有效满足农村、偏远地区的金融需求。同时,与传统银行的"二八定律"不同,传统的商业银行更注重服务 20% 的高端客户,互联网金融更多的是争取 80% 的小微客户,这些小微客户虽单客交易额较小,但数量众多,总额巨大。他们的需求既小额又个性化,因此成本相对较高,由于成本收益不对称,传统金融体系并不能也不愿意满足他们的需求,而互联网金融低成本的特点恰恰对小微顾客群有着得天独厚的优势,在提供个性化服务的同时,其收益足以弥补成本,也正因为如此,互联网金融成为发展普惠金融的重要手段。[①]

(三)互联网金融降低交易成本

传统的资金供求交易,有成本、中介,甚至垄断利润,而在互联网金融模式下,资金供求双方可以通过互联网对对方的信息进行分别和甄选,完成定价、匹配和交易。一方面,金融机构可以避免开设营业网点的资金投入和运营成本,互联网金融的审批成本、数据收集整理成本都大大降低;另一方面,互联网金融

---

① 何昌彬. 基于普惠金融视角下的现代农业融资模式探讨[D].成都:西南民族大学,2017.

降低了用户的融资成本特别是小微企业的融资成本,第三方支付也使结算业务成本大大降低,消费者可以在开放透明的平台上快速找到适合自己的金融产品,以更低的成本进行搜索比价,享受到了更优质的服务,削弱了信息不对称程度,更省时省力。比如,阿里小微贷款的成本在单笔 2.3 元左右,而在传统银行完成一笔贷款的人力、信息等成本在 2000 元左右,差距甚大。互联网微贷技术,使贷款申请、贷款获取和还款等均在网上完成,减少了巨大的人工成本和场所运营成本,互联网金融的交易成本就大大降低。传统金融受成本的影响,很难开展这么低价格的普惠金融产品,普惠金融业务难以发展。

(四)互联网金融降低金融服务门槛

传统银行的理财产品投资至少几千元,动辄几万、几十万元,将大部分投资者拒之门外,尤其是贫困人群更是望而却步。互联网金融通过互联网整合,将社会闲散的资金汇集起来,形成大额资金。互联网金融的门槛极低,例如,余额宝最低投资额可达到 1 元,理财门槛的降低,使老百姓的投资欲望也不断增强,推出仅仅 17 天,用户达到 251.56 万人,资金规模达到 57 亿元,人均投资额仅为 1912.67 元,远远低于传统基金账户的平均额。随着活期宝、现金宝等产品的不断推出,老百姓碎片化的资金可以用来投资的渠道越来越多,互联网金融满足了小额投资的需求,使金融的受众群体拓展到了普通老百姓中,小额资金也能得到投资回报,增加了百姓的收入。支付宝网商贷最低额度也为 1 元起,相对传统银行的贷款额度和手续,网上贷款可以满足日常小额和应急的贷款需求,且手续简便,即刻便能贷款至账户中,极大地满足了普通人的贷款需求,且日利率仅为 0.04%,低于信用卡提现手续费和传统贷款利率。互联网金融降低了金融服务的门槛,拓宽了金融服务的边界,正是普惠金融的意义所在。

(五)互联网金融促进资源高效合理配置

传统金融虽然集合了社会上闲散的资金,并贷款给有资金需求的人,但毕竟受制于地理位置、贷款门槛等限制,资金还是不能够完全流入有需要的人手中。互联网最大的特点是跨越了时间和空间的界限,互联网金融正是充分地利用了这一点,将全国乃至全世界的资源信息整合汇总,有闲散资金的人可以不通过银行就能查阅到有资金需求的项目、企业,充分了解对方的信息,获得比存入银行更高的收入。有资金需求的项目和企业尤其是小微企业,可以避开传统金融贷款的烦琐手续和较高的贷款门槛,直接在网上寻求资金。很多较好的项目在传统金融中无法达到贷款要求,最终因没有资金而中断,而互联网金融正好弥补了这一点,促进了资源的高效合理配置,尤其是拓展了小微企业的融资渠道,助推了小微企业的发展。

第三节　互联网金融促进普惠金融发展中的主要问题

互联网金融在促进普惠金融发展中依然存在若干问题,表现在两方面,一方面是在农村金融渠道方面存在的问题。

1. 公众认知程度不高

互联网金融虽然在发展普惠金融的过程中起到了极大的促进作用,但公众对互联网金融的认知程度较低,导致了互联网金融的使用率还有待提高。公众对互联网金融的不认可主要来自两方面原因,一方面,自互联网发展以来,相伴随的互联网安全问题也一直不断,近几年电信诈骗、信息泄露、账户窃取等问题屡见不鲜,病毒软件、网络黑客使老百姓存在账户中的钱随时面临着网络窃取的危险,而且互联网金融交易也因为其虚拟性,让人更加担心其安全问题,尤其是贫困人群更加害怕自己的辛苦钱被人盗走,因而不愿意使用互联网金融。另一方面,也是基于第一方面的基础上,普惠对象大多是贫困人口、低收入人群,这些人往往由于文化程度较低,对于互联网都不熟知,更不会使用互联网金融产品,这是互联网金融推动普惠金融发展的阻碍之一。

2. 监管体系不健全

互联网与金融的产业结合改变了传统金融模式,推动着普惠金融发展,但也对监管方式提出了新的要求,最突出的矛盾就是金融监管模式滞后于金融创新实践。面对金融创新,传统的监管体系的漏洞日益暴露出来,既缺少法律法规的约束和保障,也没有专业的监管机构。互联网监管方面的问题有以下几个方面:第一,监管体制不健全。我国现行的监管体系是"一行三会",四大金融监管机构各有分工,但是各机构的责任存在界限不清的问题,尤其在创新的金融产品上,有的无从监管,有的监管重复,在一定程度上让金融创新逃避了金融监管或过度监管阻碍了金融创新。第二,金融监管机构欠缺金融知识。金融创新的推广还在一定程度上受到行政监管,需要经过向监管机构报批等一定的程序才能推广到市场里,而监管机构思维固定,受传统意识的影响,风险容忍度低,所以对创新的金融产品不敢放开政策,同时对服务缺乏必要的了解和认识,导致金融创新意愿降低,步伐放缓。第三,金融监管方式方法滞后于金融创新。在市场化的金融市场,监管机构检查还是固定的程序化、规范化,效率低下、标准单一,对没有物理网点的互联网金融,缺少具有适应性和变化性的监管手段,金融监管不能行之有效。

3. 信用体系和评估体系不完善

互联网金融的本质是金融,同样依赖于信用关系和评估级别来界定资金借贷额度,随着互联网金融日益发展,对信用体系和评估体系的依赖也越来越高。虽然人们的许多互联网活动会在网络上留下信用"痕迹",丰富了信息搜集的渠道,为评估顾客提供了更多、更有效的依据,但是互联网搜集的信息是互相割裂的碎片化信息,各专业平台虽然在业务上形成了供应链,但用户信息却不能完全共享,信息不对称,信息来源不一致,对客户的信用评估也不一致,很有可能客户在多个平台重复贷款,加大金融业务的风险。要将这些碎片化的信息建立起完整的信用评估体系,还有待于后期的探索开发。虽然在互联网金融模式下,数据从数量到获得性方面都大大增强,但这些数据的真实性、可用性、完整性也难以分辨,直接影响了基于信用数据的金融活动。在电子商务中,数据被"掺水","刷信用""改评价"等行为严重影响着对顾客信息的评估。如果基于不准确的数据,这样没有根基的金融活动实际存在较大的潜在风险。因此互联网信息的数据是难以代替专业正规的信用报告的。互联网金融既没有完整的信用体系和评估体系,又不能获得央行的信用体系支持,在有效信息不足的情况下,极其容易引发风险。

4. 与实体经济结合尚不充分

当前我国实体经济下行压力巨大,但互联网金融却繁荣发展,作为具有虚拟经济性质的互联网金融行业,应当是与实体经济有机结合的,其健康成长能有效推动实体经济向前发展。但互联网金融的快速发展,却对实体经济的发展带来冲击,互联网金融和实体经济发展不平衡,更谈不上相结合。一方面,在有限的市场中,互联网金融发展会吸收占用大量资金、人才等资源,挤占了实体经济的资源,抑制了实体经济的发展空间,实体经济的不稳固,将对整个社会经济的根本基础造成影响。另一方面,互联网金融的生产与服务机制具有一定的泡沫性,这种泡沫性的经济过度发展,会削弱实体经济稳固性。当泡沫经济受到冲击和出现问题时,很容易引发金融危机,经济的衰退很可能引发一系列社会问题,引起社会动荡。

另一方面是在互联网金融产品方面存在问题与不足。

1. 优质客户少且网上理财产品少

以山东省为例,山东农信的客户群体主要集中在农村和城乡接合部,虽然城市网点分布较多,但多数城市居民尤其是年轻客户对农村信用社、农村商业银行不了解,没有信任感,多数优质客户已经成为招商、光大等股份制银行的忠实粉丝,加之农村信用社电子银行产品起步晚,网上银行和手机银行目前提供的贷款业务种类有限,仅能办理贷款归还,无法在线办理贷款发放,客户要想咨询办理贷款业务还是要到柜台,这就导致农村信用社拓展优质客户更是难上加难。目前各大商业银行除了销售自己的理财产品,还利用网络代理销售其他金融机构的理财产品。山东省内 17 个地市中,仅有济南、青岛、济宁三市农村信用社开展理财产品业务,包括自营和代销两种模式,但在售的理财产品品种单一,其销售多是通过柜台进行,暂时并没有通过其他的渠道进行销售。缺乏具有良好市场竞争力的理财产品以及渠道的限制,成为山东农信无法吸引高端客户的主要原因。

2. 企业电子银行客户严重不足

激烈的行业竞争使得银行必须做好客户管理工作,银行要想在激烈的竞争环境中获得更好的发展就必须做好新客户开发、老客户维护等工作,对于农村信用社来说,90% 以上的客户是个人客户,企业客户占比较低,开通企业电子银行的客户更是少之又少。

以山东农信为例,2016 年年底,山东农信电子银行客户总数为 2156.36 万户,其中个人电子银行客户 2155.92 万户,企业电子银行客户 0.44 万户,企业电子银行客户占比仅为 0.02%。造成这一现状的主要原因是山东农信没有针对企业客户的实际需求开发相应的服务,企业用户的需求无法得到满足。如山东农信网上银行所提供的对公业务非常有限,同时系统操作烦琐,多数客户办理对公业务还是要到柜台办理,这就很难吸引企业客户,同时也不能保证企业客户的满意度,造成客户流失。

3. 大数据分析暂未开展实施

农村信用社同地方政府、优质企业建设了很多合作项目，其中最具代表性的就是第三方代缴业务，目前农信社所代理的第三方代缴业务包括代发工资以及水电费、话费充值、煤气费、教育费、医疗保险、电视费、物业费、取暖费、代收货款等。这些缴费数据对于银行来说都是宝贵的信息，通过分析这些缴费信息可以分析出用户的信用情况、收入情况、支出情况、金融服务需求，从而根据用户需求有针对性地推出金融产品和服务。但是很多地区并没有建立相应的大数据分析系统，这些数据也没有得到有效利用，基于大数据分析的网络金融服务更是无从谈起。

国内很多地区在 2015 年开始筹建金融服务平台，2016 年作为金融服务平台的产品智 e 购商城和智 e 付互联网支付上线试运行，但技术开发和业务运营多数人员是从所辖农商银行抽调而来，虽然这些人在原岗位上都是业务骨干，但是对于网络金融业务的了解并不多，导致后续产品的开发和优化不及时，客户体验欠佳。经历了产品需求、开发、测试一系列工作以后，多数人对互联网金融有了较为深刻的认识，但平台上线以后，借调员工返回原单位，人员流失率达60％。基于产品后续的维护、运营工作需要更多的专业人才，现阶段只能通过继续借调其他员工的方法来充实团队，由于无法直接落实借调人员的劳动关系以及工资待遇，导致部分基层优秀的特长人才不能发挥其真正的作用，科技团队、运营团队人员流失严重。由此可见，组建专业的网络金融人才队伍势在必行。

第七章　互联网金融视角下农村普惠金融贷款技术再造研究

第一节　传统背景下农村普惠金融贷款技术存在困境分析

一、传统商业银行贷款技术的介绍

传统商业银行的贷款业务技术是为了适应组织和满足管理的需要而设计的,技术设计过于讲究"统一性"和"标准化"。以下从借款者申请贷款直至获得贷款这一贷款流程的角度介绍贷款各环节中商业银行所实施的贷款技术。

(一)客户申请贷款的技术

客户需要向银行借款时,应当以书面形式向主办银行或者其他银行的经办机构提出借贷业务申请。银行要求借款人填写包括借款金额、借款用途、偿还能力及还款方式等主要内容的《借款申请书》,并同时提供以下资料:借款人及保证人基本情况,申请人借款前一期的经相关部门审核的财务报告,抵押物、质押物清单和有处分权人的同意抵押、质押的证明及保证人拟同意保证的有关证明文件,贷款项目的可行性报告等。

(二)受理客户申请及信用等级评估的技术

在一个工作日内对是否受理客户贷款申请做出明确表态,对于不同意受理的,通知客户并说明原因;对于同意受理的,及时对借款人开展信用等级评估工作。根据借款人的领导者素质、经济实力、资金结构、履约情况、经营效益和发展前景等因素,评定借款人的信用等级。该评级工作一般由贷款人独立进行,内部掌握,也可由有关部门批准的评估机构进行。

(三)贷款调查、贷款审批及签订合同的技术

银行的客户部门对借款人的信用等级,借款的合法性、安全性、营利性以及提交的相关资料等情况进行登记和调查,核实抵押物的基本情况包括抵押物的市场价格和变现的可能性,测定贷款的风险度包括经营主体自身及所生产经营产品的市场情况,经过调查分析将提出的调查分析报告上交至信贷管理部门,按照审贷分离、分级审批的贷款管理制度要求,审查人员对调查人员提供的资料进行核实、评定,复测贷款风险度,提出意见,按规定权限报批。贷款审批通过以后,客户部门填制合同并当场监督客户、保证人、抵押人在合同文本上签字盖章,贷款合同中约定借款种类,借款用途、金额、利率,借款期限,还款方式,借、贷双方的权利、义务,违约责任等。此外,保证贷款和抵押贷款应分别由保证人、抵押人与贷款人签订相关合同。

(四)贷款发放、贷后审查、贷款归还的技术

贷款机构客户部门将信贷业务合同、借款凭证,连同有权审批人的批复或复印件送交会计结算部门办理账务处理,按借款合同规定按期发放贷款。贷款发放后,贷款人应当对借款人执行借款合同情况及借款人的经营情况进行追踪调查和检查。应当向借款人发送还本付息通知单,借款人按合同约定期限和约定利率及时筹备资金,按期还本付息。借款人若提前归还贷款,应当提前与贷款人协商。

二、传统商业银行贷款技术的特点

(一)标准的贷款调查方式减少了信息不对称程度

运用于工商信贷中的传统贷款技术明确要求借款者填写统一制式的贷款申请书,并提供如财务报表、收入证明或者是详细的经营业务记录的证明文件。商业银行贷款机构根据以上文件材料能在成本较低的情况下知道各借款人是否是按照合同写明的目的申请贷款,获得贷款后具体做了些什么,城市交通的便利性也保证了跟踪贷款调查得以有效进行。这些技术的实施都有利于减少信贷市场中的信息不对称程度。

（二）有效抵押物保证了贷款的安全性

贷款抵押是指借款人或第三人在不转移财产占有权的情况下，将财产作为债权的担保，银行持有抵押财产的担保权益，当借款人不履行借款合同时，银行有权以该财产折价或者以拍卖、变卖该财产的价款优先受偿。城市工商信贷的借款人一般以具有所有权的房屋、机器、交通运输工具和其他容易变现的财产作为抵押物，这类抵押物在抵押期间出现损耗、贬值的概率不大，且适应性较强，具备较高的变现能力。由于抵押物的存在，商业银行贷款机构承担的风险较小，保证了贷款的安全性。受理审查、贷前调查、项目评估、风险审查、贷款审批、用款条件审查等环节的工作做得相当细致，通过撰写调查报告、项目评估报告，以及风险审查报告控制信贷风险，统一、规范、完整的信贷管理流程也保证了贷款的安全性。

（三）非农性贷款项目的选择提高了还贷率

商业银行信贷资金追求安全性、流动性和营利性的"三性"要求促使商业银行在选择和批准贷款项目时非常谨慎，一般选择的项目都是非农性的生产性贷款项目，非农性保证了贷款项目不易遭遇农业产业特征所带来的自然风险，生产性借贷则可以保证还款有较稳定的现金流支撑，有利于提高贷款还款率。

三、传统商业银行贷款技术应用于小额信贷领域面临的困境

小额信贷是将信贷活动与扶贫到户项目有机地结合成一体的组织制度创新和金融创新。小额信贷关注那些有潜在生产能力、却缺乏表现其生产能力的机会和条件所导致的穷人。小额信贷的目标客户不仅应是贫困人口，而且是具有强烈摆脱贫困状态愿望及经过支持可能摆脱贫困的贫困人口。这类服务对象具备以下几个特征：一是小额信贷的目标客户一般都是在非正式部门就业的低收入者，他们工资收入一般较低，其生产活动跟家庭经营、小生意紧密联系。二是小额信贷客户没有财务报表和完整的经营记录，缺乏长期信用记录。三是缺乏金融机构要求的受法律保护的担保抵押品，难以满足金融机构对于担保抵押品的要求。四是人群居住分散，信息搜集十分困难。而在传统金融的实践中，贷款的审查是根据借款人的证明文件如财务报表、收入证明或者是详细的经营业务记录并依靠抵押担保作为还款保证，这些传统方法在小额信贷领域都

无法应用,从而导致传统金融机构用于克服信息不对称的技术无法实施。除此之外,小额信贷客户业务规模较小且分散的特点也使得传统的贷款技术难以克服小额贷款交易成本高的问题。

总而言之,传统的贷款方式难以解决由小额信贷客户的特点所决定的信息不对称、缺乏抵押物、交易成本高这三大难题,这种状况使得以利润为目标的正规金融机构不愿意或很少为这些低收入群体提供信贷服务,大量社会弱势群体被排斥在正规金融市场之外。[①]

（一）信息不对称问题

由于农户的生计往往依赖于家庭经营,而家庭经营由于规模较小且不正规,没有财务报表和完整的经营记录,也缺乏长期信用记录,传统金融机构用于克服信息不对称的技术无法实施,易造成道德风险和逆向选择的问题。如何在成本可接受的前提下克服小额信贷客户无法提供正规报告和报表的问题,从而获得真实可信的信息用于贷款决策成为对传统信贷技术的巨大挑战。

（二）缺乏抵押物问题

农户和低收入家庭通常缺乏金融机构要求的受法律保护的抵押担保品,难以满足金融机构对于抵押担保品的要求。即便采取了抵押等限制性条款,但由于执行成本过高,也并不能真正形成还款替代。照理说农村可用来抵押的物品主要是土地、房屋、劳动力以及农机具等,但银行和信用社不愿意接受这些抵押物,原因是在农村没有一个处理抵押物的市场,金融机构处理这些抵押物的执行成本太高,或近乎不可执行。

（三）交易成本高问题

金融机构开展小额信贷活动的单位成本是很高的,因为小额信贷业务一般是在人口密度低、交通运输等基础设施较差的地区开展,金融机构为了获取更多信息以尽量减少借贷双方信息不对称造成的潜在风险,必须承担较高的信息成本。另外,由于低收入阶层和小微企业的资金需求数额小,其贷款额度也就比金融机构的其他贷款额度要小很多,因而小额信贷业务的单笔贷款成本相对较高。在农户居住分散、缺乏抵押物、贷款监测困难、收贷难、管理和交易费用

---

① 王静.中国普惠金融的发展水平及其测度研究[D].郑州:郑州大学,2017.

高等情况下,开展小额信贷业务单笔贷款的审贷成本也很高。

四、实施农村普惠金融贷款技术再造的目标

普惠金融立足于有效、全方位地为社会所有阶层和群体提供金融服务,尤其是为那些被传统金融所忽视的农村地区和贫困群体提供金融服务。传统的贷款方式难以解决由小额信贷客户的特点所决定的信息不对称、缺乏抵押物、交易成本高这三大难题,这种状况致使大量社会弱势群体被排斥在正规金融市场之外,这不利于普惠金融目标的实现。

为这部分低收入弱势群体的生产经营活动提供稳定的融资支持,同时又能够将相应的信贷风险控制在可接受的范围之内,是普惠金融所倡导的理念。因此,瞄准贫困客户,降低业务成本和贷款风险,追求财务的可持续发展是农村普惠金融贷款技术再造的总目标。

(一)瞄准贫困农户等社会弱势群体

因为缺少土地所有权、有关财产所有权的法律条文不明确或缺失,农村大部分贫困弱势群体都难以获得正规金融机构的金融服务特别是贷款服务。按照金融服务获得途径,可以将当前金融市场内的客户包括潜在客户分为以下三类:一是通过正规金融途径获得服务的客户;二是被正规金融排斥但通过目前的微型金融途径获得服务的客户;三是既无法通过正规金融途径也无法通过当前微型金融途径获得服务的客户,也就是说,同时被正规金融和目前的微型金融排斥的客户。后两类客户,即被排斥在正规金融服务之外的群体,就是普惠金融贷款技术再造的目标客户。可以通过动态激励、有规律的还款计划、抵押替代等一系列特殊的制度安排,在降低机构自身业务成本的同时,扩大普惠金融贷款客户的覆盖面。

(二)降低农村金融机构业务成本和贷款风险

普惠金融贷款的目的不仅仅是使低收入群体能获得金融服务,更重要的是在向农户、低收入家庭提供金融服务的同时,能使农村金融机构自身节约交易成本、降低贷款风险,最终实现普惠金融的财务可持续发展。因此,在普惠金融贷款发放机制的设计上,要尽量做到贷款程序制度化、规范化,从而建立一个与当前农村生产力发展水平及农民自身素质相适应的贷款操作及管理模式,降低

小额贷款的操作风险。如探索建立小额贷款批量审批发放和回收制度，大力推广"一次核定、随用随贷、余额控制、周转使用"的小额信用贷款模式，针对多数农户和农村企业缺乏抵押担保品的特点开发联合保证贷款等贷款技术。

（三）提供技术培训等支持性服务，提高还贷率

无论是个体信用贷款还是农户联保贷款，能否按期收回贷款本息是衡量贷款质量好坏的主要标志，只有做到"贷得出、收得回"，才能保证农村普惠金融实现可持续发展。提高小额信贷的贷款回收率，其中项目是关键，效益是保证，因为小额贷款的回收首先依赖于承贷农户通过贷款的使用而产生的收益，如果小额贷款的项目选择不当、贷款项目实施不力，将有可能造成承贷农户的现金流出现不足，从而造成小额贷款的回收困难。因此，在向那些不能获得商业金融服务的贫困人口特别是妇女提供小额贷款的同时，要帮助农户选好项目，并围绕项目提供产前、产中、产后各项跟踪服务，包括提供技术培训、市场信息等支持性服务，从而增强项目实施的可靠性和安全性，确保项目成功。从另一个角度来说，农村金融机构通过对农户的技能培训和服务，也能从感情上改变与农户的关系，成为农户的贴心人，使农户有了困难也能主动与贷款部门联系，保证项目的顺利实施和质量的提高，最终提高农户贷款还贷率。

第二节　互联网金融视角下农村普惠金融贷款技术再造设计框架

一、合理选择小组联保贷款和个人贷款方式

（一）小组联保贷款方式

1. 小组联保贷款简介

农户小组联保贷款是在小额信贷基础上衍生出来的一种不同于一般意义上小额信贷的贷款方式。借款者通过自我选择，自愿地组成一个小组，小组成员通常是具有相同的社会文化、经济背景和社会地位的人，成员之间彼此对贷款负有连带责任，故而借款者寻求合作的伙伴多是信用良好的村民。这种贷款模式包含的技术要素主要有连带责任贷款所带来的横向选择与横向监督机制、

动态激励机制、分期偿付机制和担保替代机制,为小额信贷的成功奠定了坚实的基础。小组联保贷款是孟加拉乡村银行最为核心的贷款技术,也是目前在全球范围内影响最广的小额信贷贷款技术之一,它改变了传统商业银行的信贷机制,有利于解决金融机构与农户贷款博弈中长期存在的信息不对称和小额信贷固定成本高的问题,同时小组联保贷款也是一个更加符合贫困人群的贷款合约,能有效解决农户贷款难问题,缓解因抵押担保不足所带来的矛盾。

虽然小组联保贷款有诸多优势,但其实施有一些前提条件。

①农户之间能结成联保小组,形成自动匹配效应。成功实施小组联保贷款基于一个重要假设,即农户之间必须能够结成联保小组,同时,借款人不但对自己的情况很清楚,而且也必须对周围人的风险和信用状况相当熟悉,因此,共同责任的存在使低风险的贷款人自我选择而积聚在一起组成联保小组,而风险高的借款者因为被低风险者排斥而不得不与其他高风险借款人组成联保小组,最终形成"人以群分"的自动匹配效应。值得说明的是,在有些情况下即使是相互较为熟悉的农户之间也缺乏信任与认同感,这主要是归结于信用体系的不完善以及"社会资本"的缺失,即维持联保小组成员之间关系包括各种社会关系、经济利益关系的纽带不稳定。为了使有贷款需求的借款农户能组成有效的贷款联保小组,亟须加快农村信用体系的建设和"社会资本"的积累,使小组联保贷款能够得以有效运作。

②动态激励机制能使借贷双方之间进行长期的重复博弈。彼此相互了解的农户之间组成联保小组后,尽管农村金融机构对农户进行了详尽的事前资信调查,但是借贷双方之间依然存在信息不对称的局面。而且即使第一次贷款发生之后,联保贷款能否继续维持下去存在很大的不确定性,可以说,农村金融机构与农户之间是一种不完全信息状态下的动态博弈。

③借款农户的违约行为能够被及时甄别并给予相应的惩罚。小组联保贷款在实施的过程中,由于贷款经办人员的风险意识薄弱,贷前、贷中以及贷后过程中存在许多管理漏洞。如贷前的资信调查不详实、多户借贷与一户使用带来的资金集中叠加风险、贷款审查不严、因人情或收受贿赂等意外因素发放违规贷款等,这些因素都易导致贷款转变为不良贷款,容易给贷款机构造成损失。

正如前面部分的分析,借款农户对于按时还款与违约所获得的利益存在差别,如果农村金融机构不能及时了解到农户的违约行为,或者在农户不能按时归还贷款的情况下仍有获得贷款的可能性,那么农户在比较按时还贷与违约后所获得的利益后更加倾向于违约。另外值得说明的一点是,对违约行为给予及时惩罚对于联保贷款的开展至关重要。如果对违约行为不给予足够的惩罚,任何理性的经济人都会选择一次性博弈,势必使借贷双方的博弈以贷款机构的失败而告终。此外,如果违约行为得不到及时的惩罚,由于羊群效应的存在,也势必会使信守承诺按时还款的借款者发生行为偏差,从而使更多的借款人选择违约,长此以往不利于当地信用文化的推广和金融安全区的建设。

2. 中国独特制度和社会经济环境下小组联保贷款技术设计

首先,中国是一个由政府自身推动大规模小额信贷项目的国家,几乎所有的小额信贷最初都是在政府资助的外源资金下发展起来的,是由金融体系外部的力量推动的,所以地方政府强大的行政权力使村庄的领导者在小额信贷的发展中起到了重要作用。在开展小组联保贷款的过程中,村庄领导者应定期组织村民召开中心会议,通过日常的交流加深农户之间的了解与沟通,并带动全体村民开展信用文化建设,使农户明白重诺守信的意义、按时还款带来的融资便利性和声誉增强所带来的切实好处。

其次,我国的穷困人口大多集中在偏远山区,居住比较分散,更多只能依靠农业获取收入而导致收入来源多样性欠佳。与孟加拉国的非农产业比重高、农业项目占比小的国情不同的是,我国小额信贷的贷款对象大多只能集中在农业领域内,主要以林果业和养殖业等项目为主,易遭受自然灾害风险和周期性风险的双重影响,而收入来源单一的农户又缺乏足够抵御风险的能力,使小额贷款具备较高的贷款风险。针对这一现状,要适度放大联保小组成员的最高贷款限额,农户联保贷款的授信额度不能仅仅局限在小额的范围内,这可能制约优质客户运用贷款,应根据县域地方经济发展水平、当地居民收入和需求、农村信用社的资金供应等状况确定贷款限额,做出更贴近实际的判断和决策。

最后,为了增加联保农户之间以及农户与贷款机构之间的博弈次数,强化联保贷款小组内成员间的利益相关性,消除小组内"利益与风险"的不对称性,比较有效的方法是通过建立经济合作社、专业产业化组织等方式使农户联结起来,建立"利益共享、风险共担"的合作机制,使农户之间经济利益交往频繁,增强农户之间的信息对称和信任程度,最终促进小组联保贷款融资方式的发展。

(二)个人贷款方式

1. 个人贷款方式与小组联保贷款方式的比较

普惠金融贷款是一项劳动密集型的贷款业务,除了采取小组联保贷款方式之外,还可以采取个人贷款方式。个人贷款方式不同于小组联保,不强制要求借款人组成小组为其他借款人进行担保,而是指经借款个人申请,基层金融机构运用其本土化优势深入农户家庭进行实地调查,收集借款人经营状况和家庭状况信息,分析借款人的现金流状况,并根据借款人的信用状况,采取"一次核定、随用随贷、余额控制、周转使用"的管理办法,在核定的额度和期限内直接向农户发放小额度贷款。小组联保适合于借款人之间存在紧密联系的农村社区或是存在大量流动性低、经济状况类似、从事类似业务的小额贷款客户的地区,与之相对应地,个人贷款方式则适用于经济活动较为独立的客户,对客户受教育程度的要求高于小组联保贷款。相比于小组联保贷款,个人贷款方式的优点在于对于单个借款人而言其获得贷款的成本较低,获得贷款的条件和贷款额度只与其自身的信用状况、偿债能力及还款记录有关,有利于满足客户的贷款需求,同时也有利于建立可靠的客户信用记录。

从国际上发展成功的小额信贷经验来看,第二代格莱珉银行等世界知名小额信贷机构都对小组联保贷款模式进行改革,众多研究亦表明个人贷款模式在某些方面比小组联保贷款模式更有效。有学者曾利用在菲律宾绿色银行开展的小额信贷项目,设计随机干预试验评估"株连制"和个人责任制分别在客户还款率和放贷机构整体效益上的不同影响,最新的随机干预试验方法结果显示个人责任制比"株连制"更有效率。此外,对一家小额信贷机构分别采取小组联保贷款方式和个人贷款方式的调查结果表明,个人贷款方式在平均贷款规模、资产收益率、股权收益率、操作可持续性、财务可持续性等指标方面均优于小组联保贷款模式。

2. 针对个体贷款方式的贷款技术设计

(1)贷款营销技术——主动上门

在个体贷款方式中,为了维护信贷机构与客户之间的关系,应通过与农户面对面的热情友好接触和贷款宣传,增强客户对农村金融机构的信任感,使目标客户群体的市场融资需求不断被开发。目前不少农村信用社存在的"等客上门"思想、"官商"作风以及贷款投放中的"垒大户"等不良现象需要消除,贷款机构必须高度重视贷款促销工作,应该积极采取"上门市场营销"、宣传报道等方式主动向农民介绍各项贷款产品的特点和服务功能,并根据客户的愿望、需求等偏好及时调整贷款产品和服务,不断拓展农村信贷市场。

(2)获取客户信息技术——现场调查及面谈

个体贷款技术主要是通过对目标客户特点进行详尽分析,设计简便易行的贷款程序,实行标准化流程等降低交易成本的方式对单个借款人发放贷款。这种信贷技术的核心是通过信贷员获取借款者的真实信息,在尽可能短的时间内判断客户是否有偿债能力。这对贷款机构的信贷员提出了较高的要求,信贷员应依据客户现场提供的材料以及信贷员已有的贷款经验比较从不同渠道获得的信息来评价获取信息的真实性。现场调查时应当重点同最了解其业务的人员交谈,但由于借款人为获得借款一般会忽略一些不利于自己借贷的信息,因此信贷员应当以批判的眼光确定其获得信息的真实程度。这样才有利于在信贷技术层面克服信息不对称性。

(3)验证客户提供材料真实性的技术——交叉检验

交叉检验是指信贷员通过比较从不同渠道获得的信息,对信息的真实可信度做出客观评价的一种分析方法,是一种在信贷技术层面克服信息不对称的有效方式。除了现场调查中客户提供的材料外,交叉检验还包括信贷员已有的贷款经验及信息来源等。对农户金融贷款的交叉检验一般是指对软信息的交叉检验。农户的财力状况一般都缺乏相关财务记录反映,只能通过其个人或家庭的生活状况和教育背景等其他指标反映。例如,通过对比客户住房财产条件及家庭支出的吻合程度这种信息之间的交互验证,判断客户提供信息的真实程度,有利于做出正确的贷款决策。

二、加快农村电子化金融服务渠道建设,降低机构运营成本

(一)农村电子化金融服务渠道建设的可行性及必要性分析

1. 可行性分析

随着农村经济的发展、农户家庭收入的不断提高以及现代信息技术飞速发展,我国农村的信息化基础建设速度不断加快,电话和手机以及互联网逐渐深

入千家万户。针对大部分欠发达地区农村信息化基础设施建设不断完善,互联网、手机等电子化工具普及率日渐提高的实际情况,适时适地推出使用更为方便简捷的电话银行、手机银行、网上银行和转账电话等新一代电子服务渠道,形成多渠道、立体交互式的多渠道服务体系已成为可能。

2. 必要性分析

加快推进农村电子化金融服务渠道建设有利于改善农村地方支付结算受理环境,极大地延伸现有物理网点的服务半径,在任何空间和任何时间提供自助式的金融服务,拓展服务渠道,分流柜台压力,有效缓解业务量快速增长与物理网点资源相对不足的矛盾。与建设物理网点相比,农村电子化金融服务渠道建设的购置成本和运营成本都在很大程度上得以降低。在发达国家,低成本的"直接银行服务"技术渠道——如互联网银行和自助柜员机——处理业务的成本只相当于一个银行分支机构工人柜员成本的五分之一。此外,加快推进农村电子化金融服务渠道创新建设为广大农户"人不出村"甚至"足不出户"提供了可能性,有利于小额现金存取、农户小额贷款的发放和归还等实现 24 小时全自助服务,从而极大地提高农村资金的周转率,提高生产效率,满足大部分农户对金融服务的实效性和差异性要求,最终为"多层次、广覆盖、可持续"的农村金融体系构建提供良好的运作模式。

(二)推进农村电子化金融服务渠道建设的总体思路设计

利用现代信息技术飞速发展及其在银行业广泛运用所产生的先进成果,在目前广大农村地区电话普及、计算机宽带入网率高的前提下,发展以转账电话、电话银行、网上银行、手机银行为主要电子化服务渠道,以短信通为服务手段的遍布广大乡村地区的金融电子化服务网络。下面以转账电话和手机银行为例,分析通过"农村金融服务代办点"技术和机制的创新是如何解决当前农村信息不对称以及金融机构高运营成本问题的。

1. 使用和创新转账电话

转账电话是指将刷卡槽加装在农户的普通电话机上,使其具备查询、转账和缴费功能。在农村大多数地区,由于居住分散,农户离当地金融机构的距离一般较远,为了方便农户获得金融服务,降低机构运行成本,一般将转账电话安放在人口流动相对较大的农资商店、商品销售点等地方,供全村集体使用。转账电话的小额现金流转模式主要是通过存在于农户与城镇物理网点之间的中介——农资商店店主完成的。店主同农户收取适当小额费用，使农户在店主处通过转账电话实现现金存取，店主可将日常经营的周转资金用于小额现金流转，并在去县城或镇里进货时进行调剂。店主对当地农户的相关信息掌握得更充分，金融机构以转账电话为纽带，和店主建立起与本村小额信贷挂钩的激励约束机制。农村电子化金融服务机制的积极探索和创新，在很大程度上节约了农户往返物理网点的时间和经济成本，农资商店店主也因此而得到适当的经济回报，外部经济得到体现，从而实现农村社会总体福利的增加，达到了"农户—店主—银行"三方共赢的社会经济效益最大化格局。

2. 探索我国农村手机银行运作模式

农村地区居民分散、人均收入水平低等因素使银行开展业务显得力不从心。随着手机的普及，利用手机开办低成本的银行业务成为可能。普通意义的手机银行是基于银行现有网络覆盖而提供的一种增值性、电子化金融服务，其业务范围一般涵盖了存取款、缴费、汇款、偿还贷款等方面。世界银行扶贫协商小组在菲律宾的调查显示建立银行网点的成本是运用手机及第三方中介成本的好几倍，用手机替代传统银行服务能够使银行运营成本降低 30％ 左右。此外，菲律宾利用手机银行网络处理转账业务的成本节约亦十分明显。在菲律宾，通过银行渠道办理转账业务的平均成本为 2.5 美元，而通过手机银行进行自动转账的平均成本仅为 0.5 美元。因此，手机银行有效解决了农村金融服务成本过高的问题。我国农村地区同样面临金融网点少、业务覆盖率低、金融服务成本高的问题，探索我国农村手机银行业务的运作模式，对提升我国农村金融服务水平有重要意义。

为了给农村和贫困地区的农户提供手机银行业务，一般需要引入第三方中介机构替代银行分支机构。第三方中介机构的主要功能是作为银行分支机构的补充，代理小额现金业务，为手机银行用户办理现金收支，并与银行和电信运营商进行结算。客户可在就近的第三方中介机构办理存款、取款、转账、缴费、查询账户余额等业务，也可在第三方中介机构领取政府补贴金和工资。另外，手机银行作为一种新的服务方式，发挥了移动通信"随时随地"的特征，使客户实现了在"任何时间、任何地点"办理银行业务的可能，充分显示了手机银行在拓宽农村金融服务渠道方面的作用。值得说明的是，在第三方中介机构的选择上,应根据我国农村地区的特点,选择农民信赖度高、业务持续性强的商业网点,或由政府、电信运营商和农村合作金融机构联合出资成立第三方中介机构,保证农民办理现金业务的安全性。此外,将各类农村经济组织,如小额贷款公司、乡镇担保公司、农村资金互助社、农民专业合作社等引入手机银行业务中,有利于建立适合我国国情的农村手机银行业务模式。

(三)推进农村电子化金融服务渠道建设的支撑条件探讨

1.大力宣传普及电子化金融知识

由于广大农村地区居民普遍缺乏对金融及现代信息技术、电子化金融服务渠道的了解,认为电子信息知识看不见、摸不着,因而安全性较低,因此,把物理网点作为获取金融服务的主渠道这种传统观念在农民心目中根深蒂固,这就使农户对电子化金融服务设备的使用率偏低。为了使转账电话、手机银行和网上银行等电子化金融服务设备能够在广大农村地区得到推广使用,必须在农村地区大力宣传普及电子化金融知识,使更多的农村客户认识、了解并且接受这些电子化金融服务设备。[①]

一方面,不定期开展金融下乡活动。主要包括金融机构相关工作人员通过设点或上门等方式发放电子金融服务正确使用手册,或当地金融机构举办相关短期金融教育培训班等方式,使广大农户迅速掌握最基础的电子化金融服务知识。

另一方面,充分发挥大学生村官在信息技术知识方面的优势。大学生村官是与当地农村居民联系最密切的知识分子群体,以大学生村官作为使用电子金融服务的指导者,通过大学生村官的言传身教,提高广大农户使用电子化金融服务设备的能力,加快面向"三农"的电子化金融服务渠道建设。

2.加大电子化自助服务设备投入农村市场的力度

由于手机和自助银行等电子设备的购置成本、运行维护费用在前期投入较大,且静态投资回收期从项目建设期算起,用各年的净收入将全部投资收回所需的期限较长,因此单靠农村金融机构自身的力量难以使电子化自助服务设备在广大农村地区得到推广。

---

① 上官鸣,刘喜姣,温喜平.互联网金融对农村普惠金融发展的对策研究[J].中国市场,2018(2):69-70.

为了鼓励农村金融机构对农村电子化金融服务渠道建设的持续投入,国家应给予相关的财税支持,可以从两方面展开。一方面,在国家督促改善农村地区支付服务环境的支持下,结合我国目前开展得有声有色的"家电下乡"政策,将电子化金融服务渠道建设纳入"家电下乡"范畴,对农村金融机构购置电子化金融服务设备给予相关的"家电下乡"补贴,降低其设备购置成本。另一方面,对农村金融机构所获得的电子化金融服务收入免收营业税,从所得税应税收入中给予相应扣除,以降低电子化金融服务设备的运营成本,增加农村金融机构自有资金的积累,增强资本实力,从而增加金融机构对电子化金融服务设备的资金投入。

三、通过贷款业务流程再造,建立扁平化管理机构

(一)贷款业务流程再造应遵循的原则

1. 以客户为中心,提高客户服务质量的原则

贷款业务流程的优化及再造的核心要突出以客户为中心、更好地为客户服务的理念,准确把握客户对金融产品及服务需求的信息,按照为客户提供最方便和最优质服务的思路重新设计贷款各项业务流程,突出改善基层网点服务营销能力。业务流程再造过程中应着重体现提高客户满意度,通过引入计算机等信息技术建立以客户为中心的统一的信贷业务数据,规范信贷业务处理过程,进行标准化操作。此外,对于前台业务,要在规范化提供服务的同时体现客户的差异化,通过贷款业务流程中相关职能部门业务程序的整合,缩短客户获得相关贷款金融服务所需要的时间,最终建立能以最快的速度响应和满足不断变化的差异化、个性化金融服务需求的业务流程,建立以客户为中心的营销服务流程。

2. 防范和控制风险的原则

业务流程再造强调以首尾相连的完整过程取代传统的组织部门化、难以管理的局面。从降低机构成本角度出发,根据流程再造的需要,在逐步减少管理层次,减少管理的中间环节,坚持组织架构精简高效的前提下,通过建立分工合理的内控机制,降低原有各部门之间的摩擦程度,减少各流程环节管理费用和管理成本,实施贷款业务流程再造。业务流程再造要有利于防范和控制风险,

既要避免或减少对客户服务和业务发展的不利影响,也要防止在管理上因职能合并而出现的真空和漏洞现象,确保业务流程再造的有效实施。

（二）贷款业务流程再造技术设计

1. 缩短信贷业务流程的长度

在传统的贷款流程中受理审查、贷前调查、项目评估、风险审查、贷款审批、用款条件审查等环节采用的是直线连续式业务流程。一个工作部门的工作未完成,另一个工作部门的工作就不能开始,这种层层上报、层层审核的流程,信息传递层层衰减,不易明确责任,效率低下。为了提高工作效率和质量,应尽可能缩短信贷业务流程的长度,切实改变部分业务授权环节较多、操作流程较为复杂的状况,实施全面的业务流程再造。突出信贷审批、业务操作等核心业务流程,剔除低价值的操作环节,对分开、重复的多道工序加以合理归并,减少不必要的流程环节,变顺次作业为并行作业,将一些审核环节进行整合,将需要共享资源的活动转化为同步进行,由单一线性的处理方式向多个业务并行协调发展,减少环节之间的接触点,减少冲突,同时减少业务流程所需时间和管理费用。

2. 精简管理层级,推行扁平化管理

配合业务流程再造,尽量减少管理环节和层级。纵向压缩,横向集成,减少部门间、层级间、岗位间的交接和协调活动,通过简化和优化管理流程,梳理内部管理流程和机构设置,推行扁平化和矩阵式的管理架构,形成前中后台职责分离、运作清晰、协作高效的模块化结构,实现直接贴近市场,直接贴近客户,由传统金字塔形的组织模式转变为能够为客户提供一站式、"套餐式"、全方位服务的扁平化组织。通过实行集中办公,采用开放式服务,减少文件传递和处理,增强业务活动透明化程度。

四、建立横向监督、动态激励、分期偿付等机制,提高还贷率

（一）利用横向监督机制,解决道德风险问题

由于金融机构与农户之间存在信息不对称,当农户获得贷款后,容易发生道德风险问题,主要表现在以下几个方面。一是当借款人为风险偏好者时,偏好于选择潜在收益较高和风险也较高的项目,不能审慎地使用资金。二是借款人借入资金进行投资,只承担有限责任,在项目经营中努力程度不足,并存在懈

怠的倾向,加大了项目风险,导致项目成功的概率降低。三是借款人在项目收益实现后可能谎报项目收益情况,加大了贷款人对项目的审计成本。四是项目收益实现后,借款人没有还款的意愿,恶意赖债。

1. 横向监督机制与项目选择、努力程度选择

相比于个人责任贷款技术,连带责任贷款技术的横向监督机制可以有效解决借款人倾向于选择高风险项目的道德风险问题。小额信贷机构采用连带责任贷款技术的核心和关键在于,如果某个借款人的项目失败导致破产,项目的搭档要支付罚金并负连带责任。正是因为连带责任的存在,借款人相互监督的积极性得到提高,监督的结果便是借款人最终会选择较为安全和风险程度较低的项目。同时,借款人之间的主动监督行为也有利于化解借款人在项目经营过程中的偷懒倾向。

2. 横向监督机制与审计成本、执行偿付放款机构

为了核实贷款项目的实际收益,需要对其进行项目审计,当放贷项目的潜在审计成本高于贷款收益时,贷款机构难以实现盈亏平衡,难以保证财务可持续发展,贷款的可行性空间将缩小。在农村金融机构贷款实践中,审计成本的降低也是农村金融机构得以生存的因素之一。北京工商大学张伟的研究表明连带责任贷款技术有利于减少审计成本,提高效率。当借款者声称项目收益太低而难以还款时,连带责任小组成员可以执行项目审计,证实项目收益,避免了农村金融机构的高额审计成本。仅当整个贷款小组的成员都宣称无力还款时,贷款机构才需要对其进行项目审计,大大降低了贷款人的审计成本,扩大了贷款的可行性空间。连带责任贷款技术通过横向监督机制引发的社会制裁迫使其小组成员偿还贷款,或者说项目成功的小组成员可以代替项目失败的小组成员偿还其所欠贷款,这种机制有利于提高还款率。值得说明的是,连带责任技术应该警惕整个小组合谋而集体违约从而对偿还率造成负面效应的后果。

(二)通过次序贷款、累进贷款等技术安排,建立动态激励还款机制

在高监督成本下,确保小额贷款高偿还率的制度创新是动态激励机制的安排,次序贷款、符合条件的再次贷款、累进贷款等技术安排,有利于形成对借款人行为的动态激励。次序贷款技术的核心在于不是一次性向小组成员同时发放贷款,而是按照次序依次对小组成员发放贷款,产生正向的分类配对,甄别出

风险程度较高的借款人。符合条件的再次贷款和累进贷款制度安排是指在贷款活动中首先发放数额较小的贷款,只有当借款者及时归还小规模贷款的前提下,才开始发放数额较大的贷款。如果小规模的贷款不能被及时偿还,进一步的信用渠道就将被切断。另外,对于通过"检验"的具有良好信贷记录的借款者,则可以对其提供连续贷款承诺,逐渐增加贷款额度,在条件允许的情况下贷款利率随客户还贷次数的增加和资信状况的提高而逐次降低,从而在更大程度上满足农户的资金需求,并以农户对连续贷款的期望来约束他们的行为。

上述动态激励机制的引入将会增加对借款者还贷的激励,提高小额贷款的还贷率。而且,动态激励机制的运用也有利于加强个人信用和形成良好的农村信用环境,以确保高的偿还率。如果贷款数额较小,承贷农户的信用度较高,周围的信用环境良好,即使承贷农户的即期现金流不足,通过后期努力或者其他补偿措施也极有可能逐步回收小额贷款。但是,如果信用环境不佳,农户信用度较低,那么小额信贷的回收就会出现困难,从而降低小额信贷的偿还率。

(三)导入灵活还款机制,合理安排分期还款额与还款期限

小额信贷是一种有偿使用的扶贫资金,要做到"贷得出、收得回",因此,能否按期收回贷款本息是衡量贷款质量好坏的主要标志。无论是个人信用贷款还是农户联保贷款,能否按时回收,很大程度上依赖于承贷农户还款时的现金流状况。实行分期偿付还款计划有助于培养贫困人口的理财能力,促使借款人实现经营多样化,也有利于培养借款人信用意识,减少贷款人经营风险。

提高小额贷款回收率是小额信贷机构的终极目标,而贷款回收的质量与贷款产品还款额与还款期限的设计极其相关。因此,在农村普惠金融贷款偿还机制的设计上,不能机械地规定每周或每旬还款,应充分考虑种养业生产周期、商品经济发展程度、农民居住集中程度、交通便利性、市场发育程度给农民提供的获得收入的机会以及整贷零还的操作成本、贫困户的综合还贷能力等各种变量,因地制宜,灵活调整贷款的还款额度和还贷期限。[1] 例如,根据借款人经营环境的不同重新调整分期还款额,经营高峰期还款额可以较高,经营非高峰期还款额可以降低,从而制定一个符合借款人还款能力的分期还款计划。另外,还款方式也

① 唐铮玉.互联网金融背景下普惠金融发展分析[J].现代营销(经营版),2018(8):202-203.

不能搞一刀切,应该由每个分社、中心根据居住条件、项目长短来灵活确定。

第三节 互联网金融视角下农村普惠金融贷款技术支持策略研究

一、大力发展农业保险和农户小额贷款保险,化解银行经营风险

我国是农业大国,农户小额信贷主要用于农业生产的局面在短期内将不会改变,而农业的自然风险以及处于过剩经济环境中面对的市场风险很大,这成为制约小额信贷发展的"瓶颈",应该通过发展农业保险来转移农业信贷风险。农业保险本身可能并不是抵押品,但是保险可以防止天灾人祸导致的贷款损失,发挥和抵押物相类似的作用,作为抵押物的替代。小额贷款保险作为专为农民贷款户量身设计的险种,也具有抵押替代的作用。针对农村金融机构因担心贷款农户出现意外事故不敢放贷的实际情况,保险公司可在农村合作银行向农民发放小额贷款时,专为贷款户配套提供一款意外伤害保险,并约定银行为第一受益人,贷款户一旦出险,必须在清偿贷款后,才能得到相应赔偿,从而有力地化解银行经营风险,提高其放贷的积极性,有效解决农民找担保难的问题。

应鼓励各保险公司与农村银行类金融机构建立广覆盖、多层次、政策互补、风险共担的互动机制,加强产品开发、销售渠道和风险管控等方面的合作,充分发挥银行利率和保险费率的杠杆机制,探索分散农业风险和解决农村"贷款难"问题的有效方式,完善农村金融支持体系。要通过加强保险业与农村银行、邮政、农信社等机构的合作,强化金融对"三农"的资金支持和风险保障作用,进一步提高保险业和上述机构的合作层次和深度。

第一,建立农险产品合作开发机制。联合开发小额信贷借款人意外伤害保险、借款人财产保险等新产品,并按照"整体推动、市场运作、保障全面、保费低廉"的原则联合推广。

第二,建立融资与保险配套合作机制。一方面,由农村信用社等农村银行机构完善现有的农业贷款户经济档案内容,增加贷款户的保险记录,并将申请贷款户是否参保、参保类别、参保金额、参保年限等内容作为审核发放贷款的重要参考因素。另一方面,由保险公司进一步丰富农业保险品种,提高保险服务

质量,发挥农业保险对防范和化解农村信贷风险的积极作用。

第三,健全再保险市场体系。探索建立政策性农业再保险机制,通过采取财政补贴、税收优惠等有力措施,鼓励各类商业性保险公司为农业保险提供再保险支持,建立有效的巨灾风险分散机制,从而降低贷款的风险。

二、农村金融机构围绕国家支农惠农政策开展农村金融创新

国家支农惠农政策的直接效果是持续增加了对农村的资金投入,这正是新农村建设所必需的,也创造了丰富的农村金融资源,因此,农村金融机构应围绕国家支农惠农政策的落实开展农村金融创新,为普惠金融的可持续性发展提供广阔的前景和空间。

一是围绕国家财政对农民的补贴政策开展金融创新。农村金融机构应充分利用已经成熟的结算支付系统、运营网络,与财政部正在建设的"中国农民补贴网"对接,开发惠农金融产品和服务,为国家财政补贴资金直接从国库发放到农民手中建立金融载体和金融通道。

二是围绕国家支农惠农的金融扶持政策开展金融创新。一方面,应配合国家财政扶持政策开发自身独立经营的小额农户贷款、农业企业贷款、农业事业法人信贷,满足农村有效信贷需求者的融资需求。另一方面,在围绕政策性农业保险制度,以"农业保险＋农行贷款""农业保险财政补贴＋农行贷款""农业保险龙头企业基地农户"等方式开发新型农村信贷产品的同时,加强与地方政府部门及中介机构合作,开展政府、中介机构、产业化企业信贷担保创新,解决农村贷款担保缺失问题。

三、敦促农村金融机构突破原有的思维定式,更新经营理念

目前大多数农村金融机构以追求利润最大化为目标,他们认为这与为社会弱势群体提供贷款服务而承担社会责任之间存在冲突,因而将贷款对象定位于有一定资本积累的人,并对他们发放大额贷款,以追求稳定的利润。但事实表明,通过承担社会责任而提高金融服务的广度和深度与金融机构的利润目标和可持续发展目标的实现这两者之间是可以同时达到的。

例如通过将贷款总额进行细分,尽可能多地集合符合要求的贷款个体,可以达到分散风险的目的,同时又将贷款对象瞄准在农民、中低收入者和小企业

主上,扩大了贷款对象的覆盖面。因此,要求农村金融机构突破原有的思维定式,更新经营理念,树立普惠金融理念,意识到扶助贫困弱势群体能使金融机构赢得良好的社会形象,创造丰富的无形资产,承担社会责任能给机构带来持续发展的强大动力,并最终获得持久的长远利益。为此,国家应为农村金融机构承担社会责任创造良好的环境和条件,建立承担社会责任的激励机制。人民银行应发挥存款准备金、支农再贷款、利率等货币政策工具在鼓励农村金融企业承担社会责任中的作用,给予涉农贷款机构再贷款、再贴现、金融市场资金拆借等资格优先、利率优惠等政策,对于积极主动承担社会责任的农村金融机构应实行较低的存款准备金率和差别利率政策。

四、提供专业的微贷技术培训,建设一支执行力强的信贷员队伍

小额信贷一般无抵押、风险大、成本高、笔数多、管理难,难以进行有效的市场拓展,因此需要提供专业的微贷技术培训,让专业的人去做专业的事。从国内和国际的一些成功案例来看,只要能严格地按照业务流程,安排执行力很强的信贷员队伍去做贷款,其不良贷款利率就会得到控制。因此,现在贷款的风险其实就等于信贷员的风险,应通过提供全方位的专业技术培训,建设一支强有力的信贷员队伍来控制贷款的风险。具体而言包括以下几个方面。[①]

一是严格挑选合格的信贷员。不一定只有高学历的人员才能成为小额信贷的信贷员,对其文化水平要求并不像高端金融服务那么高,但是要成为合格的普惠金融的信贷员,必须有爱心和责任心。

二是督促信贷员树立一种"普惠金融"的理念。合格的信贷员必须有强烈的帮助穷人脱贫的意识,要想方设法为穷人解决困难。

三是定期开办各种短期的小额信贷人员培训班,安排各种课程内容的学习,包括小额贷款业务受理、操作风险管理、客户关系管理、财务风险管理等一些课程。

四是为信贷员提供可持续发展的平台。这是指对每一个信贷员都提供其职业生涯的规划,增强信贷人员的归属感和责任心。

---

① 张艳. 农村互联网金融的内涵、模式及创新监管对策[J].江苏农业科学,2018,46(15):339-343.

第八章　互联网金融视角下中国农村普惠金融发展案例分析(一)

——以"宜农贷"平台为例

　　"宜农贷"作为国内首个公益理财助农平台,自 2009 年成立至今,一直坚持的理念是"穷人有信用,信用有价值",该理念是由国际普惠金融之父穆罕默德·尤努斯提出的,可见"宜农贷"全力助推普惠金融深入农村发展,做到扎根农村、惠及农民。2016 年停业及问题 P2P 平台数量达到 1741 家,而正常运营平台数量才达2448 家,在众多 P2P 平台运营失败的环境下,"宜农贷"不仅运营规模逐渐扩大,而且做到了公益性和商业性的结合,切实促进了农村普惠金融的发展,它的成功经验值得借鉴,而"宜农贷"存在的问题也是其他农村互联网金融主体所存在的,所以本章选取"宜农贷"进行案例分析,从而得出促进农村普惠金融发展的启示。

第一节　"宜农贷"平台介绍

一、基本情况

　　宜信公司作为 P2P 信贷服务领军企业,自 2009 年开始深耕中国广大农村,加入农村普惠金融的行列,不断进行理念、模式、技术的创新,志在通过已经成熟的 P2P 平台为农村地区输送资金。公司于 2009 年推出国内首个公益理财助农平台——"宜农贷",通过该互联网平台促进农村和城市资金、信息的流动。"宜农贷"以借贷方式实现"造血式"扶贫模式,不同于原有以捐赠方式为主的"输血式"扶贫模式,实现了公益和商业的完美结合。平台的服务对象为属于"三农"范畴中的低收入者和贫困人群,且一般为 60 周岁以下的已婚女性。平台致力于为农村借款人、城市出借人提供小额贷款资讯,借助互联网把城市爱心出借人的零散资金汇集起来,提供给需要资金的农村借款人,出借人仅收取不到 2% 的利息,最低出借金额 100 元,每个人一两百元的资金汇集在一起就能够满足贫困农户的资金需求,缓解农村贷款难的现状。

二、发展现状

"宜农贷"作为一家公益性质的 P2P 助农平台,自 2009 年成立以来平台规模在不断地扩大,出借金额、资助农户都与日俱增,自 2013 年至 2018 年,虽然"宜农贷"贷款规模以及资助农户同比增速均呈下降趋势,但是总体规模仍呈增长态,且增速大于 20%,说明发展依然迅猛。

截至 2018 年 7 月,"宜农贷"与 14 个省市 27 个地区的合作机构建立了合作关系,共发动超过 17 万爱心人士出借资金,累计出借金额超过 3 亿元人民币,直接受益农户达 25985 位。

此外,"宜农贷"还推出了"宜农万里行"活动,活动每年组织爱心出借人前往欠发达地区考察信贷宜农成果、进行助农体验。自 2009 年起,共 76 次助农考察体验,行程 194190 多公里,共 2077 位助农人士参与。

三、发展历程

2009 年,"宜农贷"上线并签约第一家合作机构"陕西省西乡县妇女发展协会",贫困农户第一次通过平台获得借款;2010 年,"宜农贷"开展国际华裔中学生助农体验活动,且荣获"招商局扶贫创新行动奖";2011 年,"宜农贷"首次推出"公益压岁钱计划";2012 年,"宜农贷"出借金额达 1000 万元,获得各类奖项十余个,获得"2012 年度微公益单位"称号;2013 年,"宜农贷"网全新改版升级,爱心出借金额突破 5000 万元,爱心出借人突破 10 万人;2014 年,"宜农贷"成立五周年,爱心出借金额突破 1 亿元;2015 年,"宜农贷"入选央行《中国农村金融报告(2014)》的互联网支农创新案例,"宜农贷"出借金额突破 2 亿元;2018 年,"宜农贷"爱心助农资金突破 3 亿元,宜农场帮助合作机构销售农产品总额超过 300 万元,"宜农贷"入围 MIT 普惠创新国际大奖,引领中国普惠金融创新。

四、操作流程

"宜农贷"作为一个信息匹配平台,在农村借款人和爱心出借人之间搭建桥梁,不吸纳资金、不发放贷款,而是与国家依法审批的农村小额信贷机构合作,从中收取中间费用。平台目前已经与陕西西乡、河南虞城、重庆开县等 24 家优秀的农村小额信贷机构建立了合作关系,在 14 个省市 27 个地区有合作机构,对于农村小额贷款机构选取有严格的条件限制,如图 8-1 所示。

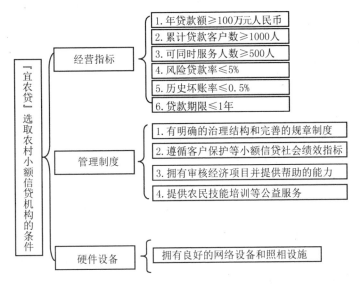

图 8-1　"宜农贷"选取农村小额信贷机构的条件

此外,与"宜农贷"平台合作的农村小额贷款机构必须对 P2P 网络贷款平台存在深刻的理解且有强烈的合作意愿,有志于帮助中国广大贫苦农民脱贫致富,并且有两年以上从事农村小额贷款工作经验。目前"宜农贷"模式包含了四类参与者:个人投资者、"宜农贷"中介平台、小额信贷机构以及具有资金需求的借款人。"宜农贷"主要有六大操作流程,包括 8 小步骤,如图 8-2 所示。

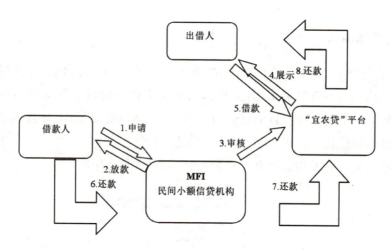

图 8-2　"宜农贷"操作流程

数据来源:未央网 http://www.weiyangx.com/。

(一)借款人向小额信贷机构申请

借款人首先向与"宜农贷"有合作关系的小额信贷机构申请"宜农贷"的借款。借款人必须为 60 周岁以下的已婚女性,并且属于"三农"范畴的贫困人群或者经其他小额贷款组织认可的农村中低收入阶层。小额信贷机构收到借款人的借款申请之后会让信贷员对借款人的信息进行信用审核。主要的审核要点包括:借款人的基本信息(性别、年龄、户籍、家庭信息及收入情况)、贷款用途、贷款期限、信用状况以及借款人的道德和文化素质。此外,信贷员还要采集借款人在家中或在劳作场所的照片,制作成文字及影像资料。

(二)小额信贷机构对借款人放款

对借款人审核通过后,小额信贷机构会根据借款人情况确定贷款金额、贷款利率及贷款期限,与借款人签署贷款协议,借款人与小额信贷机构的债务关系确立。此外,在某些情况下小额贷款机构可先将贷款发放给需要资金的农户。

(三)"宜农贷"平台对小额信贷机构提交资料进行审核

小额信贷机构将审核通过的借款人的相关信息上传到"宜农贷"平台。因为已经通过小额贷款机构的审批,所以平台对借款者的审批就相对简单,只需满足准入条件且其贷款用途正常即可。平台审核通过后,与小额信贷机构签订债权转让协议,借款人的债权就从小额信贷机构转让到了"宜农贷"平台。

(四)"宜农贷"平台向出借人展示借款人信息

"宜农贷"将审核通过的借款人信息发布到平台的网站上向出借人展示,并将借款人债权在平台上出售。在平台上发布的借款人信息包括:借款人姓名、居住地址、故事简介(包括家庭信息及经营情况)、现场照片、见证机构(即与"宜农贷"合作的小额贷款机构)、贷款用途、贷款期限、还款方式、还款时间等。[①]

(五)出借人借款

爱心出借人通过浏览"宜农贷"平台展示的借款人信息,自行选择合适的客户,以百元为单位进行投资,用个人自有资金认购借款人的债权,投资者的收益包括本金及年化2%的收益。

(六)借款人还款付息

借款人按约定的期限将本金和利息归还给签署协议的小额信贷机构。从借款人处收回贷款之后,小额贷款机构将出借人的本息转给"宜农贷"平台,再由"宜农贷"平台将本息划拨给借款人。整个过程中借款农户承担的贷款利息包括:出借人2%的投资收益,"宜农贷"平台1%的管理费用,以及小额信贷机构的利息收入(不同小额贷款机构设定的利息率不同)。当借款者完全偿还借款时,出借人可以选择提现或是再次出借给新的农户,或者出借人一开始就选择"循环出借",形成爱心接力。

第二节　"宜农贷"平台 SWOT 分析

一、面临的优势(Strength)

(一)实现了信息透明化

同传统借贷相比,"宜农贷"的信息透明度较高,借款人的详细信息会在平

---

① 武明成.",宜农贷"类平台农村普惠金融发展案例分析[D].蚌埠:安徽财经大学,2018.

台网站上公布以供出借人浏览,并且公布的借款农户信息已经过严格审核,其真实性和完整性程度较高。出借人可以根据借款人的家庭信息、借款用途、信用状况决定是否出借,避免了传统借贷不知资金去向、信息不对称的弊端。此外,平台还会继续披露借款人的还款进度以及生活改善状况,使出借人充分了解资金动向。

(二)门槛低、交易成本低

目前在农村地区,由于农村金融形态的分散程度高,没有正规的制度约束,所以传统金融机构无法很好地掌握农村资金需求者的信用状况、资产负债状况以及贷款用途,因而会提高贷款门槛。因此,一部分农户无法享受到金融服务,陷入了贷款难的困境,这严重违背了普惠金融的基本原则,阻碍了农村普惠金融的推广。"宜农贷"平台采用公益助农的模式,经过审核的借款农户即可在平台上获得来自爱心出借人的借款,借款人仅仅需要属于"三农"范畴、农村贫困人群或中低收入阶层、农村 60 周岁以下已婚女性,提供的信息详细且信用状况良好即可,所以"宜农贷"平台门槛极低,真正地解决了农户贷款难的问题,推动资金流入农村。另外出借人的门槛也很低,只需 100 元就可以为改善农户的生活状况贡献一分力量,这样的低门槛大大扩大了爱心出借人的范围,扩充了资金的来源。[①]

在高风险低收益的农村地区,传统金融机构广设网点将会耗费大量的物理网点成本、人工成本以及信息成本,收益与成本不匹配。"宜农贷"平台整个交易过程在互联网上进行,免去了设立大量物理网点的成本,而且相对于其他高利率的 P2P 平台,该平台采取的是公益助农的模式,仅收取 1% 的服务费,爱心出借人也只是收取 2% 的投资收益,交易成本低且效率高。

(三)坏账率低

"宜农贷"平台自 2009 年运营至今,始终保持着零坏账的记录,借款农户的及时还款率为 100%。首先针对 MFI,"宜农贷"会严格筛选要合作的公益性小额信贷机构,进行详细评估。目前平台合作的小额信贷机构均具有多年的扶贫经验,并且运营状况良好,各项制度完善,历史坏账率在 0.5% 以下。然后对于

---

① 武明成.“宜农贷”类平台农村普惠金融发展案例分析[D].蚌埠:安徽财经大学,2018.

借款人,"宜农贷"平台的借款人都经过 MFI 严格筛选,MFI 在与借款人签署贷款协议时,同时要求借款人签署五户联保的协议,由五个借款人互为担保人,当借款人自身发生违约时其他四位借款人有责任替其还款,而其他借款人发生违约时借款人需承担催收及还款的责任,这些都是借款人及时还款的保障。此外,当借款人由于资金周转困难确实无法及时还款时,小额信贷机构会按照与"宜农贷"签订的协议替借款人还款给爱心出借人。最后,"宜农贷"是属于宜信公司的扶贫助农项目,宜信作为中国领先的综合性现代服务类企业,在"宜农贷"出现问题时,会对其进行强有力的扶持,以确保出借人的资金不受损失。

二、存在的劣势(Weakness)

(一)平台入不敷出

"宜农贷"作为公益性质的助农平台,以极低的利率为农户提供贷款。目前"宜农贷"的贷款利率中出借人的利率为 2%,与其合作的小额贷款机构的利率为 9% 左右,而平台自身收取 1% 的管理费。所以农户贷款利息的绝大一部分被小额贷款机构所获得,平台整个过程的收入仅为 1% 的管理费。相比较而言,目前平台的支出成本较高,包括工作人员的工资支出、设备系统的维护费用、维持日常周转的资金成本、广告费用支出,等等。此外,由于贷款人属于"三农"范畴,都处于环境较差、基础设施不健全的农村地区,工作人员审核和发放贷款的难度较大,这无形中增加了平台的营运成本。可见"宜农贷"收取的管理费远不足以覆盖其运营成本,存在严重的收支不平衡。长此以往,资金缺口逐渐拉大,不利于"宜农贷"的稳定运营。

(二)资金来源受限

由于"宜农贷"的贷款利率较低,所以该平台的资金来源主要是各公益团体及个人的贷款。但是目前各商业性的 P2P 平台在市场上层出不穷,它们的贷款利率更高,出借人为了获取更高的收益可能会放弃低利率的"宜农贷"平台而选择贷款利率更高的商业性 P2P 平台或其他理财产品。所以,"宜农贷"目前面临的问题是如何吸引和保持爱心出借人,获取持续的资金来源。

(三)缺乏监管

"宜农贷"选择的是与小额贷款信贷机构合作的形式,2008 年银监会出台了《关于小额贷款公司试点的指导意见》,仅对商业性小额信贷机构起到了约束作用,却没有涉及公益性小额信贷机构,说明我国针对像"宜农贷"这样的公益性质的小额信贷还没有专门的监管政策。此外,"宜农贷"作为P2P平台,其自身也存在监管主体不明、监管法律缺失等各P2P平台普遍存在的问题。我国对于P2P行业的监管缺失,为将来的P2P模式的发展埋下了风险隐患。"宜农贷"在缺乏监管的环境下,可能会给不法分子留下可操作的空间,造成资金链断裂,使"宜农贷"平台失去爱心出借人的信任,得不到持续的资金资助,不利于平台以后的发展。

三、潜在的机会(Opportunity)

政府的政策支持是推动"宜农贷"发展的强大动力。自2013年11月习近平总书记首次提出"精准扶贫"以来,"精准"已成为中国扶贫、脱贫工作的最重要关键词。面对我国目前农村资金长期持续严重外流的现状,"宜农贷"自成立起就坚持走"精准扶贫"道路,把城市的资金引流回农村,在城市出借人和农村借款人之间搭建桥梁,通过公益性小额信贷组织把资金发放到农村中低收入阶层和贫困人群手中,促进了农村地区经济的发展,基本上做到了习近平总书记提出的"六个精准"。此外,宜农贷作为宜信普惠金融的一种实践,以互联网为平台,积极开拓农村金融市场,使各个农村群体都获得了金融服务,响应了国家"互联网+"普惠金融的政策号召。发展农村金融服务是国际政策导向,涉农P2P平台更容易获得政府支持。有专家预计,到2020年我国"三农"互联网金融平台规模将达3200亿元,农村互联网金融正面临新的机遇。

四、存在的威胁(Threat)

(一)农村金融市场竞争激烈

农村金融市场上"宜农贷"的竞争对手来自:其他P2P助农平台、传统金融机构、电商企业。在"互联网+"推动下各金融机构纷纷布局农村金融市场,首先是各涉农P2P平台数量逐渐增长,运营和服务模式不断创新,并且以更高的收益率吸引借款人出借资金。"宜农贷"以公益为目的,贷款利率极低,在吸引出借人方面可能存在劣势,以致存在资金周转困难的威胁。然后是各传统金融机构也开始互联网化转型，推出适合农民的金融产品，利用其强大线下优势攻占农村市场，传统金融机构所具有的资本抵补能力、信用创造能力和风险管理能力远远超越"宜农贷"这些新兴起的互联网金融机构。还有阿里、京东等电商企业也深入农村金融市场，线上线下同步发展，打造全产业链闭环，对"宜农贷"的发展也造成了巨大威胁。[①]

（二）农村群体对"宜农贷"认知度低

农村群体由于受到传统文化观念的影响较深，大多数人对贷款和投资理财的认识还停留在传统金融机构的观念上，办业务依然到传统金融机构，对"宜农贷"这种新兴的网络借贷平台缺乏了解，不会使用也不愿意学习平台的操作流程。此外，目前各种 P2P 平台层出不穷，各种骗贷跑路现象时有发生，所以农民对"宜农贷"仍然缺乏信任感。

五、SWOT 矩阵的建立

将影响"宜农贷"平台的四大因素联合起来分析，如表 8-1 所示，"宜农贷"的优势在于实现了信息透明化、平台门槛低、交易成本低、平台坏账率低，应利用好优势，实现平台的可持续发展。对于平台存在的入不敷出、资金来源受限、缺乏监管的劣势，"宜农贷"应多开展一些爱心助农的公益讲座，对平台的一些资助成果进行展示，从而吸引更多的爱心出借人加入，重要的是吸引更多的投资机构定向投资"宜农贷"，拓展融资渠道，使其有持续的资金来源。此外，对于"宜农贷"类 P2P 信贷助农平台，一直存在监管主体不明、监管法律缺失的现象，我国政府部门应当明确该类平台的监管主体，从而建立起完善的监管体系，并且要及时出台有针对性的法律法规来规范平台的发展。面对农村金融市场竞争激烈、农村群体对平台认知度低的威胁，"宜农贷"应推出符合平台特色的创新产品，并在农村积极推广这些产品，向农户宣传平台和产品的操作方法。政府的政策支持是"宜农贷"发展的强大动力，其自身也要始终做到践行普惠金融的理念。总而言之，"宜农贷"应该利用优势，弥补劣势，把握机遇，规避威胁，继续为农村群体提供普惠的金融服务。

---

① 武明成."宜农贷"类平台农村普惠金融发展案例分析[D].蚌埠：安徽财经大学，2018.

表 8-1 "宜农贷"SWOT 矩阵

		内部因素	
		优势(S) 1.实现了信息透明化 2.门槛低、交易成本低 3.坏账率低	劣势(W) 1.平台入不敷出 2.资金来源受限 3.缺乏监管
外部能力	机会(O) 政府支持	SO(优势—机会策略) 1.借政策东风继续发展平台规模 2.加大信息披露力度,使平台透明度更高 3.维护平台的良好形象,吸引更多的借贷者	WO(劣势—机会策略) 1.拓展融资渠道,使平台有持续的资金来源 2.完善平台相关制度规范
	威胁(T)	ST(优势—威胁策略) 1.利用平台独有的优势巩固行业地位 2.积极宣传平台健康形象,强化品牌影响力	WT(劣势—威胁策略) 1.针对用户需求合理设计产品种类 2.向农户宣传平台的操作方法 3.推出符合平台特色的创新产品,吸引更多的借款人

第三节 "宜农贷"案例下农村普惠金融发展逻辑的思考

一、由"宜农贷"本身发展得到的思考

"宜农贷"是宜信公司普惠金融的成功实践,它以互联网为平台,用创新公益模式和金融扶贫理念为导向进行公益理财,实现了信息流与资金流在互联网平台的融合与交互。同时,"宜农贷"精准掌握农村、农业和农民发展瓶颈和需求所在,创新产品和服务方式,将爱心出借人与需要资金的农村借款人——对接起来,把城市的资金引流到农村,真正帮助了需要资金的农户,缓解了农村贷款难的问题。通过以上对"宜农贷"进行的分析和研究,得到的启示如下。[①]

一是"宜农贷"自 2009 年至今坏账率为 0,农户及时还款率为 100%,这与我国金融机构涉农贷款不良率仍然大于 2%的现状形成鲜明的对比。"宜农

---

① 武明成."宜农贷"类平台农村普惠金融发展案例分析[D].蚌埠:安徽财经大学,2018.

贷"能做到零坏账率,首先与平台对借款人和合作的小额信贷机构的严格审核以及小额信贷机构对借款人的严格审查有关,从而大大降低了信用风险。然后与其详细的信息披露制度也密不可分,从而降低了借款人和出借人之间信息不对称程度。因此,"互联网＋"背景下,各农村金融市场参与者应提升信息披露程度,努力做到出借者和借款农户之间信息对称,完善农村信用体系,降低农村金融市场的风险。

二是如今各大金融机构纷纷布局农村金融市场,竞争激烈。"宜农贷"能在传统金融机构和互联网金融机构的挤压中稳步发展,这与其扎实开展各项互联网金融业务,切实做到惠农,从而树立良好的形象以吸引出借者和借款人有关。所以各农村金融市场参与者应做到普惠于民,线上线下一体化发展,加强对农村金融产品和金融服务的创新。此外,传统金融机构和互联网金融机构在错位竞争中合作将更能推动农村普惠金融的发展。

三是对于目前"宜农贷"存在的缺乏监管的问题,是"互联网＋"背景下各金融机构普遍存在的,需要国家健全相关法律法规,做到精准监管,并对"宜农贷"这类涉农金融机构给予一定的扶持政策。

二、"宜农贷"案例引申下农村普惠金融发展逻辑的思考

(一)宜信对农村普惠金融发展的效益分析

1.有利于改善信息不对称

农村普惠金融供需双方最突出的矛盾之一就是信息不对称,从而引起逆向选择和道德风险,影响金融交易效率。在传统的农村金融交易中,农户的金融信息较少且分散,并且收集与整合这些信息需要花费大量的人力物力与财力。而在互联网金融平台上,通过运用大数据、云计算等科技可以有效地将分散的信息进行整合与分析,了解客户的信用状况,有效地规避逆向选择和道德风险。[1] 在宜信的农村普惠金融业务中,客户信息获取渠道是基层服务网点,2015年的"谷雨战略"提出要在农村建设 1000 个基层服务网点,截至 2017 年年底已经建成 300 多家基层服务网点,每个网点平均有员工 50 人,基层服务网点会对申请金融服务的农户采取入门核实的方式,这种面对面的调查能够直观地获取

---

① 武明成.宜信农村普惠金融发展案例分析[D].蚌埠:安徽财经大学,2018.

第一手信息；同时宜信在农村还与小额信贷机构、农业合作社、借款人上游企业等合作，这些合作伙伴长期深入农村一线，对农户比较了解；此外，背靠宜信长期形成的风控经验，依托宜信累积的用户平台数据，同时与合作伙伴共享数据信息，能从借款资质、还款能力、收入状况等多个维度，运用大数据技术等科技手段，对客户进行数据建模、画像，充分了解借款人信息，准确审核借款人资质。

2. 有利于提高农村地区金融交易便捷性

传统的金融服务依赖于物理网点，然而受制于时间、空间、成本等因素影响，传统的物理网点在农村地区较少，难以满足农村居民的金融需求，金融交易的便捷性较低。宜信通过利用互联网技术，实现了互联网技术与金融服务的融合。第一，金融服务不再受制于传统的物理网点的影响，客户可以通过互联网终端，比如电脑、手机、移动互联网等途径获取金融服务，农户通过"惠农平台"就可以进行金融服务咨询和获取多元户的金融产品。第二，宜信农村普惠金融有关业务手续更加简单，申请更加方便。第三，传统的金融服务流程需要到营业网点办理，但是在宜信农村普惠业务中，农户资料只需要网上提交，基层业务人员会上门核实，足不出户即可办理业务。

宜信农村普惠金融业务基本分为三个步骤，第一步是提交业务申请，这部分通过网上在线完成；第二步是资质审核，通常是业务员当面审核有关申请信息，然后宜信后台会运用有关技术评估风险与授信金额或者业务金额；第三步即为签订合同，完成有关交易，通常情况下 24 小时内即可完成交易。宜信租赁最快当日即可提车，农商贷最快 3 小时即可放款。比如宜信普惠农商贷业务，意向客户需要先在农商贷官网申请贷款业务，随后宜信工作人员会进行入户调查，对客户提供的申请信息运用大数据技术进行图谱分析、风险识别，确定贷款额度，线上完成合同签署和款项汇入，手续齐全最快 3 小时即可到账，有效打通农村金融服务的"最后一公里"，大大提高金融交易的便捷性。

3. 有利于扩大农村金融产品供给，拓宽金融服务获取渠道

银行、信用社等传统的金融机构在农村地区的业务主要为资金的存贷，一些互联网金融平台依托电商服务或者农业产业链提供的金融产品也多集中在信贷业务。宜信农村普惠金融产品涵盖了理财、信贷、租赁、保险等多个领域，并且依托互联网的优势，为解决农村地区金融服务和资金融通提供了多样化的选择，有利于农民享受到更全面的金融服务。比如宜信提供的"农商贷"就是立

足于农村实际需求展开的农村业务,为农村客户拓宽了非银行途径的融资渠道。根据宜信租赁的有关数据,宜信租赁业务范围覆盖很广,已经覆盖了国内除新疆和西藏之外的所有地区,尤其是在东北三省等粮食主产区,至今已成功为上万名农户和涉农组织提供农机金融服务。

4. 有利于促进农村公益金融发展

公益金融是在共治理念下,借助于金融的流动性和杠杆效应,以更有效地解决社会问题。不同于商业金融,公益金融更强调社会价值,不仅能够为公益事业提供充足的资金,也有利于对现有金融体系进行补充。截至 2017 年年底,"宜农贷"注册的爱心助农人士已经达到了 172082 位,资助农户 25141 户,累计资助金额接近 3 亿元。同时根据宜信普惠发布的"宜农贷"2013—2017 年度报告,整理"宜农贷"近 5 年的新增项目统计表,可以发现"宜农贷"在新增资助金额和新增资助农户方面都保持较高的增长。宜信通过跟踪调查"宜农贷"客户后续发展,发现公益性小额信贷可使农户家庭收入增长 30%,平均增长额为 16850 元。同时还组织"宜农万里行"等活动,组织出借人到农村地区考察了解帮扶情况,增进对农村、对借款人的了解,促进农村地区公益金融的发展,助力农村贫困地区脱贫致富。

(二)宜信对农村普惠金融发展的经验分析

1. 注重发挥金融科技的积极作用

根据国际金融稳定理事会对金融科技的定义,金融科技指的是基于大数据、云计算等技术带来的金融创新,包括了新的业务模式、金融产品、业务流程等。在 2017 年的"一带一路"论坛开幕式和第五次全国金融工作会议上,习近平总书记都强调了金融科技创新和普惠金融的发展,指出"要坚持创新驱动发展,促进科技同金融深度融合;要推进金融科技创新,建立金融业云计算、大数据等应用技术规范",在金融科技助推农村普惠金融发展的问题上,国内学者达成了基本共识:金融科技带来金融服务成本和效率的改变,进而实现普惠金融"普"和"惠"的统一。宜信通过金融科技的创新应用,在客户信用管理、风险控制、客户体验管理、成本控制与产品创新等方面发挥了重要作用。在信用管理方面,宜信运用大数据与云计算对客户有关数据信息进行收集,并运用计算机模型、客户画像等技术对信息进行分析处理,能迅速准确地形成客户的信用报告。在风险控制方面,运用大数据、云计算构建基于知识图谱的风险控制体系,可以在风险识别、量化与风险匹配和分散转移过程中发挥作用,同时在风险监测与预警方面,大数据提供了风险监测的技术环境,为预警系统奠定了基础。在成本控制方面,宜信对金融科技的运用既可以降低交通不便造成的大量成本,也可以扩大农村普惠金融的覆盖面。宜信的农村移动金融惠农平台的运用,整合了现有产品与服务,一站式多元化的金融服务提升了客户体验,增强了客户黏性。

2.提供综合性的农村普惠金融服务

现有其他的农村普惠金融供给方提供的金融服务较为单一。目前在农村互联网金融市场有四类金融市场主体,如表8-2所示,第一类是以新希望、大北农等企业为代表的"三农"服务商;第二类是以京东、阿里巴巴为代表的综合电商平台;第三类是以宜信、翼龙贷为代表的涉农P2P平台;第四类是以农信社、农行为代表的传统金融机构。这些农村互联网金融供给主体多依靠自身平台优势提供有关农村金融服务,宜信的农村互联网普惠金融业务涵盖了理财、信贷、租赁、保险、公益金融等方面,甚至还为农村普惠金融需求者提供能力教育。综合性的金融服务可以降低交易成本,增加客户黏性。首先,客户在办理某一种金融业务时形成的信用资料及其他的客户信息可以用在客户办理其他的金融业务上,避免了再次评价客户需要产生的成本费用。其次,一站式、全方位的金融服务供给可以减少客户跨平台选择的成本,同时增加客户的信任度和忠诚度,提高客户黏性。

表8-2 农村互联网金融市场四类金融市场主体

金融市场主体	代表企业	主营业务	农村互联网金融产品	产品性质
"三农"服务商	新希望	农药、化肥、饲料等	惠农贷、应收贷	理财、保险、担保
综合电商平台	京东	B2C电子商务	京东白条	购物、消费、信贷
涉农P2P平台	宜信	P2P网贷	宜农贷、农商贷、宜信租赁、星火理财、博诚保险等	信贷、租赁、保险、理财、公益助农等
传统金融机构	中国农业银行	资金存贷业务、结算贴现	e农管家、智付通	小贷转账、支付业务

3.注重产品与模式创新

在产品创新方面,农村普惠金融产品存在着同质化的现象,既不利于普惠金融的可持续发展,也损害了农户的普惠金融需求。而差异化、创新型的金融产品与服务不仅满足了农户的个性化、差异化的金融需求,也有助于在和其他金融机构的竞争中赢得有利位置。宜信农村普惠金融的最初实践就是带有公益性质的"宜农贷",截至目前,其帮助了2万多个农户,组织的"宜农万里行"等公益活动增进了出借人和农户的联系,还增强了出借人对宜信的认识,提高了宜信的品牌形象。宜信在农机租赁的基础上还首创奶牛活体租赁"宜定牛","宜定牛"金融业务的开展不仅解决了牧场没有资金更换奶牛的问题,满足了牧场的金融需求,更奠定了宜信在奶牛活体租赁领域的龙头位置。在模式创新方面,宜信采用线上与线下相结合的方式,而不是完全采用纯线下与纯线上的方式,这是基于我国农村信用体系现状与企业降低成本、创新发展的综合考虑。在借贷模式上,宜信不仅采用借款人与出借人直接一对一的交易,更是创新地采用债券转让模式,既可以快速满足客户的资金需求,也在风险保障方面提供有力的支持。

4.注重客户能力和信用数据建设

宜信在开展农村普惠金融的过程中还注重基础设施建设,在客户能力与农村信用体系建设方面积极实践。在客户能力方面,传统的金融机构注重金融业务本身,宜信不仅注重金融业务本身,还注重客户能力建设。授人以鱼不如授人以渔,宜信在提供农村普惠金融业务的同时,坚持以客户为中心,把客户能力建设摆在重要的位置,通过信翼计划互联网微课,提供咨询、教育、研讨等一系列的项目。增强客户能力建设有利于增强客户的风险意识和农业产业经营能力,增强金融业务可偿还性,减少金融业务风险;同时还能增进与客户的联系与了解,增强客户黏性,减少信息不对称,缓解逆向选择和道德风险。[1] 在农村信用体系建设方面,宜信在农村普惠金融的实践过程中坚持"人人有信用、信用有价值"的理念,农村居民的信用空白并不等于没有信用,宜信在开展业务的同时对农户进行信用教育,引导农户诚实守信,并且注重农户的信用成长数据的收集,如图8-3所示,2015年开始授予的"诚信之家"的农户数量是237户,2016年是416户,2017年达到了568户,截至2017年年底已经累计达到了1221户,

---

① 　武明成.宜信农村普惠金融发展案例分析[D].蚌埠:安徽财经大学,2018.

为后期的业务发展提供了很好的信用支持。

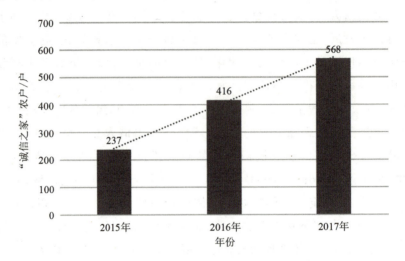

图 8-3   2015—2017 年"诚信之家"农户授予数量

第九章 互联网金融视角下中国农村普惠金融发展案例分析(二)

——以"蚂蚁金服"平台为例

第一节 蚂蚁金服普惠金融发展现状

一、蚂蚁金服介绍

介绍蚂蚁金服,必须先从支付宝开始。支付宝始于 2003 年 10 月 18 日,是淘宝网在满足日益壮大的支付需要时所推出的第三方支付工具。2004 年,支付宝从淘宝网剥离,开始向更多的合作方提供服务,成为专门的第三方支付平台。至 2013 年年底,支付宝实名认证用户超过 3 亿。2013 年 3 月,作为支付宝母公司的浙江阿里巴巴电子商务有限公司以支付宝为主体筹备小微金融服务集团,即蚂蚁金服的前身。支付宝于 2013 年 6 月与天弘基金合作推出"余额宝"产品,使得天弘基金的规模在 5 个月内急剧扩充至 1000 亿元,成为国内当前最大规模的货币基金。2013 年 10 月,支付宝以 11.8 亿元人民币认购天弘基金管理有限公司 2.623 亿元的注册资本,持 51% 股份,成为天弘基金最大控股股东。2014 年 9 月 19 日,由阿里巴巴电子商务有限公司发展而来的商业巨头——阿里巴巴集团远赴纽约证券交易所挂牌上市,阿里巴巴创始人马云在上市前夕将金融服务从集团剥离,同年 10 月,浙江蚂蚁小微金融服务集团股份有限公司正式创立。目前蚂蚁金服旗下已拥有支付宝、余额宝、招财宝、芝麻借呗、芝麻花呗、蚂蚁财富及网商银行等品牌。[①]

蚂蚁金服,"蚂蚁"取其个体力量虽小,但很多的小伙伴在一起就可聚沙成塔、集腋成裘之意,集团文化为致力于打造一个开放的生态系统,与众多金融机构一起,共同为未来金融社会提供支撑,实现"让信用等于财富,为世界带来微小而美好的改变",在其官方主页中也介绍其目标为"致力于通过科技创新能力,搭建一个开放、共享的信用体系和金融服务平台,为全球消费者和小微企业提供安全、便捷的普惠金融服务"。蚂蚁金服已经将普惠金融纳入企业文化中,致力于提升自身企业的普惠性,进而影响他人,影响社会。蚂蚁金服通过支付宝、余额宝、网商银行、蚂蚁财富等实现信贷服务全覆盖,打通自身的汇、存、贷体系。

(一)支付端业务

蚂蚁金服在支付端主要以支付宝业务为主,支付宝实行提现和转账免费(2016年10月起为缓解支付成本压力,支付宝开始对提现和转账收取手续费),在第三方支付成本上升的同时,我们也看到它们对传统金融所带来的碰撞:2015年9月招商银行等多家银行宣布个人网上银行和手机银行转账免费,2016年2月五大国有银行也宣布手机银行转账汇款免费。互联网金融带来支付门槛降低的同时,也倒逼传统金融开始降低门槛、放低姿态,回归其服务提供者的本位。[②]

(二)理财端业务

在互联网理财端主要有余额宝、招财宝、蚂蚁财富(原名蚂蚁聚宝)等。具体来看,余额宝的诞生源于淘宝卖家和买家在使用支付宝的过程中的余额增值和活期资金管理需求,开启了互联网时代的新型理财方式。余额宝的出现让阿里巴巴不仅获得了亿万级的流量数据,而且还将流量沉淀下来成为存量。根据天弘余额宝2018年年度报告显示,截至2018年年底,天弘余额宝规模为1.13万亿元,持有人户数为5.88亿户,较2017年新增客户1.14亿户,增幅为24%。随着支付宝用户的不断增加,余额宝的使用人数也在水涨船高,再加上支付宝

---

① 中信证券.银行业金融科技系列研究之七:蚂蚁金服之融资业务篇:无"微"不至,共赢前行[R].2017-08-01.

② 中信证券.银行业金融科技系列研究之七:蚂蚁金服之融资业务篇:无"微"不至,共赢前行[R].2017-08-01.

方面投入大量现金补贴来拉新,余额宝的体量已经达到了一个非常"恐怖"的地步。根据数据显示,天弘余额宝 2018 年共为投资者赚取收益 509 亿元,平均每天赚 1.39 亿元。截至 2018 年年底,天弘余额宝累计已为客户赚取收益超 1700 亿元。再看利率,利率振幅明显高于一年期存款利率和活期存款利率,位于一年期定期存款利率水平之上,小额投资者获利水平高于银行所得,虽然投资资金还是回到银行体系中去,但在一定意义上还是提高了小额投资者的收益,有一定的普惠性。

招财宝于 2014 年推出,是蚂蚁金服的金融信息服务平台,面向需求较高收益又有一定风险承受能力的投资者。招财宝提供金融产品交易和信息平台,营利模式是向融资方收取每笔千分之一的服务费用,同时引入第三方保险公司或财产担保公司提供交易担保。

蚂蚁财富是 2017 年 6 月由原蚂蚁聚宝改名而来,能够提供多种理财型产品的一站式理财服务平台,包括固定收益类产品(余额宝、招财宝)、权益类产品(基金)、贵金属(存金宝、黄金宝)等,还提供多种市场行情、理财资讯等服务。

(三)信贷端业务

在信贷端主要依托网商银行和阿里小贷来开展中小微企业、个体工商户、消费者的借贷服务。B 端(Business)以旗下网上银行为主体,面向小微企业和农村农户提供经营性贷款,开展"网商贷""旺农贷"等业务;C 端(Customer)以阿里小贷为主体,面向消费者提供消费性贷款,开展蚂蚁花呗、借呗、征信等业务。[1]

"网商贷"是支付宝推出的一款金融信贷服务,现业务已归属于网商银行,是纯信用的个人经营贷款,无抵押和担保,支持随借随还,日利率 0.03%～0.05%,且除了这一笔合同约定的固定日利息费用外,没有"捆绑销售"或者"平台费"等其他附加费用,十分透明。[2]

"旺农贷"是农村淘宝服务站推出的一款面向农户和村淘小二的纯信用贷款产品。"旺农贷"最高可贷款为 50 万,是无须抵押和担保的纯信用贷款,申请后一般在审核期 5 个工作日后即可放款,后续农户可分期通过支付宝账户来每

---

① 丁杰. 互联网金融与普惠金融的理论与现实悖论[J].财经科学,2015(6):1-9.
② 雷林林.普惠金融发展与经济增长的关系研究[D].长沙:湖南大学,2016.

月还本付息,同时本金偿还上也可选择等额本金或者先息后本的方式。

芝麻信用是蚂蚁金服推出的征信系统,是独立的第三方征信机构,背靠阿里电商平台,有着海量的交易数据,同时结合用户基本资料和公共信息,通过大数据云计算处理建立用户评估系统,生成个人用户和入驻企业的"芝麻信用分",以此作为授信与否及额度的依据。

蚂蚁花呗是蚂蚁金服在 2015 年 4 月推出的一款消费信贷产品,申请开通后,用户可以获得 500～50000 元不等的授信额度,在淘宝网等开通花呗服务的商家消费时,可以预支蚂蚁花呗的额度,下个月的 9 号进行还款,加上购物确认收货的时间,最长免息期可达 41 天。阿里金融研究院的研究数据显示,用户在使用蚂蚁花呗后,消费能力较此前有约 10％的提升。原消费 1000 元以下的消费人群,消费能力提高了 50％。

蚂蚁借呗由支付宝向芝麻分 600 分以上的用户开通,根据芝麻信用评估分数的不同,用户可以享受 1000～300000 元的授信借贷额度,日利率 0.04％～0.05％,随借随还,最长还款期限为 12 个月。

二、蚂蚁金服普惠金融案例详述

互联网金融虽然在机制理论上促进了普惠金融的发展,具有内生的普惠性,但现实的发展却对其内生的普惠性出现背离。这其中,互联网金融平台自身对于普惠金融的定位与诉求也是一个关键因素。我们看到统计数据显示虽有数百家网络平台或卷款跑路或出现兑付危机,但与之同时,也有网络借贷平台不断整合资源、压低成本、开拓业务市场的同时也惠利于投资者和借贷人,在追求自身发展壮大的同时也不忘社会责任、企业道德。而在这其中,蚂蚁金服就是一个范例。①

（一）多元模式经营,降低融资成本

伴随着规模不断扩大,蚂蚁金服多方位布局消费金融领域,通过多元化经营模式形成协同效应,发挥其背靠电商巨头的优势,持续降低经营成本。同时,蚂蚁金服也寻求多种融资渠道,依托其良好的风控体系和雄厚实力,可以获得低成本且稳定的资金来源。在上文我们对蚂蚁金服的产品布局有过详细介绍。

---

① 侯敏.我国普惠金融的发展水平评价及体系构建[D].太原:山西财经大学,2016.

在支付端有支付宝,互联网理财端有余额宝、招财宝、蚂蚁财富等,筹融资端则以网商银行和阿里小贷为主体,主要产品为蚂蚁花呗、蚂蚁借呗、网商贷、旺农贷和信任付。

首先,产品定位清晰。蚂蚁金服关注到了金融投资领域的"长尾效应",满足长尾上的需求,体现出互联网金融的普惠性。蚂蚁金服入股天弘基金,针对需求不同的投资者分别推出了余额宝和招财宝,使得亿万低收入群体也有了投资货币基金的机会,相比于银行存款有了更多的投资渠道和更高的收益。另外,蚂蚁金服旗下的花呗和借呗产品,关注到了消费信贷领域。蚂蚁花呗提供的是先消费后付款的网络赊购服务,后续的账单在账单日可分期付款,交易额大于600元时若选用花呗支付也可分期支付;借呗是对消费习惯良好的用户群体提供的消费贷款,贷款额度按交易行为和消费习惯会有提升,随借随还,按日计息,目前只收取一个固定的日息。从德邦证券发布的统计数据上看,花呗业务主要客户群体是有稳定良好消费记录的年轻消费群体(该群体中20～30岁用户占比达63%),贷款需求小额、高频且分散,年轻消费群体对互联网消费和个人信誉都很敏感,购买欲强烈又有一定的理财意识,同时由于没有很好的资信抵押品很难从其他传统金融机构获得信贷支持,这些用户是花呗合适的目标群体。借呗的群体年龄在25～45岁均有分布,比花呗的年龄总体分布要大一些,原因可能在于花呗只能支持消费需求,借呗还能满足一定的资金流转需要;在金额分布上,可以看到借呗借款在1000元和30000元以内分布较为平均。[①]

其次,蚂蚁金服融资成本较低。融资成本低也缓解了自身的经营成本,才能有更多的空间去压低利率水平,抢占市场份额的同时也让小额投资者获益,做到互利共赢。我们可以看到在同类型的互联网金融平台中,蚂蚁金服旗下两大产品蚂蚁花呗和借呗资产证券化融资规模位居市场第一,在2017年6月末的资产证券化产品余额分别为753亿元和509亿元,ABS在其融资来源中分别占到了81%和27%,遥遥领先于其他互联网金融公司。同时,蚂蚁借呗和蚂蚁花呗发行的ABS产品利率也是最低,达到5.16%和5.33%,为采样数据里互联网金融公司发行ABS利率的最低水平。ABS产品给蚂蚁金服提供了稳定且低价的资金来源,降低了其对自有资金和外部股权融资的需求,融资成本的降低,

---

①　侯敏.我国普惠金融的发展水平评价及体系构建[D].太原:山西财经大学,2016.

也使得蚂蚁金服可以有更多的空间把投资收益和总经营成本之间的收益拿来占领市场和让利给小额投资者。①

最后,注重科技和金融的结合也推动了蚂蚁金服成本的降低。蚂蚁金服给自己的定位是 Tech-Fin 企业,Tech-Fin 是 technology 与 finance 的开头缩写,意味着科技金融,也表示蚂蚁金服以科技为基石,来提升自身金融服务的价值。无论是 AI、云计算、征信风控还是刷脸支付黑科技,都离不开强大的技术实力作支撑。同样,科技进步,也是降低规模成本、推动金融普惠的关键。如蚂蚁金服为信美人寿相互保险社上云提供技术支持(上云即把信息、数据乃至系统通过云计算放到云上),提供了云计算、大数据、人工智能、移动平台等技术。信美人寿方面表示此举可以节省 80% 的技术成本。为了减少对销售的信赖,减少中介环节带来的成本,信美还引入蚂蚁金服的人工智能学习系统,基于蚂蚁机器学习技术,推出智能保顾机器人,为用户提供保险咨询服务。蚂蚁金服还向保险业推出"车险分"业务,保险公司可以更快速地识别风险,更合理地差异定价,更精准地提供服务。

(二)专注商户发展,服务小微企业

蚂蚁金服对小微企业和商户的支持主要体现在小微企业及商户支付业务、借贷服务以及支持小微企业和商户发展项目上。

在支付服务上,支付宝提出无现金社会概念,重点培育线下支付能力和线下支付市场,依托蚂蚁花呗和收购的品牌"口碑"来布局消费信贷市场,花呗可以提升商户销售额,口碑则致力于打造本地生活服务平台,口碑日均交易笔数已经突破 1500 万笔,积累的商家已超过 150 万家。这样的商业布局有利于发生协同效应,打造消费生态圈,形成良性循环,促进小微企业和个体工商户的销售增长。蚂蚁金服公布的数据显示,商户在接入蚂蚁花呗分期服务后,成交转化(拍下订单到支付完成)提升 40%,销售额提升 23%。同时,加强与各类线下场景的合作,注重培育商铺用户。如一方面与公共服务机构和大型商业机构展开合作(如政务、医院、商超等),另一方面向线下商户推广收款服务,商户使用"收钱码"贴纸收钱可免费提现,对于小微商户有一定的支付手续费率优惠。

在小微企业及商户借贷服务方面,蚂蚁金服依托网商银行为核心。网商银

---

① 谢平,邹传伟.互联网金融模式研究[J].金融研究,2012(12):11-22.

行作为蚂蚁金服经营性融资业务的经营主体,主要面向小微企业和商户提供随借随还的无抵押线上信贷服务,金额小且高频,统计数据显示网商银行户均余额1.5万元,贷款周期7天,超6成小微企业1年贷款超过50次。旗下面向小微企业和商户最主要的是"网商贷"(原阿里小贷、蚂蚁微贷),"网商贷"主要面向淘宝、天猫、1688商家及阿里国际站会员,其依托蚂蚁金服旗下征信平台芝麻信用与商户经营大数据进行授信与风控。蚂蚁金服还开通了"信任付",针对供应链的上游,让小微经营者可以"先拿货、后付款",享延期30天月结,最长可享延期90天季结。[1]

依托网商银行平台,蚂蚁金服从单纯凭借贷款定价优势向息差优势转化。在资产端收益与线下金融机构收入持平的同时,负债端的成本水平更低,这也使蚂蚁金服可以有更多的动力和空间去开拓消费者并助力小微企业。据中信证券研究所测算数据,网商银行2016年净息差约5.38%,远高于线下传统银行的息差水平。

同时,蚂蚁金服推动多项目促进小微企业发展。2016年8月蚂蚁金服推出"春雨计划",拟投入10亿元扶持生态合作伙伴,在三年内助力100万开发者,并服务1000万商户及小微企业。"春雨计划"囊括支付费率让利、经费激励、资源支持等方方面面,全面支持小微企业和商户快速发展。其中,针对支付这一基础服务,蚂蚁金服开放平台向包括餐饮、快消、教育在内的全行业商户进行让利。在激励方面,对有效交易达到1000笔的商户,即可得到增加交易量额度外每笔0.2元的奖励。对不同级别商户设定了不同的保底费率,保底之外的费率则全部让利给合作伙伴。此外,蚂蚁金服开放平台还设立相应的产业基金,重点关注可以提升商业效率的商户和小微企业,同时整合资源,全力促进产业升级。此外,再好的理念与计划也需要推进与普及,蚂蚁金服开设投资者教育基地,还开办"今蚂讲"公开课教育投资者,不仅让小微企业、农户、商户意识到可以利用金融改善经营状况、提高生活水平,还让他们认识到金融有风险,要有甄别和筛选的意识。

---

[1]　焦瑾璞,黄亭亭,汪天都,等.中国普惠金融发展进程及实证研究[J].上海金融,2015(4):13-14.

（三）审慎风险控制，可持续性发展

在互联网的发展大环境下，金融风险更容易传播并累积，互联网金融有其固有的脆弱性。如仅截至 2016 年上半年，网贷平台出现问题的就高达总数的 47％，跑路的有之，经营不善的有之，故意诈骗玩"庞氏骗局"的亦有之。蚂蚁金服从支付宝一路发展而来，它也面临着经营风险、支付风险、信用风险、政策风险、利率风险种种，但却并没有让风险失控，反而发展成为市值预估为 700 亿美元的互联网金融企业，保持着高速增长，做到了可持续性发展，而可持续性也正是普惠金融重要的特质之一。本文对蚂蚁金服可持续性的分析主要从两个方面入手：一是模式可持续性，金融模式具有很强的可复制性，可持续性主要体现在成本可控与风险可控，成本可控即成本可负担，这也是普惠金融的内在诉求；二是社会责任，企业在促进当下社会发展的同时又不损害未来社会经济。

对于蚂蚁金服的风险可控，本文分析并概括为以下三个方面。

第一，大数据风控。数据是信息时代最为重要的资产。"端口即风口，流量为王"已成共识。风控定价以大数据为支撑。由于长尾客群信贷数据匮乏，互联网消费性融资依托消费行为、社交关系等大数据，并以此作为差异化定价和业务准入的标准。

蚂蚁金服背靠阿里旗下国内最大的电商平台，3.77 万亿 GMV（成交总额）积累了 5.07 亿月活跃客户的交易数据和行为数据，这些都是信用识别最为关键的资源。同时采用授信机制和额度管理机制，利用该机制来对客户进行风险识别。从实际来看，蚂蚁花呗、借呗不良率为 1.39％和 0.48％（对比上市银行的消费贷款不良率，建行为 1.59％，农行为 2.04％），逾期率仅为 1.96％和 0.67％，而金额 3 万元以上授信的花呗、借呗业务不良率仅为 0.8％和 0.13％，可见对于风险不同的客户给予不同的授信额度是有必要的，效果也是显著的。同时，较低的不良率也是蚂蚁金服可以以行业最低利率发行 ABS 产品融资的关键因素，让蚂蚁金服得以控制融资成本。

第二，全程信用风险管控。在小额贷款端，蚂蚁金服依托电商平台交易量数据、支付宝和阿里云系统，阿里小贷能够在自身体系内实现用户、资金和交易的流程闭环，外部的风险因素影响大为降低。阿里小贷于 2010 年 6 月成立，贷款一般为期限 1 年以内、额度 100 万元以内，用订单和信用担保，在授信额度内可循环使用,年息 18%～21%,至 2012 年年末,累计获得信贷客户数 20.7 万户,累计发放金额 394.2 亿元,平均每笔贷款 1.7 万元,户均贷款余额约 4.4 万元。[①] 阿里小贷依靠网络平台的成本优势和小金额、短期险、快周转的路径,目前不良率约为 0.52%,远低于银行的平均不良率水平。同时,蚂蚁金服对贷款采用贷前贷中贷后全程信用管控。贷款筛选客户予以是否准入和不同的授信额度,贷中实行差异化定价和个性化权益,对客户的行为数据进行二次筛选,贷后采用全程监控、跟踪服务来控制风险,在此过程中来完善底层客户信用数据以及账户资料。

蚂蚁金服通过多种渠道来获取用户信息,进而分级别授信。首先,刻画用户特征。比如直接特征,用户芝麻分多少、淘宝、咸鱼交易数据,之前已经有的授信资料等;间接特征来自该用户是否曾涉嫌黄赌毒、是否有其他违法违规记录。其次,多手段刻画行为特征。汇聚阿里平台、蚂蚁金服、关联方公司和所有可获取数据,形成数据包,利用"伪装者项目"、GBDT、深度学习算法、关系网络深度拓展等构建模型。最后,应用策略。如利用手机短信校验、人脸识别、身份识别、黑名单、银行卡校验等防范冒用、盗号风险,采用异常支付检测、短信验证、关系网络预测、资金监控等防范欺诈风险,采用实时监控、在线实施规则库来防范套现风险。[②]

第三,银行资本机制隔离。阿里网商银行作为中国目前仅有的三家互联网银行之一(其外两家为前海微众银行、四川新网银行),使得蚂蚁金服拥有了大多数互联网金融机构无法具有的优势。网商银行的获批设立,使得蚂蚁金服的信用大幅提升。相比单纯的小贷公司,银行有着完备的风控和监管机制,通过商业银行来对接生产经营类贷款有助于风险隔离,同时,多渠道的融资来源也可以降低融资成本,如网商银行可以吸收公众存款、发行金融债券、进入银行间市场进行同业拆借等,对于风控完善的商业银行来说,其发行 ABS 的成本较之小贷公司也会低很多。截至 2017 年,不少网络借贷公司都会宣称资金经银行存管,就是借助商业银行增信。[③]

---

① 丁杰.互联网金融与普惠金融的理论与现实悖论[J].财经科学,2015(6):1-9.

② 董晓林,徐虹.我国农村金融排斥影响因素的实证分析:基于县域金融机构网点分布的视角[J].金融研究,2012(9):115-126.

③ 王静.中国普惠金融的发展水平及其测度研究[D].郑州:郑州大学,2017.

（四）开拓农村金融，助力公益事业

"三农"一直是金融服务的薄弱区域，普惠金融全球合作伙伴组织（GPFI）、普惠金融联盟都把农村金融发展状况作为衡量普惠金融发展水平的重要参考指标。作为蚂蚁金服的 B 端，网商银行开始聚焦小微涉农，专注小额高频经营性贷款。2017 年 3 月，有约 1.6 亿的农村消费者依托蚂蚁金服提供的信贷、支付体验到了便捷的金融服务。同时，蚂蚁金服还为累计约 175.7 万家农村小企业、个体工商户以及种养殖户提供技术输入，不仅便利其在资金信贷的需求，还提高了其经营服务水平和生产能力。网商银行主要依托旺农贷和助农项目在农村推广金融服务。[①]

旺农贷作为农村淘宝服务站推出的一款面向农户和村淘小二的纯信用贷款产品，结合当前农村的实际形式，采用线下村淘人员推荐＋线上大数据审核的模式。旺农贷下设种养殖贷款、经营性贷款和极速经营性贷款三种，针对不同的农村经营场景提供最高 50 万元的贷款，贷款期限分 3、6、9、12 和 24 个月，还款方式包括等额本息和等额本金以及按月付息、到期还本三种模式。

蚂蚁金服推进多个金融项目助推农村金融服务发展，其中以"千县万村"计划和谷雨计划为代表。"千县万村"计划 2014 年确立，计划在 3 到 5 年内投资 100 亿元设立 1000 个县级服务中心和 10 万个村级服务站点，在县村搭建线下服务网点，普及县域村域对电商的认知，县营运中心设立"淘小二"负责运营维护、物流和村级服务网点维护，村级服务网点设立"掌柜"帮助农民代买代销农副产品，推进"网贷下乡"和"农产品进城"。2016 年 12 月蚂蚁金服发布了农村金融的"谷雨计划"，要在三年内联合 100 家龙头企业为种养殖户提供金融服务；为 1000 个县规划点提供综合的金融服务支持；拉动合作伙伴和社会力量一起为国内"三农"用户提供 10000 万亿元信贷。

---

① 刘小荣. 互联网金融支持我国"三农"发展模式研究[D].南昌：江西财经大学，2016.

第二节　从蚂蚁金服来看互联网金融发展普惠金融易出现的问题

由于互联网自身的弊端、商业的复杂性以及监管政策的不完善，互联网金融出现了对普惠性的背离，如成本变得不可控，部分群体享受不到高质量的互联网金融服务。互联网金融进行风控的成本虽然低于传统金融，但并不是不需要成本，也并不意味着风险就可以被隔离在高墙之外。

一、服务目标偏移高净值客户

互联网金融的服务目标虽不像小额信贷是以低中收入者和小微企业为服务出发点，其服务对象范围更广，但是关于互联网金融的发展方向和政策引导依然是以满足小额、高频的小微企业和低中收入者的金融需求为主。在实践中，互联网金融也发生了较多的目标偏移现象，服务对象开始倾向于高净值客户、大中型企业，抑或是中低收入群体开始享受不到与高净值客户同等质量的服务。以小额信贷为例，李明贤、周孟亮（2010）分析了小贷公司目标偏移的内在机制，给出目标偏移的衡量指标和评价方法，认为可通过开展小额信贷社会绩效管理、降低小额信贷服务成本、建立小额信贷信息数据库等来防范小额信贷目标偏移显现。徐团团、何剑伟（2014）分析了国际小额信贷信息交换中心（MIXmarket）1995—2012 年间 4301 个观察值，得出结论：交易成本、规模效应、累进贷款以及贷款模式对小额信贷机构的服务目标偏移现象可以产生预期影响。[①] P2P 和网络小额借贷需要对申请人审核及授信，高净值客户群体的信用条件往往比较好，金融平台也倾向于优先为高净值客户群体提供服务。比如 P2P 平台"雪山贷"发布旗下产品"优安贷"，就直接宣称目标企业投向都是优质企业，向包括铁路建设、高铁设备、电力、新能源、先进制造、高端装备在内等领域 200 多家大型企业发出邀约，投资安全性高于中小银行，来为这些大型企业提供直接融资，P2P 俨然已成 P2B（peers to business），互联网只成为传统投资

[①]　赵孝宇. 农村地区普惠金融服务策略研究［D］.昆明：云南师范大学，2016.

形式的一个媒介。

相应地,中低收入者和小微企业无法提供合理有效的资产证明,服务目标因此偏移也是情理之中。部分互联网金融平台也在不断深化自身的风险评价体系,争取把更多的指标纳入其中,综合评判申请人的信用水平。如蚂蚁金服旗下的大数据征信系统——蚂蚁信用,就将持续的良好交易习惯作为重要考察指标,即便用户没有大量有效的资产证明,也可以通过保持良好的交易习惯,获得与高净值客户同等水平的授信额度和利率水平。

2016 年,银监会联合三部门发布的《网络借贷信息中介机构业务活动管理暂行办法》中明确,同一自然人在同一网络借贷信息中介平台的借款总额上限不超过人民币 20 万元,在不同网络借贷机构借款总额不超过人民币 100 万元。由此可见,当时监管层对 P2P 网贷行业的定位依然是"小额、普惠",对"小额"提出了具体的监管要求,防范互联网平台借贷风险,大额业务更多的不是 P2P 网贷行业的发展业务和服务范围,以督促网贷平台不断约束自己,坚守为小微企业和低收入者服务的出发点。

二、金融风险累积暴露脆弱性

互联网金融虽然可以以更低的成本建立风控体系,但随之而来的是,风险也通过互联网快速传播和累积。近些年来,P2P 公司破产倒闭、卷款跑路层出不穷,众目睽睽之下,竟然还有 e 租宝这样规模庞大的"庞氏骗局"存在,令人瞠目结舌。来自网贷之家的数据显示,截至 2018 年 12 月底,P2P 网贷行业正常运营平台数量下降至 1021 家,相比 2017 年年底减少了 1219 家。截至 2018 年 12 月底,累计停业及问题平台达到 5409 家,P2P 网贷行业累计平台数量达到 6430 家(含停业及问题平台)。在关于网贷平台的 180 万篇报道中,有 32% 属于负面新闻报道,这个比例要高过自身新闻报道总量的增长率。如此大规模的负面报道出现说明已经不是个别事件、个别平台的问题,来自系统性风险的快速传播和不断累积使得金融体系发生连锁反应;同时,相关数据显示还有四五百家的网贷平台负责人失联、卷款跑路,网贷行业的准入门槛过低也使得从业人员整体素质下滑,频现"信任危机"。网贷平台是互联网金融发挥投融资作用的关键功能,网贷平台的良莠不齐反映了互联网金融发展的诸多问题。在控制网贷风险、引导互联网金融健康发展上,政府监管要先吹起号角。提高互联网金融行业的入行门槛、制定规范的行业监管规则,是互联网金融行业健康发展的先行条件,也是防范系统性风险的有力武器。[①]

第三节　"蚂蚁金服"案例下农村普惠金融发展逻辑的思考

一、多种渠道筹资融资,多经营模式降成本

互联网金融平台能否快速发展很大程度取决于能否获得低成本的资金来源,使得金融平台可以控制成本来形成较高的息差收入。蚂蚁金服急速壮大的内在原因也是因为其可以获得更低的融资成本,可以做到更高的息差水平,才有足够的空间去竞争,可以承担较高的风险和成本波动,负担更大的政策影响、经济波动。现在企业的竞争已经不单单是技术的竞争,小企业的技术领先往往不能形成很有效的壁垒,资本雄厚的大型企业往往可以以加大研发复制技术、收购技术团队、并购公司等多种方法吞并小公司,这点从各个新兴行业出现、竞争到寡头垄断的发展就可以看出。控制成本不仅是普惠金融的内在要求,更是一个互联网金融企业发展的前提条件。在 2018 年"跑路"的约 200 家网贷公司中,有一部分是在扩增中难以有效控制融资和放贷成本而导致经营不善的,还有一部分则是难以拿到低成本循环经营贷款,导致资金链断裂从而经营难以为继。[②]

对于互联网金融企业来说,增加信用、提高评级是降低融资成本的关键所在。首先,争取拿到更多的金融牌照,如第三方支付牌照、互联网基金销售牌照、互联网信托牌照、互联网保险牌照、网络小额贷款牌照、互联网银行牌照等。牌照是企业资信和实力的象征,尤其在监管越来越严的今天,牌照审核只会越来越严格,越早拿到,就越证明企业实力和信誉,就越能早一步进入市场,也会在融资和市场方面有更多的议价权。如互联网银行牌照到目前只发了三张,网

---

①　曹菲菲.普惠金融目标下我国 P2P 网贷平台的法律监管研究[D].新乡:河南师范大学,2017.

②　陈妮.我国普惠金融发展研究[D].长春:吉林财经大学,2017.

商银行背靠阿里巴巴集团,微众银行背靠腾讯控股,四川新网银行背靠小米和新希望集团,均是国内行业巨头。[①]

其次,互联网金融企业要善于利用金融市场众多的融资方式。蚂蚁金服从ABS中获得了大量廉价且稳定的资金来源,这为蚂蚁金服的迅速扩张注入了催化剂,不仅如此,其还利用了金融债券、天使投资、外部股权投资等众多方式来筹集资金,在获批设立银行之后,还可以吸收存款来获得更为廉价的资金来源。这让蚂蚁金服可以有更多的空间在竞争中获得成本优势。

同时我们从蚂蚁金服发展的路径中,也可以看出大数据的重要性。如果没有依托阿里几十亿笔成交数据与 10 亿用户的信息,蚂蚁金服去做征信的成本是很难估算的,但是蚂蚁信用一旦做成功,就会和线上交易、线下拓展、信贷服务等产生协同效应,并形成流程闭环,让个人的整个生活需求都可以在阿里的体系内运行,整体推动用户的消费和金融需求,进而带动上下游供应链增长,促进个人消费信贷增长和小微企业发展。所以对于互联网金融企业来说,IT 技术也是其依托的核心,用科技来降低成本,用数据来创造收益,进而降低交易成本,提升金融的普惠性。

二、增强企业风控意识,使经营模式具有可持续性

风控是互联网金融的生命,互联网金融企业应提高自己的风险防范意识,成立专门且独立的风控部门,进行数据分析与信用评估,若成本过高可以接入第三方征信系统和数据服务,如引入中国人民银行征信报告体系、蚂蚁信用评估体系,短时间内能大大提高风控水平,降低风控成本,信用信息共享有助于提高小微企业和农户的借贷水平。同时,互联网金融企业在风险监测、侦查上应有足够的投入,如蚂蚁金服拥有 2200 多台服务器专门用于风险监测、分析和处置,还有一个核心代号为 CTU 的智能风控大脑,CTU 的核心功能是判断交易是否为账户持有者操作,并对可疑交易进行验证、拦截,避免盗刷风险,目前支付宝的风险控制率是百万分之一。可见这些初期高成本的投入为蚂蚁金服的数据安全与风险防范打下了坚实基础。互联网金融发展日新月异,新产品、新动能层出不穷,然而企业要避免涉足不法的经营模式、游离于灰色地带,即规避

---

① 殷芳菲.基于互联网金融视角下的普惠金融发展问题研究[D].长春:吉林财经大学,2017.

政策和法律风险,保证经营模式可持续性。如某些新兴的高风险投资行业,要注意政策监管新动向,预防政策风险;网贷行业面对客户逾期不还,催还讨要都要在法律界限之内。

三、增强社会责任意识,技术扶持小微企业

普惠金融意味着所有人都有平等的机会有效地获取金融服务,它是互联网金融企业发展时的社会责任体现。企业的目标是创造利润,但创造利润并不是唯一的诉求。在创造利润的过程中践行自己的社会价值、目标实现,是企业社会责任心的体现。尤其是当下小微企业融资难问题严重,更需要互联网金融企业在企业目标实现过程中广泛推进自己的金融服务,立足于小微企业,提高信贷服务质量,缓解小微企业的融资约束。[①]

践行公益事业也是体现企业社会责任的一个重要方面。利用自身互联网端优势和金融特长助力公益事业,不仅有助于提高自身品牌价值、增加企业自身信誉,更有助于社会普惠金融的拓展与实现。在拓展金融服务的同时,还可以向小微企业输出技术、传播金融理念,与提高小微企业经营水平、财务状况结合起来。如为企业从采购原材料开始到制成最终产品整个环节提供金融服务的供应链金融技术,也可以由互联网金融企业提供给小微企业,这样的整合技术输出,不仅一方面可以降低信息不对称带来的信贷风险风控成本,另一方面还提高了企业贷款专款专用的程度,提高资金利用效率,最为重要的是可以帮助供应链上的小微企业解决融资难问题,具有很强的普惠特性。[②]

四、整合资源开拓农村金融,多形式提升普惠金融效果

农村金融水平是体现普惠金融效果重要的一环,农村因为地理位置偏远、基础设施搭建落后、经济化程度较低,传统金融服务拓展成本很高,农户和居民往往很难获得有效的金融服务。而通过互联网的构建解决了这个问题。农村金融服务就需要互联网金融企业来大力推进,提升普惠金融效果。互联网金融

---

① 丁杰.互联网金融与普惠金融的理论与现实悖论[J].财经科学,2015(6):1-9.

② 张睿芯.互联网金融背景下我国农村金融机构发展对策研究[D].长春:东北师范大学,2017.

机构可以结合当地龙头企业来深入农村发展。比如上文提到的供应链金融技术就可以向农村推广,形成专门的农村供应链金融,模式可以为"龙头企业＋农户＋政府＋金融机构"或"龙头企业＋合作社＋金融机构"(贝多广,2016),龙头企业是指主营业务与农业经营有关,具有一定影响规模和品牌影响力的现代化企业。金融机构是为农村供应链提供信贷资金的金融和类金融组织,目前参与农村供应链金融的主要有各类银行、商业保理机构、电商企业等。如蚂蚁金服和中华联合财产保险为蒙羊集团设计了供应链金融模式,其中由蒙羊向养殖户提供种羊并在养殖完成后回购育肥羊,蚂蚁金服为合作社提供旺农贷,中华财险向蚂蚁金服提供担保,蒙羊向中华财险提供反担保,蒙羊集团羊肉产品通过天猫旗舰店进行销售,资料对接、货品交付、信息共享都通过蚂蚁金服和农村淘宝进行。蚂蚁金服借助龙头企业深入生产环节,整合各方的资源优势,风险共同承担,风险溢价共享。

农村金融对于互联网金融企业来说也是薄弱环节,互联网金融企业缺乏对农村状况、农户经营状况、发展水平的了解,单纯凭借自身进入农村金融市场成本过高,风险较大。这时互联网金融企业需要整合自身资源优势,借助国家政策的引领,联合当地龙头企业及其他金融机构,如农信社、农商行等,这些机构和企业对当地农村设施及状况较为了解,有助于互联网金融企业消减信息不对称,为农村金融市场和农户定制互联网金融产品,提升普惠金融效果。[①]

五、结合互联网金融,优化农村普惠金融基础设施

普惠金融基础设施作为一种辅助性工具,可以在很大程度上帮助人们较快地获得金融服务。例如 POS 机的布设节省了人们在银行排队的时间,也增强了人们动手操作的能力,使人们更深入地了解金融服务。[②] 通过借鉴国际经验,我们应该因地制宜,尤其在农村偏远地区降低成本,结合互联网金融模式,采用手机支付、P2P、众筹等方式,实现流动性支付服务。我国现在使用手机的人数逐年增加,通过手机上网可以足不出户完成很多业务。例如在手机上购物,通过手机银行完成转账、汇款、购买理财产品等虚拟业务,方便了人们的日

---

① 韩建霞.农村普惠金融有效供给研究[D].咸阳:西北农林科技大学,2017.
② 袁孟雪."互联网＋"背景下农村普惠金融发展对策研究[D].保定:河北大学,2017.

常生活。但是这种与互联网结合的方式仍在探索期,使用这些方式的人群主要集中在年轻人中,对于一些上了年纪的人群来说,他们还是无法操作这些业务。所以我们要加强对互联网金融知识的宣传,让更多人了解、会用这种方式,使互联网金融能够真正让大家接受。与此同时,我们也应该注意,在互联网金融与手机银行如火如荼发展的同时,许多互联网金融犯罪现象出现了,我们必须在运营模式、风险控制、政策法规方面做好完善工作。

第十章 互联网金融视角下中国农村普惠金融实践路径

第一节 借助互联网金融发展农村普惠金融的具体思路

一、发展普惠金融的重难点

（一）普惠金融发展的重难点：微贷款

世界银行扶贫协商小组（CGAP）研究认为：金融普惠意味着家庭和企业能够获得且有效地利用各项金融服务，而这些金融服务在一种良好的监管环境下，负责任且可持续地被提供着。由于大中型企业和富有阶层已经拥有了较充足的金融服务机会，普惠金融发展的重点应是让传统金融服务与正规金融机构服务对象之外的广大低收入阶层拥有公平的机会，为贫困、低收入人口，微型企业主或潜在的微型企业主提供可得性金融服务。"普"即要求将所有社会阶层都纳入金融服务体系中，相比传统金融更强调人人平等获得享受基本金融服务的权利；"惠"体现了普惠性金融体系的内涵，强调基本金融服务的可得性与便捷性，从而改善贫困、低收入人群的经济状况和收入水平。就普惠金融中微投资、微融资、微支付、微保险等基本金融产品而言，微融资中的微贷款因其受众面广且具有造血功能显得尤其重要，当属普惠金融发展中最重要且最具挑战性的金融产品与服务。①

---

① 丁杰.互联网金融与普惠金融的理论与现实悖论[J].财经科学,2015(6):1-9.

因此,无论是从现实需求还是从金融造血功能和金融帮扶弱势群体脱贫角度而言,做实普惠金融要务该是做实微贷款。即在一种良好的监管环境下,由合适的金融机构向具有强烈劳动意愿和一定劳动能力但长期被传统金融机构边缘化的个体工商户、微型企业主或潜在的微型企业主负责任且可持续地提供便捷、价格合理的贷款服务。值得关注的是,在现实世界中并非人人需要贷款,更非人人值得去贷款,做实微贷款关键是金融机构如何在茫茫人海中寻找有真实资金需求且又是值得金融机构去服务的贷款人。国内外众多实践证明:孟加拉国穷人银行家尤努斯创建的农户联保贷款技术(团体贷款)和德国 IPC 微贷技术(个人贷款)卓有成效。因此,研究并实践国内外先进微贷款技术并实现其本土化、优化发展是做实我国县域普惠金融的一条有效的路径。

(二)微贷款模式

微贷款主要服务对象为长期被传统信贷服务边缘化的金融弱势群体,主要包括数量巨大的农村地区农户、微型农场主以及因失土、离地而自主创业的新生代农民,具有发展潜力的众多微型企业主、城镇创业与再就业人员、个体工商户等人群。这类客户信贷服务通常具有以下四个基本特征:第一,这类客户资金需求呈现额度小、期限短、需求急、次数频等特征,导致对其贷款的单位资金运营成本高;第二,这类客户往往因其"四没有"(没有正规的财务报表、没有抵押物、没有正规的管理制度、没有和正规金融机构打交道的经验),使得贷款机构面临较大的经营风险;第三,这类客户往往又因其"四有"(有强烈劳动意愿、有时间、有交易痕迹、有信用)需要客户经理通过独到的贷款调查技术仔细挖掘其软信息;第四,近些年来专心做实、做专、做精这类客户的机构均取得了显著的经济效益与社会效应,涌现出诸如台州银行、江山农商行等众多成功的案例。微贷款运作上可以通过本土化的国际先进贷款技术解决成本和风险问题并实现财务可持续发展。

微贷款就其运营模式而言主要有团体贷款模式与个体贷款模式,其中较为典型的有孟加拉国乡村银行的小组联保贷款模式与德国国际项目咨询公司的IPC 个体贷款模式(见表 10-1)。前一种模式于 20 世纪 90 年代初期由中国社会科学院研究员杜晓山等引入中国,21 世纪初以来我国众多县域农村小法人金融机构纷纷在此基础上拓展为以信用户、信用村、信用镇为载体的"三信工程"中农户小额信用贷款;后一种模式于 2005 年率先在我国城市商业银行进行了有效的本土化和优化发展,2010 年以来我国"农行社"和村镇银行等机构也纷纷尝试推进 IPC 微贷技术并取得了显著的经济社会效应。

表 10-1 微贷款运作模式

特点	分类		
	团体贷款模式		个人贷款模式
目标客户	县域农村地区急需发展资金的农户、微型农场主、农家产品电商户等		失土离地自主创业的新生代农民、县域微型企业主、个体工商户等
贷款技术	小组联保技术	以信用户、信用村、信用镇等控制成本	IPC 技术	以扁平化的管理控制成本
		通过成员间彼此约束或激励控制风险		通过规范尽职调查、现金流分析控制风险

(三)团体贷款运作模式

综观我国在引入孟加拉国乡村银行小组联保贷款模式之后各地出现的多种创新型的团体微贷款运行模式,最具代表性的有农信社推出的农户联保贷款和以信用户、信用村、信用镇为载体的"三信工程"中农户小额信用贷款,其共同点都是在借鉴小组联保贷款组织化信用增级思路的基础上,通过在一定维度上实现边界的扩展而强化组织化的信用增级机制(王一真,2011),进而较大程度上实现了广大农户信用等潜在资源资本化。

1. 农户联保贷款

实践中较早的团体贷款模式是由我国农信社推出的农户联保贷款。1999年、2000年,中国人民银行连续两次下发《农村信用社农户小额信用贷款管理暂行办法》和《农村信用合作社农户联保贷款管理指导意见》,农村信用合作联社县域小法人金融机构由此开始全面试行并推广小组联保贷款。根据 2004 年银监会发布的《农村信用合作社农户联保贷款指引》的相关解释,农村信用合作联社对县域村、镇农户依照规定组成联保小组并对其成员发放贷款,实行"个人申请、多户联保、周转使用、责任连带、分期还款"的管理办法。其核心要求是由居住在农村信用合作联社服务区域内的一般不少于 3 户(有的地区为 5 户)的借款人组成联保小组,小组成员之间承担连带责任(现行的农村商业银行、农村合作银行纷纷继承并优化上述做法)。[①] 可见,在某些细节上我国的做法和孟加拉乡村银行小组联保做法虽存在一些差异(如小组规模不限定在 5 人,排除了中心会议及培训等一些环节),但在连带责任、分期还款等核心技术的运用上和后者保持了一致,在风险管理方面也体现出相同的特点。农村信用合作联社等县域小法人金融机构凭借自身在网点建设、人员储备、资金来源、市场认可的优势和央行再贷款政策支持的优势,迅速发展成为小额贷款(微贷款)市场的主力军。

2."三信工程"中农户小额信用贷款

随着农村经济的深化发展,广大农户所拥有的"信用、时间、劳动意愿、交易痕迹"以及"血缘、亲缘、地缘、人缘"等潜在资源如何资本化以扩大农村微贷款惠及度,日益受到农村商业银行、农村合作银行、农村信用合作联社等县域小法人金融机构和地方政府的重视,由此推动了团体贷款模式的创新发展,其中"农行社"联合地方政府创新推出的以信用户、信用村、信用镇为载体的"三信工程"中农户小额信用贷款最具有代表性,且取得了良好的经济效益和社会效应。

农户小额信用贷款基本做法是,首先,"农行社"的乡、镇分支机构以农户为单位,记录农户家庭情况、主要从事的经营活动等内容,为农户建立小额贷款(微贷款)档案;其次,成立"农行社"人员、村委会成员和农户代表组成的农户信用评级小组,并对辖区内农户信用等级、经营与偿债能力等指标进行评定,据此核定贷款额度;最后,在信用等级评定的基础上,"农行社"根据不同农户的信用等级,颁发贷款证,持有贷款证的农户基本做到了随用、随贷、随还。

"三信工程"模式针对的是传统的农业贷款需求,在对传统农业有较为深入了解的情况下可以有效评定农户信用等级,控制贷款风险,但若贷款项目发生变化,转变为个体经营活动或者小微企业主生产活动时,对贷款项目本身或客户个人能力的评估就显得尤为重要。而这恰恰体现了个人微贷款模式的核心技术。该模式对客户个人进行全面而有效的评估,重视对客户还款意愿和还款能力的分析,以现金流为第一还款来源,充分准确地判断贷款风险。[②] 在传统农业和现代农业并存的情况下,"三信工程"模式和微贷款模式并存可以满足新

---

① 董晓林,徐虹. 我国农村金融排斥影响因素的实证分析——基于县域金融机构网点分布的视角[J].金融研究,2012(9):115-126.

② 董晓林,朱敏杰,杨小丽.信息约束、网络结构与小微金融普惠机制设计:兼论我国互联网融资平台的规范发展[J].金融经济学研究,2016(5):96-100.

农村建设的多样化资金需求,而随着县域经济的转型和城镇化建设的深入,微贷款模式应逐渐占据更大的比例,发挥更大的作用。

就银行自身来说,"三信工程"模式也需要进行优化和提升。从某种角度而言,该模式是由金融机构"让利"实现的,而"让利"其实是一种并不符合市场经济的行为,尤其是在利率市场化的趋势下,银行吸收存款成本不断提高,存贷差日益缩小,该模式持续性值得怀疑。遍布县域的农商行、农合行、农信社等小微金融机构作为独立的法人机构,其可持续发展为第一要务,虽然从其社会责任角度而言,该适度"让利"于农户、个体工商户、小微企业主等金融弱势群体,但较低利率的贷款额度(深度)、所能有效覆盖的范围(广度)及所能承受的风险(风度)间均衡问题值得研究。再者,较优惠利率的贷款显然不宜贷给较富裕且求进一步发展壮大的阶层。"三信工程"模式倘若能在原有基础上提升技术水平,如尝试与微贷款 IPC 技术以及纪律约束融合,其未来的发展前景将更值得期待。

另外,随着互联网尤其是移动互联网技术的不断发展,现实生活中主导地位的"农行社"等小法人银行以人力资本密集型的微贷款运营模式如何与快速发展的互联网金融互动式竞合发展,更应值得关注和研究。一方面,新生代农民、新生代居民可以说是在互联网环境下成长起来,其学习、生活、工作、消费及金融活动深深地被互联网化;另一方面,以互联网、移动互联网为载体的新型金融业态不断涌现,县域传统的小微金融业务或将被不断地碎片化流失,目前"农行社"主导的微贷款市场可否持续存在显然具有不确定性。事实上,近些年以阿里为代表的微支付(支付宝)、微投资(余额宝)、微融资(微贷宝)、微保险以及众多 P2P 网络贷款等互联网金融针对网民的"碎片化资金与信息",使其取得了独特的优势。

(四)个人贷款模式

自 2005 年 11 月一些农村商业银行首批引入德国 IPC 微贷技术并成功实现本土化发展以来,国内众多城商行、"农行社"、村镇银行和小额贷款公司也纷纷引进国内外先进的微贷技术并创新发展了多样化的贷款运营模式。如我国台湾中小融辅揽贷、浙江大学微型金融课题组据 IPC 微贷在国内本土化发展的实践总结开发的 AFR 微贷、阿里小微金融集团开发的网络电商微贷等。支撑个人贷款模式的微贷技术及其运营方式虽有所不同,但其开发过程、核心层面技术均相差无几。如,加强对新人的系统培训与团队制度建设;强化考察借款人偿还贷款的能力、衡量借款人偿还贷款的意愿、加强银行内部操作风险的控制;"微贷款、铁纪律、强服务"以及阳光化、规范化运营要求;而线上业务与线下业务融合、团体贷款技术与个人贷款技术融合发展等也渐渐受到众多机构、专家学者高度关注。其共同的做法可简单地表述为,通过实施"新人战略、系统培训、找准客户、主动营销、双人调查、眼见为实、自编报表、交叉检验和整贷零还"等过程,评估客户的诚信状况和真实的现金流,并依据客户的实际情况确定度身定制的还款计划。

值得关注的是,我国农户联保贷款以及在此基础上衍生发展的"农行社"联合地方政府创新推出的以信用户、信用村、信用镇为载体的"三信工程"中农户小额信用贷款能否长期持续发展,如何融合先进的个人微贷技术等都是有待考虑的问题。一方面,80后、90后乃至00后新生代农民群体逐渐成长为农村中家庭的当家人,他们的成长过程、生活环境和生活模式与其父辈、爷辈已大不相同,更注重个人的自主性和私密性,加上基于"熟人社会"的人际信任结构面临严峻挑战,"三信工程"模式所强调的村主任乡邻约束作用对他们是否仍然具有有效性以及他们是否愿意以群组贷款的方式获得贷款值得商榷。另一方面,城镇化进程中微贷款的资金更多是用于微型企业主的生产经营性需求,对贷款项目的评估或许需要一种更为有效的方法。同时,"微贷款、铁纪律、强服务"以及阳光化、规范化运营要求更受新生代农民、新生代居民欢迎。"三信工程"模式针对的是传统的农业贷款需求,在对传统农业有较为深入了解的情况下可以有效评定农户信用等级、控制贷款风险,但若贷款项目发生变化,转变为个体经营活动或者小微企业主生产活动时,对贷款项目本身或客户个人能力的评估就显得尤为重要。而这恰恰体现了个人微贷款模式的核心技术。该模式对客户个人进行全面而有效的评估,重视对客户还款意愿和还款能力的分析,以现金流为第一还款来源,充分准确地判断贷款风险。在传统农业和现代农业并存的情况下,"三信工程"模式和个人微贷款模式并存可以满足新农村建设的多样化资金需求,而随着县域经济的转型和城镇化建设的深入,个人微贷款模式应逐渐占据更大的比例,发挥更大的作用。

普惠金融模式创新,将互联网金融资源有效整合,降低了基层百姓享受金融服务的门槛,极大地丰富了微型金融与普惠金融的内容,较好地满足了普通百姓尤其是新生代农民与新生代居民等弱势群体多样化、碎片化的金融需求,促成了普惠金融的"普"与"惠"目标的实现。[1] 因此,互联网金融与小额信贷、微型金融和普惠金融、小微金融的线下业务与线上业务的深度融合,再加上团体贷款技术与个体贷款技术的配合使用,使普惠金融创新效率大大提高。

二、政府主导优化普惠金融发展生态环境

普惠性金融服务属于公共产品或者准公共产品,具有一定的非竞争性,在完全市场条件下,存在着市场失灵。政府构建适合普惠金融发展的生态环境,处理好政府和市场的关系,解决好市场失灵问题是普惠型农村金融发展的关键。为了促进普惠型农村金融的进一步发展,政府可以从以下几个方面进一步优化其生态环境。

(一)深化农村产权改革,支持农村互联网金融向纵深发展

作为农村最有价值的财产,土地属于集体所有,农民虽然有使用权但无处置权,不能在市场上转让,这样承包地和宅基地就不能作为财产抵押,银行不能把农民的土地作为抵押品。农户和中小企业缺乏抵押担保物,财务报表数据不规范,农村经营主体信用的先天缺失,这些因素都制约着农户和农村小微企业获得信贷资金。担保抵押资产是否充足,是决定银行贷款与否的重要条件。深化农村产权改革,可以提高农村资产的流动性,盘活农村存量资产,方便农户和中小企业获得信贷资金,支持普惠型农村金融的发展。继续深化农村产权改革可以从以下三个方面着手。一是完成农村产权确权颁证,强化农村产权管理;二是加强农村产权交易中心能力建设;三是继续创新农村"三权"抵押担保方式。

农村资产产权模糊,一方面不利于农村资源效率的发挥,另一方面使得抵押担保缺乏必要的法律依据。政府部门应该重点完成农村土地承包经营权、农村集体建设用地、宅基地使用权、农村房屋所有权、林权等确权登记发证工作。加强农村产权交易中心能力建设,继续扩大交易品种和服务范围,制定农村产

---

[1] 焦瑾璞,黄亭亭,汪天都,等. 中国普惠金融发展进程及实证研究[J].上海金融,2015(4):13-14.

权交易管理办法,完善仲裁机制、产权评估机制以及抵押资产处置机制等相关配套政策和保障措施,充分发挥产权交易中心在提高农村资产流动性中的作用。同时,政府还可以探索推进农村集体经营性建设用地入市工作,发挥集体建设用地、宅基地确权后担保、抵押、转让等方面的财产权权能的作用。随着经济的快速发展,城市金融主体种类也不断增加。农村若是想紧跟现代金融发展的潮流,促进本地经济的良性发展,就要增加相关金融主体,如中国农业银行等五大国有银行,以及保险公司、农村信用社等相关金融机构增设农村网点机构,实现农村金融服务主体的多元化。相关的金融机构要加快建设健全农村金融服务业务,实现多元化服务,向广大农村地区提供抵押贷款、信用贷款等多种业务,满足农村的金融需求,提高资金的使用效率,有效地规避金融风险。

农村金融法治建设和内部业务监管体系的完善是构建农村普惠金融良好环境的重要保障。各监管部门要切实做好金融监管工作,积极处置和防范农村金融机构存在的各类风险,协力相关组织有力地打击金融犯罪,全面维护金融机构的合法权益。

第一,完善农村金融法治建设。为促进农村普惠金融的健康发展,进而提升对农村地区的金融服务水平,应在顺应农村普惠金融发展的大潮流下,加快完善农村普惠金融的法治建设。不断完善农业政策性金融制度设计,相关部门加强合作,加快建设政策性金融的立法,明确政策性金融的构建模式、性质、功能、基本宗旨以及政府各部门在农村普惠金融专项发展上的关系,明确分工,进一步规范农业政策性金融发展;借鉴国内外先进的农业保险法规,加快推进农业保险相关的法规制定,政府加大政策配合,发挥农业保险的最大社会职能。由于现有促进小额贷款公司健康发展的相关法律体系不够完善,必须加快完善小额贷款公司的法制建设,根据现有小额贷款公司发展的实际情况制定更完善的法律,在公司成立、运营过程和风险监管等各个方面规范小额贷款公司;积极鼓励合法的民间融资组织的建立,实现从压迫式管制到扶持式管理的转变,加快建立民间融资的相关保护性法律法规。

第二,加强农村金融监管,完善金融监管法规制度。首先,尽快建立健全农村普惠金融中比较欠缺的金融监管制度,针对农村金融这个特定的对象,考虑普惠的深层内涵,不能只是建立一份简单的书面条款,而是要在可行性和操作性强的前提下制定与之相符的配套法律法规,在经过一定的实践之后及时修改或废除法律法规中不符合实际或难以执行的条款。其次,从农村普惠金融体系的实际情况出发,顺应农村金融改革的大趋势,创新农村监管制度,不再一味地守旧,要不断地应对现实金融监管中出现的问题,提出新要求,设立新目标,制定法律法规来弥补农村普惠金融监管的缺失。例如,由于过去的农信社监控制度过于注重法定权威,忽视了自身内部机制的健全,许多业务员在实际工作时滥用职权,内部控制现象普遍,所以要加快健全内控监督机制。最后,还应该针对农村金融市场的突出问题,加快完善市场准入制度和退出制度。要在充分考虑农村金融市场安全的前提下,根据现实农村资金市场的需求,新建具有前瞻性、高效性和操作性强的农村普惠金融监管法律制度体系,实现对我国农村普惠金融的有效监管,从而实现社会稳定,促进经济发展。

(二)深化金融体制改革,实现普惠型农村金融与互联网经济发展有机结合

发展普惠型农村金融的根本目的在于服务"三农",改变城乡二元经济结构,构建和谐农村。农村发展是普惠型农村金融的目的,同时也是普惠型农村金融获得持续健康发展的条件。只有农村持续发展,农村金融机构才能从服务"三农"中获得与风险相当的收益。获取利润是商业金融机构扎根农村、持续服务农村的前提。因此,政府应该继续深化农村改革,实现金融支持与农村发展的有机结合。具体可以从以下两个方面入手。

一是以金融支持现代农业,实施产业发展。农业的产业化、集约化有利于提高农业的经营效率,降低农业生产的单位成本,产生规模经济,提高农民的收入水平,是当今农业发展的成功模式。政府可以进一步完善"特色产业＋合作社＋财政投入＋信用评级＋信贷支持＋保险＋担保"信贷模式,以信用合作促进生产合作、销售合作,逐步推进产供销一体化,打造农业、农副产品加工业全产业链。通过调整农村生产关系,发展集体经营、合作经营、企业经营,提升农业的组织化、集约化水平。充分发挥财政贴息的作用,给予贫困村更多贷款贴息支持。

二是金融支持农民创业,推动产业转型升级。大众创业、万众创新是经济增长的引擎,能够释放农村经济发展的活力。政府应该鼓励金融机构开发适合农民、妇女、青年创业特点的金融产品。强化对创业农村青年、妇女、返乡农民工的财政、信贷、保险支持,实现创业带动就业。鼓励金融机构积极为全县中小

微企业开展项目融资、并购重组、战略咨询等多样化、综合性的服务。通过创业发展农村经济，为普惠金融的发展提供良好的基础。

（三）深化政策工具指导，营造发展普惠型农村金融的外部环境

农村金融服务具有成本高、风险高、收益低的特点，金融机构从自身的利益出发，支农动力不足。普惠型农村金融改革需要政府的持续扶持，才能最终走向可持续发展的道路。目前随着普惠型农村金融进一步深化，资金缺口大，政府需要进一步强化财政政策和货币政策来激励金融机构增加农村金融服务供给和扩大农户及中小企业的有效金融需求。在财政政策上要进一步完善财政对普惠型农村金融机构的扶持办法，确保金融机构在合规合法经营的基础上能够实现支农服务和获得正常利润的统一；进一步加强对政策性农业保险支持力度，扩大农民参加农业保险的补贴范围，通过让农民在参保中获得实惠来实现政策性农业保险进一步普及。在货币政策上应该营造发展普惠型农村金融宽松的外部环境，可以通过定向、定期降低存款准备金率，调节金融机构再贷款额度等政策，一方面降低金融机构资金成本，另一方面增加金融机构可贷资金，来激励金融机构增加"支农"普惠型金融服务。

（四）完善金融法规体系，推进普惠型农村金融市场健康发展

发展普惠型农村金融的法律法规不足，制约着普惠金融发展的效率。建立健全普惠金融的法律法规体系，可以为各种金融主体找到自己在法律上的合适位置，便于其开展业务，有利于提升整个农村普惠金融的发展水平。同时，完善的普惠金融法律法规体系使得各类型金融机构在明确法律框架范围内活动，有利于防范金融风险。鉴于目前我国发展普惠型农村金融法律法规的严重不足以及农村地区金融体系运行的实际情况，应该根据金融机构的类型制定相应的法律法规。政府可以出台村镇银行法、小额贷款公司法、农村资金互助社法、农村民间金融法等法律、法规规范和引导各类相应的金融机构服务"三农"。法律、法规应该鼓励各类金融机构开展"涉农"金融服务，对符合相应条件的"涉农"金融机构在法律上给予财政税收、货币政策上的优惠。农村民间金融健康运行对于普惠型农村金融发展有积极作用。农村民间金融法要引导民间资本通过合法渠道服务于农村弱势金融需求群体，坚决打击非法集资和高利贷。

（五）完善多层次监管体系，实现普惠型农村金融发展与风险防范双重效果

随着普惠型农村金融改革的推进，新型金融机构和新的业务模式、新的金融产品不断出现，这些变化都对金融监管提出了新的要求。合理的金融监管能够实现金融良性发展和防范金融风险双重效果，应建立一个由政府监管机构、行业自律协会和公司内部监督控制等组成的多层次监管体系。职责明晰的监管体系是普惠型农村金融改革坚实的保障。目前我国农村金融监管主要存在监管机构自身治理、金融机构激励和金融机构之间竞争等问题。在构建多层次监管体系，实现普惠型农村金融发展与风险防范并重的前提下，应进行多方面考虑来强化监管。第一，提高监管机构人员素质，建立监管绩效考核制度，提高金融监管效率。第二，普惠型农村金融服务具有普惠性，在监管制度设计的过程中，应当进一步加强对农村金融机构"支农"性的分析，对普惠型农村金融服务实行差异化监管。可通过金融监管机构对各类型金融机构的"支农"力度进行评估，然后根据评估结果对金融机构的存款准备金率、存贷比率、贷款不良率、再贷款额度等给予优惠和容忍度政策，激励金融机构开展普惠型金融服务。第三，目前农村金融机构种类和数量偏少，金融机构之间的竞争程度低，现存的农村金融机构能够获得一定的垄断利润，开展金融创新和"支农"金融服务的动力可能不足，可通过适度降低金融机构和新业务准入条件，让普惠型农村金融发展有一个宽松的外部发展环境。

三、市场引导完善多层次普惠型农村金融体系

我国农村金融市场是一个以商业银行、担保机构、保险机构为主构建起来的金融市场。商业银行提供了结算、汇兑、存取、信贷等大部分金融服务；担保机构主要为那些不满足银行贷款条件的农户和企业提供担保增信服务；保险机构通过保险产品转移和分散农村风险，是农村平稳发展的重要保障。传统的农村金融中介机构应该扎根农村，在利用好政策条件的同时，也努力提升自身经营能力，形成适合农村的经营模式，这样才能实现自身机构的可持续发展，也为普惠型农村金融体系的进一步发展贡献自己的力量。

（一）商业银行：完善普惠型农村金融信贷支持体系

1. 成立农村金融事业部，标准化业务流程

农村金融需求主体相对于大企业大集团有很大的差别，对信贷资金的需求有"短、频、急"的特点。商业银行要建立起适合农户和中小企业融资特点的经营体制。通过成立农村金融事业部，标准化业务流程可以降低金融机构经营成本，提高经营效率，更好满足农户和农村中小企业的金融需求。

一是要设立农村金融事业部，专门负责农村金融业务的经营管理。各银行业金融机构可以设立农村金融事业部专门负责农村金融业务的发展，并且对农村金融业务的经营采取独立核算，及时收集农村金融业务发展相关信息，为内部决策提供支持。构建"县级农村金融中心—乡镇级农村金融经营中心"两级基本组织结构。县级农村金融中心负责农村金融业务的发展规划、资源配置、产品研发、信贷审批、业务推进等；乡镇经营中心主要负责产品营销、客户服务、信贷执行。

二是针对农村金融需求的特点，建立标准化信贷流程。农村金融信贷需求具有"短、频、急"的特点，它有别于大中型企业的信贷需求。农村银行业金融机构为了更好控制信贷业务成本，降低信贷业务风险，应该将农村金融中心建立成为信贷工厂。农户和农村中小企业信贷业务可以分为客户营销、贷前调查、贷中审查、贷款发放、贷后管理五个部分，业务流程可以细分为营销、授信评价、审批、信贷执行、早期预警、委婉回收、信贷恢复、硬回收八个环节。要明确各个环节的工作职责、人员素质等，确保任何一项业务的操作都符合标准、符合流程。将农村金融中心建立成为一个高效、低成本、风险可控的信贷工厂。

三是精简贷款授权审批手续，增强贷款的时效性。农村金融服务不同于对大中型企业的金融服务。大中型企业单笔贷款数额大，用于特定的项目，银行要经过充分的科学论证才能给予信贷。对于农村信贷，银行业金融机构应当进一步简化贷款调查、审查、审批的手续，增强其时效性。建立信用良好的农村中小型企业和农户授信的绿色通道，在一定额度内可以实现当天申请当天放贷；推广额度信贷方式，在一定额度内简化审批程序。扩展贷款申请方式，利用互联网，推出线上贷款申请。

2. 建立先进的信贷文化体系，完善"尽职免责"问责机制

银行是经营风险的企业，只要发放贷款，就存在贷款损失的风险。银行生

存的基础是收益大于经营成本和损失。只要银行从事的农村金融服务的收益大于其经营的成本和所带来的损失,就为银行服务于"三农"提供了基础。银行只有建立收益覆盖风险的信贷文化,摒弃原有的风险控制点、不良贷款率等信贷文化,才能更好地支持农村金融的发展。

银行要建立并完善"尽职免责"问责机制。对于由于不可预料的自然灾害以及正常的市场规律造成的信贷损失,只要相关的信贷人员在贷款流程中勤勉尽职,并且考核期内所承办的业务收益能覆盖风险,就应该予以免责。

3. 建立农村客户的评价体系,完善风险定价机制

(1)建立专门的农村客户信用评价体系

一是根据农户年收入、家庭人口构成、收入来源等划分不同类型的农户,针对不同类型农户的风险特征,构建农户客户评价体系。二是根据农村中小企业的年销售收入、产品类型、产品生命周期、企业总资产价值划分不同类型的企业,针对不同类型企业风险特征来构建企业评价体系。对于农户和中小企业的评估要重点放在对金融需求主体经营状况、人员构成、家庭财产情况和信用记录上。要加大实地考察力度,减少对财务报表的依赖。要开发符合农户和农村中小企业的评级模型,完善农村金融需求主体的信用等级评价办法。

(2)加强贷款的定价管理

农村金融供给总体不足,农户和农村中小企业对于贷款的需求强烈,因此银行在贷款的定价方面具有主导权。银行应该按照收益覆盖成本和损失的原则,根据银行筹资的成本,农户、中小企业的风险特征以及银行要求的必要报酬率对贷款进行定价,在风险可控的情况下提高企业的盈利水平。

(二)保险机构:完善普惠型农村金融保险体系

1. 培养农户保险意识,扩大保险有效需求

农业保险作为农业产业和保险行业的结合,天生便具有弱质性。农村长期经济不发达,金融市场发展水平不高,农户文化水平低,小农经济意识强烈,再加上前些年保险的代销模式损害了保险公司在人们心中的形象,农户对农业保险的本质、内涵的认识还处在初级阶段。农业保险作为一种金融产品,广而告之,才能改善当前农民认识不足的现状,纠正农户对农业保险的不正确态度,提高农民购买农业保险的意识和积极性。因此政府和保险公司应该充分发挥各

种媒介在宣传农业保险过程中的作用,如向农户发放农业保险小册子,在农村开展农业保险宣传文艺表演以及通过电视、广播宣传等,让农户意识到农业保险在降低农户灾害损失、维持农户生活经济状况稳定方面的作用。同时,也要让农户了解到购买保险的流程,当保险标的发生损毁时如何进行索赔等。另外,还要加强法制宣传,杜绝道德风险和逆向选择。

2. 探索农业保险发展新模式

农业保险发展模式的选择对农业保险的持续健康发展起着关键的作用,没有正确的发展模式,就不能很好地协调保险主体各方的利益。基于农业保险弱质性,只要政府、保险机构和农户一方不积极参与农业保险的发展,农业保险市场就会逐渐萎缩。从长期来看,农业保险经营模式选择应坚持以下基本原则。

一是政府有形的手和市场无形的手相结合。市场机制应作为发展农业保险的主要手段,因为只有运用市场机制才能让保险企业保持活力和自生能力。同时,农业保险的对象具有特殊性,高风险使得在纯粹市场机制下通常存在农业保险有效供给不足,因此,政府应该给予必要的支持和扶持,促进农业保险市场的健康发展。保险机构应根据政府的指导,遵循市场化原则开展保险业务,不断满足农村的保险需求。

二是构建多层次风险分担机制。农业风险通常具有高度系统性特点,一旦损失发生了,赔付金额通常较大,且赔付率年度差异大。比如发生大面积干旱、洪水和瘟疫等。保险机构开展农业保险业务,一方面,应该尽可能将风险通过多种方式在各种农业保险相关主体之间进行分散,如和其他保险公司进行联保,通过再保险公司进行再保险,通过和农户签订协议分比例承担风险,还有通过和政府合作要求政府承担一定的风险等;另一方面,要将保险业务尽可能在广泛的区域进行分散。

(三)担保机构:完善普惠型农村金融担保体系

1. 完善担保公司治理结构

良好的公司法人治理结构,科学的管理制度,合理的内部结构是担保公司健康发展的基础。担保公司应该严格实施审、保、偿分离制度,增强担保业务的客观性和公正性,使得业务流程的各个方面既相互独立又相互制约。担保公司需要对每一项融资担保业务都进行系统的风险管理,做到事前、事中和事后全方位的控制。事前,担保公司应该对被担保的客户进行充分的调查,对被担保的项目进行可行性评估;事中,担保公司应该严格执行企业制订的授权审批制度,并且规范各个业务的流程,严格实施审保分离,责任到人;事后,担保公司应该加强对项目的管理和监督,定期对农户和企业的信用进行评级,对农户和企业的经营状况、还款能力进行监督。对于出现的风险,应该及时采取措施,尽可能地将损失降至最低。同时担保公司还应该针对企业可能出现的重大风险制订应急预案,避免给担保公司造成重大损失。

2. 加强政银保合作,创新担保模式

好的担保模式能够协调好担保各方的责任与利益,实现风险与收益的匹配,从而促进担保业务的可持续发展。进一步完善普惠型农村担保体系,需要加强政银担保合作,创新担保模式。

(1)要建立银行和融资担保机构风险共担的机制

在以往银行和担保公司合作的过程中,贷款金额基本由担保公司全额担保,所有的风险都由担保机构独自承担。这样的担保模式不利于风险的分散,不利于整个担保体系的健康可持续发展。相比较而言,外国同行的做法就是出台法律明确商业银行和担保公司分担信贷风险的责任和义务。政府应该尽快出台相关的法律,明确双方在信贷风险分担上的责任和义务。

(2)通过联保、分保分散风险

对于那些金额较大、风险较大的担保业务,各家担保公司可以采取联保、分保的方式分散风险。

(3)相互配合

在贷款审查、贷款监督、贷款追偿等方面,银行和担保公司应该增强合作,共同开展业务,发挥协同效应。

四、新型业态发展新型普惠型农村金融体系

(一)小额贷款公司

1. 多样化小额贷款公司的发展模式

目前小额贷款公司发展一共有四种运行模式,分别是商业化经营贷款公司模式、银行和小贷公司联合模式、网上微型金融模式、小组联保模式。商业化经

营贷款模式主要为中小企业和个人提供贷款,这种小额贷款公司有着规范的公司治理机构,大多为民营企业,且只能贷款,不能吸收存款。银行和小贷公司联合模式允许客户直接在小额贷款公司进行存款,但是存款资金必须由银行进行托管。这样就有效地防止了小贷公司吸收存款进行贷款的风险。网上微型金融模式,主要是利用互联网来解决传统小额贷款公司与客户信息不对称的问题,其中典型的代表就是阿里巴巴小额贷款公司。小组联保模式就是小组内部通过相互担保、相互监督来保证贷款的及时归还,这种模式在一定程度上可以解决信息不对称的问题。

2. 大力发展小额贷款公司

目前小额贷款公司在全国蓬勃发展,其中最具有代表性的是温州小额贷款公司。为了进一步发展小额贷款公司,促进农村金融的发展,可以从以下三个方面入手。第一,确保小额贷款公司的民营企业法人性质的稳定。确保小额贷款公司的民营性质,是激发小额贷款公司服务农村的一个重要因素,防止其转变为商业金融控制或者是政府的附庸。第二,增强贷款利率和担保规定的灵活性。加快小额贷款利率市场化,让贷款双方在一定的幅度范围内自主议定资金的价格。可以通过改革扩大政策性小额贷款担保物的范围。第三,建立完善的监管体系。可以将小额贷款公司等"准银行业金融机构"纳入银监的范围,由中国人民银行和中国银保监会统一制定各项监管指标,实现专业的监管。成立小额贷款公司行业协会,完成对行业的自我监管。

（二）村镇银行

最初设立村镇银行的主要目的就是要改变农村金融供给不足、竞争不充分和服务不到位的问题。由于村镇银行现实运行与制度初衷存在差异,其发展面临结算渠道不畅通、配套设施不完善、风险补偿机制不健全等制度因素,同时自身公司治理结构不完善、员工素质不高,村镇银行的可持续健康发展面临着重大的挑战。为了推进村镇银行的健康发展,必须解决政策导向与商业的可持续、外部配套设施和内部管理三大问题。

①促进村镇银行发展的政策导向与商业可持续的统一。要加大力度,从监管机制、政策扶持、技术支持三个方面使村镇银行既能够按照政策方向坚定地支持和服务于农村经济,又能够实现盈利,实现机构的可持续发展。可以允许

村镇银行在市区设立吸收存款机构,这样有利于引导城市资金进入农村,也能够在一定程度上缓解村镇银行存款的不足。

②构建有利于村镇银行的外部机制环境。第一,要加大财政税收的支持力度。在财税方面出台相应的扶持政策,延长扶持年限,支持村镇银行的可持续发展。第二,实施差别监管。对于存款准备金率、存贷利率实施差别性政策,给予相对宽松的监管环境,增强村镇银行的实力。第三,加强技术支撑平台建设。加快对村镇银行资金结算、征信系统和业务门槛的开放,增强村镇银行的金融服务能力。

③建立良好的内部管理体系,增强其风险防范能力。首先是坚持市场化运作导向,开展错位竞争。村镇银行要坚持以服务"三农"为目标,发挥自身灵活、贴近市场的优势。根据农村客户的特点,开发产品,获得竞争优势。其次是建立高效的公司治理结构。村镇银行在管理制度设计上应该遵循简明灵活的原则,完善激励约束机制,降低公司代理成本和监督成本。同时要加强在人员招聘、技术培训方面的支持,促进银行内部管理的流程化和高效化,增强其风险防范能力。

(三)农村资金互助社

在进一步的普惠型农村金融改革中,应该大力发展新型农村金融机构特别是农村资金互助社。在农村金融的普惠发展中,农村资金互助社是由当地农户和小微企业共同出资成立、并根植于农村地区的资金互助社,具有发展农村金融的天然优势,如广西田东的鸿祥农村资金互助社和竹海农村资金互助社在近几年来取得了较好的发展和成绩,但在自身发展的同时也存在规模小、资金短缺、内部管理不完善、缺乏监管的弱点。特别是资金缺乏的问题,目前从美日等发达国家农村合作社成功发展的实践经验看,农村地区的资金互助社要解决资金短缺、规模小等问题,首先要加强互助社内部管理,引进具有较好金融业务能力的人才,其次在发展模式上要选择互助社合作、多方合作的发展道路。

1. 探索互助社联合发展新模式

基于以上的分析,从国内外的资金互助社发展成功的实践经验看,未来农村资金互助社要想在农村金融市场中解决自身的资金问题,增强实力,需要走互助社联合发展模式,可选的互助社联合发展模式主要有两种:一种是区域内互助社之间的联合发展,另一种是区域内互助社与其他企业或部门联合发展。

(1)区域内互助社联合发展模式

这一发展模式的主要方法是在区域内选拔、认定一些实力较强、信誉较好的农村资金互助社,然后将这些互助社进行联合组成一个互助社团体,以团体的名义在资本市场上进行融资。这也是团体信贷融资模式在互助社上的应用。具体的操作过程可以为:首先由政府牵头,通过当地财政资金的支持,为互助社团体建立偿债基金,偿债基金以一定的融资杠杆率为互助社团体的融资项目进行担保,然后由金融中介为互助社团体设计融资方案,最后互助社团体以设计好的融资方案的方式在资本市场上进行融资。两家农村资金互助社便可以通过联合的方式在资本市场上进行融资,这一融资方式不仅可以缓解资金互助社资金短缺的问题,而且通过联合合作,资金互助社的信誉得到提高,内部治理结构也会主动或被动地得到改善,从而实现规范管理。

(2)区域内互助社与其他金融部门联合发展模式

由于在一些地方资金互助社数量较少,无法通过互助社之间的联合这一方式来解决互助社的规模化问题,这时只能通过互助社与区域内的其他金融部门进行联合发展。在与其他金融部门进行联合中,资金互助社的主要联合对象是商业银行,联合方式主要有以下两种方式:一是农村资金互助社与商业银行结成批发—零售资金关系。在农村金融市场上,要发展普惠型农村金融,必然要求资金流到有资金需求的每家每户中去,商业银行在小额信贷上不具有信息和成本的优势,而这些弱势恰恰成为农村资金互助社的强项。所以,通过互助社与商业银行的合作,商业银行将资金批发式地贷给互助社,这种批发—零售模式可以将两家金融机构的优势结合起来,提高农村融资的效率,增加农户的融资量。二是农村资金互助社与商业银行结成代理关系。这种代理模式和批发—零售模式主要的区别在于资金互助社不参与借贷关系和不承担贷款风险,只是为商业银行在进行农村信贷业务时承担其业务中的信贷客户考察、遴选、收贷等服务,然后从中获得服务报酬。商业银行还可以发包除贷款外的其他业务给互助社,通过互助社对代理业务的专业化处理和本土信息优势,可以大大减少商业银行农村金融服务下沉的成本,使商业银行的农村金融业务广覆盖成为可能。在普惠型农村金融改革中,由于成立的农村资金互助社还为数不多,可以选择通过资金互助社与区域内的商业银行合作的方式,缓解其资金缺乏等问题。[①]

2.加强互助社内部管理

农村资金互助社的组成人员一般是当地农户和农村中小企业的法人代表。农民由于先天知识缺乏、实践经验不足等原因,在对农村资金互助社进行自我管理时会表现出管理局限性的问题。要强化互助社的内部管理,提高合作社的运行效率,首先,需要对互助社的内部管理进行规范化,政府监管部门通过对互助社拟定基本的章程,以公司立法的方式对互助社进行一定的基本规范,使互助社在运行的过程中参照基本的规章制度得到规范化。其次,要强化互助社内部的民主管理水平,尝试"不记名"投票的民主管理办法,以避免互助社中的管理者控制互助社并做出偏向管理者自身的决策,影响互助社的总体效益和损害互助社其他成员的利益。再次,应建立和完善互助社工作人员的考核和激励机制,将其工作报酬与其业绩进行挂钩,强化互助社内部的自我激励和约束的意识,从而提高资金互助社的运行效率。

五、创新普惠型农村金融产品与服务

(一)健全普惠型农村金融产品市场

李克强总理在政府工作报告中曾提出,"大众创业、万众创新"和增加公共产品、公共服务成为推动中国经济发展调速不减势、量增质更优,实现中国经济提质增效升级的"双引擎"。近年来,通过创业创新,我国的经济发展速度一直保持着较高的水平,农村地区也得到了快速的发展,农民的收入年年增加,余钱越来越多。然而,由于农村金融市场的理财产品相对缺乏,推广经验不足,加上农民先天缺乏理财意识等原因,现阶段农村地区大多数余钱是以储蓄的方式进行理财的。这些问题严重阻碍了金融理财产品在农村市场的推广。探索在农村金融市场推广理财产品的路径,提高资金的使用效率,对完善普惠型农村金融体系是非常必要的。

---

① 董晓林,徐虹.我国农村金融排斥影响因素的实证分析——基于县域金融机构网点分布的视角[J].金融研究,2012(9):115-126.

1. 强化农民理财意识

由于小农思想的限制,农民天生具有规避风险的特点。农村地区对于理财产品的抵触情绪表现明显。金融机构在农村地区推广理财产品的同时应该考虑到农民这种天生的特性,因此,要在农村地区广泛推广理财产品,首先要改变农民传统的理财观念。一是可以通过行政村一级的农村服务站,对农户进行基本的理财学教育,当农户意识到闲散的资金静止不流动,会因通货膨胀而缩水时,便会从被动理财变为主动理财,提高理财的积极性。二是通过理财产品知识的宣传与理财产品的介绍,使农户对多样化的理财产品有一个深入的了解,理解产品的收益和风险才能刺激购买理财产品的欲望。当农户的理财意识被打开,农村金融市场对理财产品产生需求,那理财产品就能顺利进入农村金融市场。

2. 设计个性化的理财产品

金融机构在进入农村金融市场前,应当充分考虑农村金融市场和农民的特征。从本书对农村金融市场特征的分析可知,农村金融市场具有人口密度小、市场高度分散、农业生产具有明显的季节性、市场风险高等特点,同时也可知农民具有很强烈的规避风险的心理特性。为此,金融机构在为农民设计个性化的理财产品时,应该根据这些特征开发个性化的理财产品。由于农民属于风险规避型群体,金融机构可以针对这一现状开发一些"能保本、轻收益、低风险"的理财产品,同时,针对农业的季节性,开发理财产品时应该考虑到农民春季资金缺乏、秋季资金富足的特点,开发一些能让农民春卖秋买的产品。还应考虑农民闲暇资金少且分散的特性。为了降低理财产品推广的成本,可以直接向农村资金互助社推广金融机构自身的理财产品。

3. 不断创新完善理财服务

由于农民大多倾向于风险规避,农民手中持有理财产品时,若理财产品出现小范围的风险,便会导致农民过度担心,挤兑理财产品,这时候,理财产品的风险容易被放大。因此,应当将理财产品的信息实时向农民披露,让农民能时刻了解到自己的资金方向和关于理财产品的信息,减少疑惑,帮助他们做出正确的决策。同时,针对不同农户的个性需求,开发出多元化的理财产品供农户进行选择。创新理财产品服务时,不能仅仅停留在产品组合上的创新,更应该基于金融功能的视角,以满足农户对理财产品的个性化需求为导向,进行农村地区理财产品与服务的创新。

(二)发展互联网农村金融服务与产品

近年来,商务部会同财政部、国务院扶贫办持续实施电子商务进农村综合示范,推动农村电商的发展,累计支持1016个示范县,覆盖全国28个省区,其中,国家级贫困县737个,占国家级贫困县总数的88.6%。2018年全年,前四批756个示范县实现网络零售额6192.4亿元,同比增长43%,累计建设县级电子商务服务中心和县级物流配送中心1000多个,乡村服务站点8万多个。① 随着农村地区的信息基础设施逐步健全和广大农户对互联网的认知逐步加深,农村地区的互联网金融得到快速发展,这对进一步提升农村金融的普惠度有很大的积极作用。基于此农村金融发展背景的普惠型农村金融改革应紧跟时代步伐,在进一步进行普惠型农村金融改革的实践中,通过完善互联网基础设施建设,加强互联网金融知识教育等,大力发展互联网农村金融。

1. 完善互联网基础设施建设

互联网基础设施虽然初期成本大,但是具有很大的规模效应,当使用量增大时,均摊成本大大降低,所以在农村地区应该一改以往认为铺设互联网基础设施成本高的观念。通过完善互联网基础设施,特别是以互联网技术支撑的支付工具,可以使农村金融实现普惠发展。依托农村金融服务站、村镇超市、农资站等高集中地区布设电话转账网点,实现广大农户不出村即可进行取款、汇款等基础性金融业务。大力发展基于移动设备进行的农村金融业务,如基于掌上银行进行操作和完成的移动支付业务,提高农村办理金融业务的便捷性。针对农村地区缺乏宽带等情况,通过财政支持或者与通信公司合作,对农村地区进行宽带铺设,引导广大农户使用电子设备、计算机等终端。

2. 加强互联网金融知识宣传

对于相对较为落后的贫困县,通过近几年的普惠型农村金融改革实践,农民的金融意识、金融知识得到了一定的提升,但是由于互联网金融还未在那些地区普及化,在进行农村互联网金融改革时应加强互联网金融知识和理念的教育和宣传。以行政村一级农村金融服务网点和金融服务站为物理网点,通过农村习俗活动、展板、广播等农民易于接受的形式开展互联网金融知识宣传。对行政村一级的物理网点配备当地金融专业培训人员,针对农村缺乏互联网金融

---

① 谢平,邹传伟.互联网金融模式研究[J].金融研究,2012(12):11-22.

知识的情况,定期开展培训班,为农户提供接触和学习互联网金融使用技能的渠道。

3.加强与线上融资平台对接

近几年来,我国线上融资平台等新金融业态得到了快速的发展,线上阿里融资、京东白条、宜信、"拍拍贷"等 P2P 融资、众筹等互联网金融模式也在日益渗透农村金融市场,互联网金融成为农村金融普惠发展的又一方式。基于互联网技术实现的金融模式都有一个共同的特点:成本低、效率高。但是互联网金融进入农村金融市场必须面对因农村地区缺乏完善的征信体系而导致高风险这一事实。

政府及相关部门应该及时做好政策引导,完善相关制度建设,为线上融资平台进入区域内的农村金融市场开通绿色通道,减少市场摩擦,降低互联网平台对农户开展线上融资的风险。对进入本地农村金融市场的线上融资平台免费提供政府或者金融部门建立和完善的征信体系,征信体系向平台公开,不仅可以提高征信体系的使用效益,而且融资平台由于征信体系的使用降低了风险,加大了在农村金融市场的融资业务量。加强和多方线上融资平台进行合作,通过为线上融资平台开通绿色通道,允许其在本区域的农村金融服务网点驻扎工作人员或者为其提供本区域的工作人员;加强线下与线上的对接,提高线上融资效率,降低风险。促进区域内互联网线上金融多元化。

4.促进传统金融与互联网金融融合

在农村金融的普惠发展中,传统金融由于物理网点多、使用惯性等因素而具有一定的优势,在互联网通过渗入金融领域不断倒逼传统金融机构改革的同时,传统金融机构也应该通过自身的金融服务互联网化,加强和巩固自身的优势。如金融机构通过增发自身的银行卡,建立 ATM 机,扩大银行卡的使用范围;通过提高自身银行卡的电子银行业务服务开户率,使电子银行服务下沉到基层,并且对开通电子银行服务的客户进行分类,有针对性地进行金融产品的营销;通过自身网站挂牌理财产品,引导农户上网了解金融机构推出的理财产品特性,使农户根据自身的需要,有针对性地购买相应理财产品,提高农户的金融服务体验。

5.引导农户在电商平台进行交易

随着农民的人均纯收入不断提高,生活方式不断革新,农村经济模式不断升级,电商进入农村市场必然是未来农村的发展趋势。引导农户在电商平台上进行交易,可以刺激农村互联网金融需求。一是加强宣传,引导农业特产生产的农民特别是农村青年在互联网上进行特色农产品销售,拓宽销售渠道。二是通过农村金融服务站与县域内的快递公司服务点实现对接,让快递业务下沉到行政村一级,为电商打入农村地区提供便利。三是以"农业龙头企业+农户"的模式,通过企业的带动,实现对农民进行互联网平台交易信息的传播。电子商务和基于互联网的第三方支付相互影响、相互促进,因此可以通过引导农户进行线上交易,增加农民互联网金融服务的需求量。

六、普惠型农村金融的路径:政府与市场结合

大部分贫困地区的金融体系在缺乏内生动力的情况下陷入了"贫困陷阱",这时政府作为普惠型农村金融体系的外在驱动力出现而具有有效性。政府的出现,目的是破解"贫困陷阱"难题,通过优化普惠型农村金融发展的生态环境和政策引导的方式,以改革的手段创造出贫困地区普惠型农村金融体系的重要内生驱动力。

我们可以发现农村金融理论经历了三个阶段:政府完全主导时期,市场完全主导时期,政府与市场结合时期。农村金融改革也类似于农村金融理论的演进规律而会经历改革的三个时期。

从普惠型农村金融改革的理论和实践来看,在经济贫困、金融发展落后的地区,普惠型农村金融改革之初应该选择"政府主导"的模式。政府一方面通过完善并不断优化普惠型农村金融发展的环境,另一方面通过财政、税收优惠等政策手段,充分调动贫困地区金融机构,增加农村金融供给。当贫困地区的农村经济发展到一定水平以后,就应该逐步过渡到"政府与市场结合"的模式。所谓的"政府与市场结合"的模式,就是在一个公平、竞争有序的普惠型农村金融市场中,充分发挥市场的力量,通过市场供求、价格和竞争等机制对金融资源进行有效的配置,从而实现在利用市场机制及其完备的信息的情况下,不断降低农村金融资源的配置成本,加快配置速度,提高市场效率。而此时政府应该再度作为"守夜者"的角色出现,政府需要做的就是通过完善的法律体系等对普惠型农村金融体系的运营保驾护航。这一时期政府若没有实现这一转变,过多干预市场,将会影响农村金融体系健康发展。主要表现在两个方面:

①在刚建立和培养起普惠型农村金融体系的内生驱动力的情况下,政府若过多干预市场,往往会导致这一内生驱动力没有进入自我成长的机制状态中,最终可能会导致建立起来的内生驱动力慢慢消失。

②在市场机制已经在普惠型农村金融体系中发挥作用的情况下,政府若过多干预市场,往往会导致普惠型农村金融体系没有充分利用市场机制,从而使金融交易项目等因市场信息没有得到充分利用,而导致自身的交易成本不能降低,最终影响金融资源配置效率的提高。

在由"政府主导"转变到"政府与市场结合"这一阶段中所采取的一般方法是:

①要采取逐步过渡的方式。从普惠型农村金融的改革实践中我们看到,农村金融本身具有脆弱性。在农村经济还没发展到一定程度的时候,如果在短时间内政府对农村金融的投入迅速减少,将会打击农村金融机构服务"三农"的积极性,不利于普惠型农村金融改革的持续健康发展。因此需要采取逐步循序渐进的方式实现这一转变。

②要不断完善金融监管体系。在由"政府主导"的模式逐步过渡到"政府与市场结合"的模式过程中,随着市场作为资源配置的主要方式地位的明确,市场创新活力将被激发。新的金融产品和金融模式可能会不断出现,此时完善的监管体系将是普惠型农村金融健康发展的基本保障。

③要结合政府与市场的力量。在转变政府职能的过程中和实现了这一职能的转变之后,要注重政府力量与市场力量相结合的原则。一味地偏向任何一方最终都会导致普惠型农村金融体系系统性的问题出现。如:偏向政府力量,导致配置效率低下;偏向市场力量,导致市场失灵。因此,需要充分结合政府与市场的力量才能完善我国普惠型农村金融改革理论与实践体系的建立和发展。在政府主导层面上,政府应该继续进一步优化普惠型农村金融发展的生态环境,主要包括强化政策工具的效果,健全普惠型农村金融的法规和监管制度体系等。在市场引导层面上,应不断完善普惠型农村金融机构体系,主要包括传统金融机构、金融中介、新型农村金融业态等相应的金融服务体系。在万众创新层面上,应加大服务模式创新,大力发展农村互联网金融。农村互联网金融业务必然是普惠型农村金融体系中重要的一部分。通过实施完善互联网基础设施建设、加强互联网金融知识宣传、促进传统金融与互联网金融融合、引导农

户在电商平台进行交易等措施,积极推进农村地区互联网金融发展。在路径选择层面上,在实现了农村金融机构的金融业务广覆盖及其可持续性、兼容性的情况下,政府部门应循序渐进地实现由"政府主导"到"政府与市场结合"的转变,这才是改革的实质。

第二节　依托互联网金融发展农村普惠金融的具体实践措施

无论是互联网金融还是普惠金融都属于新兴的领域,还没有建立起完善的发展体系和保障机制,二者的结合也不够充分,如何充分发挥互联网金融优势来发展普惠金融正是本书的研究目标。本节在借鉴国外经验的基础上,对互联网金融的发展环境、运行体系、保障机制提出相关的对策,使其在发展普惠金融的过程中充分发挥自身优势,实现普惠金融发展目标。

一、利用互联网金融完善信息披露机制

前文提到普惠金融发展的主要问题之一是信息不对称,投资方对融资方不了解却盲目投资,最终遭受损失。其根本原因就是信息披露机制的不完善,投资人无从获得资金运用信息或者获得的信息是虚假的。互联网金融是基于大数据系统运行的,能够更全面地收集、处理信息,建立更加完善的信息库,因此完善互联网金融的信息披露机制,能够更有效地保证金融安全,增强公众信心,助推普惠金融发展。

(一)建立互联网金融平台信息披露规范

互联网金融平台信息量巨大,如何从繁多复杂的信息中剥离有用信息,如何对互联网金融中的信息进行披露,是面临的新问题。从平台角度来说,作为中介机构要知道自己掌握了哪些信息,投资人需要了解哪些信息,监管部门允许你披露哪些信息,既要让投资人充分了解融资方信息,又要保护融资方隐私,因为有些信息是融资方不愿意公开披露的。作为中介平台,要在线上和线下把握好尺度。中国互联网金融协会发布了《互联网金融　信息披露　个体网络借贷》团体标准和《中国互联网金融协会信息披露自律管理规范》。然而,这只是

一个行业自律组织自发的规范,不具备法律效力,因此要建立一个与之相适应的惩罚机制,才能保证互联网金融平台能遵照这个信息披露标准,例如建立评级机制,对平台的信息披露进行专业评级,违反信息披露标准的平台将受到黑名单公示等惩罚,从而对互联网金融平台信息披露的真实性、规范性、专业性和及时性形成震慑、倒逼作用。

（二）整合互联网金融信息披露监管体制

现有的互联网金融监管体系主要是单纯根据平台分工的监管体系,但是这种监管体系不能满足现有金融创新的发展,各种平台的业务界限比较模糊,极易出现监管漏洞。站在整个行业健康有序发展的角度以及金融稳定和防范金融风险的角度,我们亟须建立一个专业的互联网金融信息披露监管部门,集中监管权力,指导互联网金融平台进行信息披露。从信息披露监管部门来讲,要整合监管机构,集中监管权力,制订统一的信息披露的标准和规范,建立一个动态的现场和非现场监管的机制,通过互联网非现场检查各平台信息披露是否达标合规,不定期对互联网金融公司进行现场检查。加强监管人员培训,提升从业经验,使其对互联网金融行业的理解具备基本的专业知识及对信息披露的专业知识。

（三）建立全国统一的征信系统

相对于传统的担保贷款更加依赖于客户的信用情况,要发展普惠金融就要建立起相适应的信用体系建设。目前,我国的征信体系主要是依靠中国人民银行的征信系统,还没有建成覆盖全国的、公开易得的征信体系,尤其是新兴的互联网金融还没有完全纳入征信系统中。互联网金融主要依靠用户平时在互联网上的操作收集用户信用信息,但对于互联网操作较少的人群,互联网金融无法像实体金融机构那样得到客户的信用报告。要充分发挥互联网金融在普惠金融中的作用,就要加强信用体系建设,把互联网金融纳入全国的信用体系中,依靠政府建立健全征信法规,对征信业的市场准入、经营的合规性和征信信息的安全性进行监管,维护征信市场的秩序,同时为提高信息收集和信用报告的可得性,要加快征信业市场化,完善信用中介体系,建立相关的企业咨询调查机构、信用评级机构、信用管理咨询机构、资质认证机构、资产调查机构等信用中介机构,更加准确、科学、可信地完善对企业或个人的信用评价机制,提高信用报告的可获得性。

二、营造发展互联网金融普惠性政策环境

互联网金融作为普惠金融的重要推动力之一,其政策支持和监管方面落后于互联网金融的发展。政府的政策支持是一项产业发展初期的关键因素,应从地方和国家两个层面对互联网金融实现宽松的政策环境、正确的政策引导、明确的准入资格、严密的行业标准和监管规则,培育互联网金融的公平竞争的市场环境,鼓励和正确引导互联网金融创新促进我国普惠金融健康良性发展。

(一)给予适当宽松的政策环境,鼓励互联网金融发展

发挥互联网金融的普惠性,政府起着至关重要的作用。初期的普惠金融机构大多是非营利性组织,不能合法地向顾客提供全方位的普惠金融服务,尤其不能吸收存款,使得普惠金融机构的融资渠道受阻。后来随着互联网金融的发展,众筹和 P2P 等模式在一定程度上解决了普惠金融机构融资难的问题,但互联网金融模式是否合规、是否属于非法集资还没有准确的界定,许多国家开始在政策上适当地放宽以支持其发展,赋予了其合法的地位和新的融资渠道,互联网金融进入发展的黄金时代。在财政、税收政策方面,要向互联网金融倾斜,对互联网金融产品、服务给予财政支持或税收减免等优惠政策。在货币政策方面,适当放宽互联网金融的利率监管,增强互联网金融机构融资能力,但仍应严格限制平均投资额,通过扩大投资者数量的方式增加融资,使更多的普通投资者能够共享收益。在法律层面,应给予互联网金融合法地位,适当允许其拓宽融资渠道,准确界定非法集资,保障其合法权益,只有互联网金融平台的权益得到保障,才能更加主动地参与到普惠金融中。普惠金融的发展往往伴随着金融创新,过早或过于严厉的监管,会阻碍金融创新,只有当普惠金融发展到一定程度,审慎的监管才能发挥作用。政府应当从管理角色向扶持角色转变。

(二)建立严格的监管框架,规范互联网金融市场

互联网金融属于新兴产业,还没有与之相匹配的监管政策,出现了监管漏洞,造成了金融市场的一度混乱,适当的监管,也能保证金融创新的健康有序发展。加快建立与互联网金融发展相适应的对互联网金融监管的体系,包括其准入制度、业务范围、业务规范等方面的监管以及明确互联网金融监管机构和职

责,使互联网金融能够继续发挥其普惠作用。第一,互联网金融业务最容易触碰的法律"红线"就是:非法吸收公众存款、诈骗、非法集资。所以要进一步界定互联网金融产品的分类,从法律上明确其投资属性,不能笼统使用投资产品、理财产品等产品名称,不能有模糊的法律界限,既不能让普惠产品被划入非法范围,也不能让非法业务钻法律漏洞。只有明确的法律定义,才能保护互联网金融的合法地位,保障普惠金融的持续发展。第二,明确准入制度。设立且明确互联网金融进入门槛,要对进入互联网金融的公司、产品进行注册登记和审核,建立标准化的市场,提高市场准入的透明度,让有实力、信誉良好的企业去经营互联网金融,既可以保障互联网金融产品和服务的质量,也便于在发生金融案件时查询和追溯互联网金融产品代码。第三,设立基本投资借贷门槛。互联网金融以其低门槛促进了普惠金融的发展,但是毫无门槛的投资和借贷也给互联网金融带来了信用风险、道德风险等,应以法律形式明确互联网金融的投资、借贷人的基本条件。

三、借助互联网金融提高普惠农村金融可得性

(一)发展互联网金融移动客户端

随着手机和移动网络的普及,手机 App 客户端成了金融业的"新门户"。App 将成为未来金融业的一个"标配"。目前,国内已有约 50 家银行推出了手机银行客户端。而互联网金融企业除阿里巴巴、京东等公司推出的小贷模式附加在原有购物 App 上被顾客熟知以外,大多数的互联网金融业务仍主要依靠网站来办理和宣传,除主动关注互联网金融的顾客群之外,在"80 后""90 后"以及"00 后"为主体的年轻一代消费族群和低收入人群中,"互联网金融"这个名词似乎十分遥远,对互联网金融不了解,更谈不上使用互联网金融,普惠性得不到充分的发挥。[①]

手机移动网民数量早已超过计算机终端网民,成为上网第一终端,在贫困地区和低收入人群中,手机的普及率远远超过了计算机,因此打造互联网金融移动客户端,能够有效扩大金融服务范围,尤其是在贫困地区和低收入人群中,

---

① 董晓林,徐虹.我国农村金融排斥影响因素的实证分析——基于县域金融机构网点分布的视角[J].金融研究,2012(9):115-126.

其效果和收益能够远远超过实体网点,其成本也远远低于建造物理网点。开发手机客户端,增强互联网金融产品的可得性和方便性,还可以通过客户端聚拢更多的功能,如买电影票、缴费充值、商旅预订、查询网点等,未来的金融客户端可以把支付结算、生活服务等更多的功能集合在一起,做成一个汇集多功能的"大平台",扩大业务范围,既可以提供多样化的服务,也可以扩大市场增加收益。而最快速占领市场、降低开发成本的方法应当是通过整合资源,与现有流行的 App 客户端(如微信、QQ 等)合作,利用其本身拥有的广大市场,宣传金融产品。手机客户端可以随时随地伴随在客户身边,影响客户投资理财意愿,尽管移动金融还没有形成有效的商业模式和可观的经济效益,但对有意向的客户转化为投资用户具有巨大的效益空间。

(二)创新驱动金融产品差异化

普惠金融对象众多,且需求具有个性化的特点,单一的金融产品不能满足广大普惠对象的需求。以互联网金融为平台的普惠金融体系建设离不开大数据的收集和处理,离不开金融创新和优化,未来的金融竞争必定是以互联网为基础的数字化竞争。发展普惠金融必须注重利用对互联网、大数据信息的分析和处理,分析顾客个性化的需求,开发差异化产品,甚至可以根据需求量身定做金融产品,达成专属协议。

在传统金融服务体系中,金融机构"嫌贫爱富",普通用户无法得到与大客户一样的金融服务。而在互联网金融中,通过网络流程办理业务,用户无论大小都能获得一样的专业服务。小微企业为社会创造了 60% 的 GDP,但却只获得了贷款的 10%,其获得的金融服务与其产生的价值是明显不匹配的。目前国内中小微企业 90% 以上都没有和金融机构产生任何借贷关系。个体工商户没有固定工资,没有抵押物,很难满足传统金融机构贷款的资质要求,融资能力比小微企业更弱。每个人的投资、融资、理财需求都是独一无二的,接近 90% 有金融需求的客户,在传统金融体系中未曾获得满足。金融机构服务于这些用户,可以在金融市场中占据有利位置,也能对普惠金融做出突出贡献。由于农村贫困地区大多地理位置偏远,中小微企业数量众多,这些普惠对象的需求和数据数量巨大但往往被忽视,难以通过传统技术收集整理,而互联网金融的大数据足不出户就可以在海量数据中进行有效挖掘、处理和分析,识别消费者以及潜在客户的基本信息、风险特征以及消费偏好,充分运用互联网技术分析处理顾客信息,形成定制化的金融需求。通过反馈信息,利用分析结果开发新的产品,形成与定制化需求相对应的金融产品,极大地满足顾客对金融服务和产品的差异化需求。

(三)完善互联网基础设施建设

真正的互联网金融平台,不应只有交易功能,还要有完善的基础设施作为支撑,提供各类综合化服务。互联网金融是依托互联网技术发展起来的,没有互联网基础设施进行支撑,平台化就是"沙地上盖楼",根基不稳。目前,在互联网金融的实践中,互联网金融的基础设施建设是首要的问题。如果不能攻克互联网基础设施这个难题,那么互联网金融很难承载全社会的普惠金融需求,从这个方面说,互联网金融亟须进行基础设施建设。截至 2018 年 12 月,中国网民规模达 8.17 亿,互联网普及率为 59.6%。这个普及率虽年年攀升,但较发达国家差距还很大。尤其是偏远地区、贫困地区,几乎没有互联网覆盖,对于这些地区来讲计算机仍属于奢侈品,即使手机普及程度相对较高,但由于地理环境和贫困程度,相对于高额的建设成本,这些地区的无线网络等基础设施仍处于较低水平,互联网金融在互联网技术的制约下难以发展,依托互联网金融发展普惠金融更是难上加难。因此,想要依托互联网金融发展普惠金融,首要任务是完善互联网基础设施,提高互联网覆盖率。

由于成本和收益不对称,互联网企业、移动网络公司并不愿意在偏远地区和贫困山区建造互联网基础设施,这就需要政府通过财政政策、货币政策加强对这些地区的基础设施建设的支持,由政府出资或以较低的贷款利率支持在贫困边远地区建造移动网络基础设施,依靠政策倾斜提高互联网金融基础设施覆盖率。

(四)实现互联网金融资产证券化的合规性

2008 年经济危机后,我国经济面临下行的压力,"资金荒"问题越来越严重,传统金融和互联网企业纷纷寻求新的资金来源,以改善资金荒的问题。"资产证券化"的产生缓解了资产的流动性问题,提高了资金的周转效率,在一定程度上解决了"资金荒"。资产证券化是指将流动性较差但具有稳定现金流量的资产组合、打包,以其预期的收益为基础进行证券化的交易。资产证券化最大的优势是成本低,P2P 的融资成本原来是 20％,现在也要 10％～12％,而资产证券化只需要 6％～8％。资产证券化给互联网金融机构带来了资金周转和补充。这些金融机构拥有更低的资金成本,因而可以在利差相等的情况下获取更优质的用户。现在国内的资产证券化业务竞争比较缓慢,首次互联网金融资产证券化始于 2013 年阿里小贷的"东证资管—阿里巴巴专项资产管理计划"和京东集团的"京东白条"。资产证券化使这些互联网金融机构能够缩短资金流转周期,攻克"资金荒"难题。由于资金流转得到保证,贷款能够迅速变现回流,回流资金可以投入其他业务或提高普惠金融服务的额度,互联网金融机构更热衷于开展类似京东白条、阿里专项资产管理计划等普惠金融产品。鼓励互联网金融资产证券化,可以推动普惠金融发展壮大。目前,互联网金融刚刚起步,还不完善,更多的是"类资产证券化"的尝试,由于互联网金融的新兴性,互联网金融企业追求创新,法律意识淡薄,故在其进行资产证券化过程中,仍然存在着违法违规风险。因此要通过法律法规的建设,加快实现互联网金融资产证券化的合规性。

四、加强互联网金融消费者权益保护

未来大众投资将成为一种热潮,由于消费者金融保护,尤其是互联网金融消费没有完整的保障体系以及投资者主体因金融知识的差异对金融产品和金融风险辨别能力不足等多方面原因,普惠金融安全成为一个问题。近期爆发的一些事件,例如为了追求利息,盲目投资或超过自己所能承担的风险而投资,最终致损,凸显了加强金融消费者教育和权益保护的重要性和必要性。

(一)加强互联网金融教育

通过金融宣传、公益讲座、投资理财信息等方式加大金融教育,年轻的消费者也是未来投资市场的主体,可以通过设立公共选修课程,从学生的金融知识抓起,并通过学生的宣传普及到各个家庭。加强金融消费者教育,增强风险意识,树立收益自享风险自担的观念,根据自身的风险和承受能力选择适合自己的金融产品。

利用舆论宣传和金融教育,鼓励社会维护个人或企业信用,使其在良好的信用中得到利益。守信者得到奖励,失信者得到惩罚,是约束企业和个人行为、建立信用制度的基础,对形成良好的信用普及和社会信用体系建设具有深远意义。广泛利用电视广播、网络媒体等渠道,宣传国家关于互联网金融监管的政策,及时披露违法违规的案件处理,同时宣传一些互联网纠纷的案例包括法院的判例,使消费者提升保护意识,提高辨别能力。

（二）加强互联网金融消费者权益保护

互联网金融是金融创新,其相关的法律法规还没有建立健全,当发生纠纷时,没有法律依据去处理,消费者的权益无从得到保障。可尝试建立统一行业协会。因为涉及会员的利益,行业协会应更主动地承担金融知识宣传,以减轻政府的压力;行业协会还应制订相关的行业规范,交流经验,共同促进行业发展。加快构建多元化的纠纷解决机制,明确相关各方合法权益,建立消费者权益保护机制,健全追偿体系,建立公安系统、银保监系统、互联网公司、金融机构等相关部门联系制度,构建完善的互联网金融消费者权益保护体系。

普惠金融对象众多,且信用能力相对较低,不可避免地面临着系统和非系统风险,如利率风险、市场风险、操作风险、流动性风险等,直接影响着整个普惠金融体系的安全,关系到普惠金融的可持续发展。互联网金融的即时性可以随时随地帮助金融机构监督客户还款状况和信用变化等。

1. 加强贷前审核

普惠对象最大的特点就是收入低、质押抵押能力差、还款能力弱,这也是传统金融机构不愿意提供金融服务的主要原因。互联网金融数据量巨大,金融机构可以结合除国家信用报告之外的金融行为判断客户信用能力,如结合芝麻信用等,作为向普惠对象提供贷款的重要依据。同时互联网金融作为助推普惠金融发展的重要工具,其主要作用体现在降低了金融服务的门槛,但是一味追求低门槛,而不注重商业可持续发展,对客户资质审核不够,必然导致信用风险。如美国次贷危机一个重要原因就是迈过过低的准入门槛向信用较低的人发放贷款。互联网金融基于互联网的大数据处理,但在实际中,伪造信用、刷信誉的现象大量存在,所以在发放贷款前,也要学习传统金融机构充分考察贷款者的信用,确定其有稳定的收入或现金流。

2. 加强贷中跟踪

有一些普惠对象生活在偏远地区或城市郊区,这不利于金融机构采集信息或跟踪客户还款,而互联网的覆盖性和便利性可以解决这一问题。打破传统的上门跟踪，可以通过定期对贷款人进行信用评级，把握贷款动向，保障贷款按协议使用，持续检测贷款企业经营状况，及时发现贷款人还款能力，一旦发生偿还危机，立刻核实，及时收回贷款，使损失最小化。

3.加强贷后管理

贷款结束后，根据贷款过程中贷款人的还款能力、还款是否及时等信息，对贷款人进行重新评级，对于按照合约及时还款的贷款人，适当增加其贷款额度，通过再贷款时的优惠政策鼓励贷款人及时还款；对于在贷款中存在失信行为，甚至导致损失的，加大其再贷款成本，甚至在一定时间内不予再贷款。

五、加强互联网普惠型农村金融风险防范

（一）农村普惠型互联网金融主要面临风险

1.技术风险

农村互联网金融高度依赖信息化技术，面临着计算机技术安全风险。第一，互联网技术本身就有技术淘汰风险。互联网技术的发展日新月异，已投入使用的系统容易面临软硬件很快落后过时，农户体验下降的风险。第二，互联网金融属于网络信息系统，存在信息技术安全风险。比如，网络系统被病毒攻击造成数据泄密、金融数据被篡改甚至系统瘫痪等。第三，网络系统处理能力不足、信息传输故障等将会引发运营风险。农村网络基础设施水平还有待进一步提高，偏远地区网络信号弱，容易出现信息传输问题，引发农户交易风险。这些技术风险都会给农村互联网金融服务体系带来不可预估的损失。

2.信用风险

互联网金融服务机构为农户提供的是虚拟交易平台，难以有效验证交易双方的身份，容易产生信用风险。一方面，当前部分农户信用数据缺失，部分地区信用管理机制不完善，给互联网金融机构识别农户信用情况造成了困难，增加了违约风险，偏远地区这类风险尤为严重；另一方面，交易平台也存在信用违约风险，比如，P2P网贷平台经常出现跑路和倒闭的情况，农户遭受骗贷和诈骗的事件也时有发生。

3.监管风险

虽然互联网金融发展迅速，但是我国对于互联网金融监管尚未形成完善的

法律法规体系,对互联网金融市场准入标准、交易双方隐私、个人信息保护、市场监督管理等方面的法律制度都不完善,在农村地区相关法律更不完善,尤其缺乏监管细则,监管部门、监管内容、监管形式、权责问题等都没有确定。一旦债权双方陷入利益纠纷,处理起来很棘手。

(二)农村互联网金融发展风险防范措施

1. 提高互联网金融运营环境的安全性

加强农村互联网金融服务系统的安全体系建设,提高信息技术风险的防范能力。第一,增强网络系统对黑客攻击和计算机病毒的防范能力,保障网络系统的正常运行;第二,通过数字证书等技术提高网络金融交易的安全性;第三,保障农村地区无线数据传输通道畅通;第四,加强农户信息安全教育。近几年的互联网金融信息安全事件,与用户网络信息安全意识不强有直接关系,例如,未能妥善保管密码、误装恶意软件等导致账户资金受损。因此,要通过多种渠道加大互联网金融安全知识普及力度,增强和提高客户信息安全与防范意识。

2. 提高农户对互联网金融的认识水平

多数农户对互联网金融较为陌生,对其背后风险的认识更为有限,容易遭受金融诈骗。政府要通过"知识下乡""网络宣传""电视广告"等多种渠道对农户进行宣传教育。乡镇学校、金融机构等应该主动承担宣传金融知识、经济常识的任务。公益广告平台、新闻媒体也是很好的宣传渠道。一方面,让农户深入了解互联网金融产品功能、与传统金融产品的差异等,消除农户对互联网金融服务的陌生感;另一方面,向农户介绍互联网金融背后隐藏的风险,让农户认识到风险无处不在,必须谨慎对待,最终提高农户对诈骗方式的识别、防范和处理能力。

3. 加强农村互联网金融信用管理

第一,农村信用环境并不理想,需要加强宣传教育,提高农户的道德水平和诚信意识;第二,重视乡镇一级农户的信用数据库建设;第三,考虑互联网金融交易虚拟性特点,结合农户信贷需求范围,引入互联网金融企业黑名单机制,定期发布失信企业名单,补充社会信用评价标准;第四,利用大数据、云计算技术综合评估农户的信用状况,除了历史金融交易数据,农户的消费记录等也能反映出其信用情况,可以弥补基础数据不足的问题。

4. 完善农村互联网金融监管制度

农村互联网金融业务涉及广泛,与保险、证券、信托等都有关联,既缺乏明确的管理部门,又缺乏完善的监管法律体系,因此,需要在这方面做大量工作:第一,根据国家政策,细化监管规则。地方政府应围绕 2012 年《关于提示互联网保险业务风险的公告》、2015 年出台的《关于促进互联网金融健康发展的指导意见》等政策,结合农村互联网金融发展特点,细化监管制度。第二,在全国互联网金融投资者保障机制不健全的情况下,加大农户权益保障力度,以促进农村互联网金融健康发展。第三,引入社会第三方监督机制,建立举报和"重奖重罚"制度,按照违法违规经营数额的一定比例进行处罚,提高违法成本。各乡镇要向社会公布投诉电话,给予提供线索的举报人奖励,奖金列入财政预算,专款专用。第四,为了有效遏制农村互联网金融犯罪,公安机关应当定期全面开展互联网金融风险专项整治,严厉防范、打击网络金融犯罪活动。

第三节　借助互联网金融发展农村普惠金融的具体策略思考

一、从产品策略角度探究互联网金融视角下的农村普惠金融路径

(一)重点发展个人移动金融产品

根据"二八定律",20%的优质客户中绝大多数是大型企业和高端个人客户,这些客户已经被国有大型银行和股份制银行牢牢锁定;剩余的 80%客户绝大多数是个人客户,这些客户仍然对农村信用社有着非常重要的影响,是农村信用社中间业务收入来源的主要客户群体,也是其经营利润的重要组成部分。因此,农村信用社要对个人客户的群体进行个性化分析,为客户制定多种互联网金融产品,提供差异化服务,满足个人客户的金融需求,才能更进一步促进农村普惠金融的发展。农村普惠金融发展个人移动金融业务有以下几种措施。

①加快直销银行、P2P 理财等网络金融产品的上线速度,通过直销银行的方式为个人客户提供更为方便、快捷、安全的理财服务,引导客户在线上办理金融业务,从而提升客户体验。客户可通过 P2P 平台对自由闲置资金打包借出,

同时为有资金短缺的客户提供融资服务,这样一来将存款客户和贷款客户融为一个整体,为客户构建资金链生态圈。

②开发有特色的移动金融客户端,为个人客户提供贴身金融服务。随着移动互联网的发展,人们逐渐习惯了使用手机等移动设备上网,个人客户很少使用计算机上网。农村信用社应该牢牢抓住客户这一行为特点,研发新一代的移动客户端,随时随地向客户提供具有特色的金融产品和服务,充分抓住客户兴趣点,继而进一步赢取客户信任,建立良好的社会形象。

③优化现有业务流程,提升客户黏性。虽然农村信用社已经开始互联网化的改造,但基于现有产品的业务流程,很难打造标新立异的产品。这就需要农村信用社有足够的勇气来改变自身,简化现有业务流程,不断将金融产品推陈出新,实现"一键办理"金融业务,提升客户体验和黏性。

(二)打造平台化产品

1. 农村经济组织服务平台

农村经济组织能够促进农村地区的经济发展,在提供创业、就业机会方面起着非常重要的作用。农村经济组织的数量相对来说比较多,增长速度快,因此农村信用社应该充分地了解本地区的市场以及网点状况,同时针对农村的经济特点来进行金融服务平台的建设,满足农村经济组织在融资、缴费、理财等多方面的金融业务需求,从而进一步提升在农村经济业务市场之中的占有率。农村信用社在服务农村金融业务的同时获取相应的数据资料,对其进行分析,设计出更加符合市场需求的个性化的金融产品,从而方便各金融组织的使用需求,提升农村信用社盈利能力。

2. "三农"金融服务平台

联合地方政府,建立"三农"金融服务平台。金融服务平台要为有关财政以及各社会保障机构、经济组织以及个人等提供民生的服务项目,实现线上电子支付结算、金融管理、银行直联政府等功能,覆盖农村中小型企业、农户、政府,从而为农户、政府以及中小企业提供差异化融资平台,提升农村信用社市场份额以及核心竞争力。农村信用社也可以通过平台获取相应的数据,通过对数据的分析,进一步为客户提供方便快捷的金融服务,同时提升农村信用社对风险的管控能力。

二、从服务策略角度探究互联网金融视角下的农村普惠金融路径

(一)搭建专业化互联网金融平台

随着信息网络技术的高速发展,客户自身的生活模式也有了显著变化,客户可以结合自身的需求和偏好来表达自己的想法,从而打造个人的社交网络。客户的变化在金融领域也得到了十分显著的表现,因此,农村信用社要对客户进行重新定位,充分结合客户的个性化需求,为其构建相应的金融社交平台,从而充分整合客户的数据信息,获取更大的价值。构建相应的平台之后,客户就已经不再是单独的个体,会产生相应的客户群。根本上来说,商业银行作为一个社交和平台型企业,需要注重为客户提供更高质量的产品与服务,从而促进客户转入社区化平台,依托客户彼此之间的联系为银行获取更大的利益。主体的交往圈扩大之后,对产品和服务的认可度也更高。因此,农村信用社需要利用客户平台进行相关产品和服务信息的推送,这样可以有效降低宣传成本。当前,社会对电子银行的认识程度持续加深,以网络贷款以及现金管理等为代表的金融需求也得到了持续发展。农村信用社需要更加重视客户的体验,促进互联网技术和金融核心业务整合力度的提升,从而构建一个全方位、多元化以及专业化的平台,为客户提供更加健全完善的服务。

(二)构建一体化客户服务体系

第一,农村信用社在后期的发展过程中,可以综合 ATM 以及手机银行等多种途径来为客户提供常规业务服务,从而对传统物理网点进行有效的分流,对客户自身的行为进行引导,进而在未来的竞争领域占据更大的市场份额。农村信用社需要充分发挥互联网技术的效用,对客户的信息数据以及行为进行数据挖掘,并发挥风险评估体系的效用,构建一条健全完善的产品链;还需要结合客户自身的资产概况以及风险承受能力展开具体分析,从而为客户提供个性化的定制方案,进而有效促进需求和供给的一体化发展。

第二,对于商业银行一些较高价值的客户而言,农村信用社需要为其提供个性化的投资理财服务,而且在投资融资以及私人银行等方面,需要充分发挥已有资源的优势特征,对市场进行精准的定位,并为客户提供个性化的投资理财控制方案。多年以来,商业银行在发展的过程中已经积累了十分宝贵的经

验,提供的投资理财服务也得到了人们的广泛认可,而且面向全球市场进行投资,进一步驱散风险,在财富传承以及信托管理等方面都占据着很大的市场份额。基于信息化发展概况,要进一步促进大众标准化产品的发展,从而在高净值的基础上来促进个性化业务的发展。农村信用社在后期的业务发展环节,还需要依托标准化以及专业性服务来提升服务的价值。

（三）组建专业化团队

农村信用社发展需构建高水平科技团队。首先,农村信用社为了完成信息科技建设,需要招聘高水平项目管理人才,其主要工作就是负责选定符合市场需求的互联网金融业务产品类型,同时还需要管理项目实施及质量等,确保互联网金融业务产品质量,并保障其进度。其次,农村信用社需要组建强大的开发队伍,当前互联网金融业务的核心就是基于需求实现定制,第一时间满足市场需求变化,有些关键需求需开发团队迅速响应,开发出相应的产品。最后,农村信用社需要组建高水平 IT 系统运营后期管理队伍,这样可以使合作社的信息科技系统得以稳定运行,同时还可以保证业务的持续性。

三、从定价策略角度探究互联网金融视角下的农村普惠金融路径

价格是影响产品推广的重要因素,同时在市场经济中,又是难以确定的因素。农村信用社定价的目标一方面是促进销售,另一方面是获取利润,这就需要考虑产品成本和消费者承受能力之间的平衡关系。此外,价格也是对市场做出灵敏反映的最灵活的因素。

一是折扣定价策略。多数农村信用社为了拓展客户,常常需酌情给客户一定的优惠,这种价格的调整叫作价格折扣和折让。折扣定价是指对基本价格做出一定的让步,达到扩大销量的目的,其中包含数量折扣、现金折扣等形式的直接折扣以及回扣形式的间接折扣。

①数量折扣指按存款金额的大小,分别给予不同的利率,存款金额越大,利率就越高,其目的是拓展大额存款客户。这种促销作用非常明显。

②现金折扣是给予在规定的时间内提前付款或用现金付款者的一种价格折扣,商业银行常常使用定向发放积分手段,客户使用积分支付时,会享受抵扣一定金额,其目的是引导客户达成交易。

③回扣是一种间接的折扣形式,商业银行通常给予客户推荐人一定金额的奖励,来鼓励推荐人。一般来说,被推荐人越多、质量越高,推荐人得到的回报就越大。

二是差别定价策略。由于农村信用社的客户群体不同,消费需求和偏好也不尽相同,为了适应在顾客、产品、地理等方面的差异,常常采用差别定价策略。即价格的不同并不是因为产品成本的不同,而是为了满足不同客户群体的要求而构建的价格结构。差别定价有以下几种形式:客户差别定价、产品差别定价、地域差别定价等。

①客户差别定价。商业银行通常把同一种产品或服务按照不同的价格销售给不同的客户。例如信贷产品的利率,信贷利率根据客户的评级不同,定价就不同,评级越高,定价就越低。

②产品差别定价。商业银行通常根据产品或服务的不同,制定不同的价格,但并不与成本成比例。一般来说,畅销的产品定价高,销售量少的产品定价低。

③地域差别定价。指基于不同地点或场所,商业银行为产品或服务制定不同的价格,即使每个地点的产品或服务的成本是相同的。例如信贷资金成本都一样,却按不同的县域进行划分,收取不同的价格。

四、从推广策略角度探究互联网金融视角下的农村普惠金融路径

(一)整合线上线下服务

基于互联网金融的全新发展概况,物理网点需要将自身的支付结算功能过渡为营销服务,而且在业务转型方面,要注重用户的应用体验,进一步压缩交易与人工服务的成本,对客户进行有效的引导,从而为自助远程业务的发展提供有利条件。O2O指的是线上线下相结合的模式,通过互联网平台将消费者引入线上完成预定以及消费等环节,再结合线下实体店来促进消费者购买行为的实现。随着智能移动设备以及定位和客户关系管理系统等体系的发展,O2O模式也得到了长足的发展。除去一些虚拟服务与商品,线上服务所具备的商业价值还是离不开线下购买行为。线下产品与服务的种类是十分繁杂的,经济主体的选择也呈现出多样化特征,此外,也更加倾向于便捷性服务。将线上与线

下服务整合起来能发挥出更大的效益。

O2O 模式的发展也给经济主体的生活方式造成了巨大影响。然而,就这种状况来说,对商业银行的发展也会造成较大威胁。例如客户依托商业银行设置的 POS 机完成刷卡消费环节之后,银行会对商户收取相应的佣金,随着 POS 机数量的增加,佣金总额也会持续提升,这在银行中间业务中也处于核心地位。O2O 模式的进一步发展,给商业银行的中间业务效益造成了巨大影响,银行卡在整个支付领域发挥的作用更加弱化。商业银行需要提升线上信息搜集的效率,并将信息及时有效地与客户进行交互,对客户进行科学的引导,从而使得客户在线上和线下能够享受到更优质的服务,诸如预约与排队服务、信息搜集与整理以及贵金属实体展示等,从而进一步提升为客户服务的质量。与此同时,依托这种方式,能够有效促进一些复杂且带有显著风险性的业务的发展,从而进一步拓宽该类业务的沟通与发展途径,有效解决信任与风险的相关问题。

此外,农村信用社除了要考虑线上支付与购买模式产生的变化,还需要有效把握线下实体网点的变更趋势。农村信用社需要综合民众的日常生活,推动线下实体网店的发展,不能单纯地局限于专业化金融服务领域,还需要进一步密切自身和客户的联系,基于信息这一载体,促进银行企业文化的创新发展,进而产生更加可观的网络效应。银行业务不仅仅涵盖金融产品,还需要注重提升客户的满意度和体验质量。国外很多银行在 O2O 领域都展开了一系列操作,如新加坡华侨银行借鉴了零售店面的发展形式,在门面以及店面上都有效变更了传统银行的样式,客户进入银行门面之后如同来到专门的体验店或专卖店,能够自主地进行产品浏览与咨询,从而使客户在具体的交易环节也能有购物的体验。此外,新加坡星展银行其分行 DBSRemix 推出的业务也具有显著特色,它们白天提供配套的产品与服务,晚上还会开展相应的讲座,从而更好地指导年轻人进行理财,有效提升了客户的参与热情和依附性。

(二)开展多渠道营销

农村信用社客户群体中"农民"具有首要地位,依托 CRM 管理系统和大数据分析平台,对产品体验和客户的交易习惯等进行分析,得出产品优化方向和客户风险偏好,获得一系列数据。基于此,可以完成产品以及服务的整合,实现产品结构的优化;同时,还可以获得农民行为特征以及习惯等,完成交叉模式的营销,控制营销的费用,使农民的忠诚度更高。

营销队伍需要有效联合产品开发队伍,前者作为一线人员与农民打交道,完成调查研究,对农民产品以及服务方面的需求十分熟悉;后者将这些需求融合到设计中去,从而完成相应产品的开发,基于此进行高质量差异化的金融服务。农村信用社需要着重强调自媒体营销。自媒体工具主要基于网络运行,用户实现经历或者观点的网络分享,同时也可以转载其他人的信息,实现信息的传播。如果机构或者个人等受到众多点赞、转发,相应可以视为认同。农村信用社在进行正向营销的过程中更多地使用自媒体渠道,展现出极高的影响力以及营销力,价值巨大,这些对于农村信用社所开发的互联网金融产品的推广销售有着极大的促进作用,效果显著。农村信用社基于自媒体渠道来实施各种营销,可以提升其在市场中的影响力,获得用户的认可,满意度极高,从而构建起农村信用社优质的品牌,同时还可以让更多的人对农村信用社的互联网金融产品熟知或了解,完成更好的销售,取得更好的效益。

参考文献

[1] 曹菲菲.普惠金融目标下我国 P2P 网贷平台的法律监管研究[D].新乡:河南师范大学,2017.

[2] 陈妮.我国普惠金融发展研究[D].长春:吉林财经大学,2017.

[3] 丁杰.互联网金融与普惠金融的理论与现实悖论[J].财经科学,2015(6):1-9.

[4] 董晓林,徐虹.我国农村金融排斥影响因素的实证分析:基于县域金融机构网点分布的视角[J].金融研究,2012(9):115-126.

[5] 董晓林,朱敏杰,杨小丽.信息约束、网络结构与小微金融普惠机制设计:兼论我国互联网融资平台的规范发展[J].金融经济学研究,2016(5):96-100.

[6] 高霞.当代普惠金融理论及中国相关对策研究[D].沈阳:辽宁大学,2016.

[7] 郭灿仁.新常态下我国农村普惠金融体系建设的问题与对策[D].保定:河北大学,2015.

[8] 韩建霞.农村普惠金融有效供给研究[D].咸阳:西北农林科技大学,2017.

[9] 何昌彬.基于普惠金融视角下的现代农业融资模式探讨[D].成都:西南民族大学,2017.

[10] 何奕霏,王宇.互联网金融视角下安徽省农村发展普惠金融路径的探讨[J].商业经济,2018(12):103-104,163.

[11] 侯敏.我国普惠金融的发展水平评价及体系构建[D].太原:山西财经大学,2016.

[12] 侯岩.普惠金融视角下农村信用社的角色分析[D].郑州:郑州大学,2016.

[13] 江新奎,赵玉荣.数字技术推进普惠金融发展研究[J].经济动态与评论,2018(2):43-58,178.

[14] 焦瑾璞,黄亭亭,汪天都,等.中国普惠金融发展进程及实证研究[J].上海金融,2015(4):13-14.

[15] 雷林林.普惠金融发展与经济增长的关系研究[D].长沙:湖南大学,2016.

[16] 李可.普惠金融促进农村减贫问题研究[D].北京:中央民族大学,2016.

[17] 李牧航.互联网金融对吉林省发展农村普惠金融路径的分析[J].中国商论,2017(32):46-47.

[18] 李淑敏.我国农村普惠金融可持续发展问题研究[D].天津:天津商业大学,2018.

[19] 李云娜,吴雯婷.互联网金融环境下对农村普惠金融发展推广的进一步探索[J].纳税,2018,12(32):167-168.

[20] 李志翔.互联网金融对我国普惠金融发展的影响研究[D].长沙:湖南大学,2017.

[21] 梁剑南.我国农村地区普惠金融体系构建问题研究[D].长春:东北师范大学,2017.

[22] 辽宁省人民政府发展研究中心课题组,刘晓丹,崔玉敏,薛特智.发展普惠金融助力辽西北"精准扶贫"[J].辽宁经济,2018(7):10-12.

[23] 林君.普惠金融体系下农村金融机构的财务可持续性研究[D].宁波:宁波大学,2017.

[24] 刘安娜.基于互联网金融背景下的普惠金融发展[J].现代营销(下旬刊),2018(9):7-8.

[25] 刘小荣.互联网金融支持我国"三农"发展模式研究[D].南昌:江西财经大学,2016.

[26] 卢彤,李宏畅.互联网金融下普惠金融发展研究[J].合作经济与科技,2018(18):63-65.

[27] 马黄龙.普惠金融对城乡居民收入差距的影响[D].兰州:兰州大学,2018.

[28] 欧阳岚.关于新兴市场经济国家金融基础设施的思考[J].江汉大学学版,2005(3).

[29] 彭庆超.金融科技在农村的推广及对策[J].青海金融,2018(11):27-30.

[30] 蒲玉亭.我国普惠金融发展问题研究[J].时代经贸,2018(30):82-84.

[31] 曲爽.互联网金融助力农村普惠金融发展[J].时代金融,2018(30):42-45.

［32］上官鸣,刘喜姣,温喜平.互联网金融对农村普惠金融发展的对策研究［J］.中国市场,2018(2):69-70.

［33］邵彤.互联网金融视角下我国的普惠金融发展研究［D］.长春:吉林财经大学,2016.

［34］石杭玉,陈工.基于"互联网＋"角度浅析农村普惠金融发展中的问题及对策研究［J］.纳税,2018,12(36):158-159.

［35］史林艳.互联网金融助推普惠金融发展的问题研究［D］.长沙:湖南大学,2017.

［36］宋蔚.互联网金融对农村普惠金融发展的影响［J］.中国市场,2017(36):45-47.

［37］孙小茜,彭祺.浅谈互联网金融对我国农业农村发展的促进作用［J］.农家参谋,2018(14):24.

［38］谈静.互联网金融背景下的普惠金融发展研究［J］.中国新通信,2018,20(15):226.

［39］唐铮玉.互联网金融背景下普惠金融发展分析［J］.现代营销(经营版),2018(8):202-203.

［40］王定祥,田庆刚,李伶俐,等.贫困型农户信贷需求与信贷行为实证研究［J］.金融研究,2011(5):124-138.

［41］王静.中国普惠金融的发展水平及其测度研究［D］.郑州:郑州大学,2017.

［42］王曙光.互联网金融与普惠金融发展［N］.重庆日报,2019-04-17(8).

［43］王亚超.我国普惠金融发展路径选择［D］.天津:天津商业大学,2016.

［44］王园,朱娟.农村互联网金融发展策略研究［J］.宿州学院学报,2018,33(12):36-39.

［45］武明成.宜信农村普惠金融发展案例分析［D］.蚌埠:安徽财经大学,2018.

［46］夏诗园.普惠金融助力精准脱贫的思考［J］.河北金融,2018(8):45-47,51.

［47］谢平,邹传伟.互联网金融模式研究［J］.金融研究,2012(12):11-22.

［48］谢平,邹传伟,刘海二.互联网金融的基础理论［J］.金融研究,2015(8):1-12.

［49］徐超.互联网金融助推农村普惠金融发展的途径分析［J］.时代金融,2018(9):31-32.

[50] 杨启.我国农村互联网金融的特征、发展障碍与对策路径[J].技术经济与管理研究,2019(3):124-128.

[51] 易小兰.南京市粮食储备、仓储建设现状与发展[J].粮食科技与经济,2014(12).

[52] 殷芳菲.基于互联网金融视角下的普惠金融发展问题研究[D].长春:吉林财经大学,2017.

[53] 于蕾,孙熙琴."互联网+"背景下农村普惠金融实现路径的研究[J].现代商业,2018(28):74-75.

[54] 袁孟雪."互联网+"背景下农村普惠金融发展对策研究[D].保定:河北大学,2017.

[55] 岳喜优.互联网金融支持农村普惠金融发展探讨[J].河北金融,2018(10):69-72.

[56] 张兵,张宁.农村非正规金融是否提高了农户的信贷可获性?——基于江苏1202户农户的调查[J].中国农村经济,2012(10).

[57] 张彩云.中国普惠金融发展程度及影响因素的实证研究[D].济南:山东财经大学,2016.

[58] 张承惠.金融改革须重视金融基础设施建设[J].重庆理工大学学报(社会科学),2013(10).

[59] 张德贤.普惠金融发展对我国城乡收入差距的影响研究[D].北京:首都经济贸易大学,2018.

[60] 张贺,白钦先.数字普惠金融减小了城乡收入差距吗?:基于中国省级数据的面板门槛回归分析[J].经济问题探索,2018(10):122-129.

[61] 张慧芝."丝绸之路经济带"普惠金融水平测度[D].兰州:兰州大学,2017.

[62] 张睿芯.互联网金融背景下我国农村金融机构发展对策研究[D].长春:东北师范大学,2017.

[63] 张三峰,卜茂亮,杨德才.信用评级能缓解农户正规金融信贷配给吗?——基于全国10省农户借贷数据的经验研究[J].经济科学,2013(2):81-93.

[64] 张双梅.中国互联网金融立法与科技乐观主义[J].政法论坛,2018,36(4):57-68.

［65］张艳.农村互联网金融的内涵、模式及创新监管对策［J］.江苏农业科学，
　　　2018,46(15):339-343.

［66］章丽俊.互联网金融对接农产品供应链的创新合作模式与运行机制研究
　　　［D］.杭州:浙江工业大学,2017.

［67］赵孝宇.农村地区普惠金融服务策略研究［D］.昆明:云南师范大学,2016.

［68］赵英英.借鉴国际经验推进我国农村普惠金融发展研究［D］.保定:河北大
　　　学,2016.

［69］赵羽,左停.农村金融需求、金融供给与城镇化［J］.郑州大学学报(哲学社
　　　会科学版),2014(6):95-98.

［70］中信证券.银行业金融科技系列研究之七:蚂蚁金服之融资业务篇:无
　　　"微"不至,共赢前行［R］.2017-08-01.

［71］周晨.我国普惠金融发展的约束条件与激励机制研究［D］.沈阳:沈阳工业
　　　大学,2016.

［72］祝健.中国农村金融体系重构研究［M］.北京:社会科学文献出版社,2008.